权威·前沿·原创

皮书系列为
"十二五"国家重点图书出版规划项目

中国社会科学院创新工程学术出版资助项目

房地产蓝皮书

BLUE BOOK OF REAL ESTATE

中国房地产发展报告
No.12（2015）

ANNUAL REPORT ON THE DEVELOPMENT OF CHINA'S
REAL ESTATE No.12 (2015)

主　编／魏后凯　李景国
副主编／尚教蔚　王业强　董　昕

社会科学文献出版社
SOCIAL SCIENCES ACADEMIC PRESS（CHINA）

图书在版编目（CIP）数据

中国房地产发展报告. No. 12，2015/魏后凯，李景国
主编.—北京：社会科学文献出版社，2015.5
（房地产蓝皮书）
ISBN 978 – 7 – 5097 – 7396 – 3

Ⅰ.①中…　Ⅱ.①魏…②李…　Ⅲ.①房地产业 –
经济发展 – 研究报告 – 中国 – 2015　Ⅳ.①F299.233

中国版本图书馆 CIP 数据核字（2015）第 076056 号

房地产蓝皮书

中国房地产发展报告 No.12（2015）

主　　编/魏后凯　李景国
副 主 编/尚教蔚　王业强　董　昕

出 版 人/谢寿光
项目统筹/邓泳红
责任编辑/陈　颖

出　　版/社会科学文献出版社·皮书出版分社（010）59367127
　　　　　　地址：北京市北三环中路甲 29 号院华龙大厦　邮编：100029
　　　　　　网址：www. ssap. com. cn
发　　行/市场营销中心（010）59367081　59367090
　　　　　　读者服务中心（010）59367028
印　　装/北京季蜂印刷有限公司

规　　格/开　本：787mm × 1092mm　1/16
　　　　　　印　张：23　字　数：385 千字
版　　次/2015 年 5 月第 1 版　2015 年 5 月第 1 次印刷
书　　号/ISBN 978 – 7 – 5097 – 7396 – 3
定　　价/79.00 元

皮书序列号/B – 2004 – 022

《中国房地产发展报告 No. 12（2015）》
编 委 会

主要编撰者简介

魏后凯　中国社会科学院城市发展与环境研究所副所长、研究员，中国社会科学院研究生院城市发展与环境研究系主任、教授、博士生导师，经济学博士，享受国务院颁发的政府特殊津贴。兼任中国社会科学院西部发展研究中心主任，中国区域科学协会候任理事长，中国城市经济学会副会长，中国区域经济学会副理事长，国际区域研究协会中国分会副理事长，中国城市规划学会区域规划与城市经济学术委员会副主任，中国地质矿产经济学会资源经济与规划专业委员会副主任，民政部、国家民委、北京市、山西省等决策咨询委员，十余所大学兼职教授。近年来主持完成了 70 余项国家重大（重点）、中国社会科学院重大（重点）以及各部委和地方委托研究项目，公开出版独著、合著学术专著 14 部，主编学术专著 20 余部，在《中国社会科学》、《经济研究》等发表中英文学术论文 300 余篇，主持或参与完成的科研成果获 20 余项国家和省部级奖项。

李景国　中国社会科学院城市发展与环境研究所研究员，中国社会科学院研究生院教授、博士生导师，中国城市经济学会理事，曾在国外留学、做访问学者。主要研究领域：区域与城镇规划、土地与房地产。主持完成的各类课题、出版的著作和发表的论文中 6 项获省部级科技进步奖、优秀成果奖和对策研究奖等奖项。

尚教蔚　女，经济学博士，中国社会科学院城市发展与环境研究所副研究员，硕士生导师。近年来主要从事房地产金融、房地产政策、住房保障、城市经济等方面的研究。2003 年开始组织参与房地产蓝皮书编撰工作。主要学术论文 30 余篇，专著 1 部。主持并参与多项部委级课题研究。

王业强 中国社会科学院城市发展与环境研究所土地经济与不动产研究室副主任，副研究员，硕士生导师，中国社会科学院西部发展研究中心副秘书长，中国区域科学协会理事兼副秘书长，中国区域经济学会理事，主要研究方向为城市与区域经济、房地产经济。主持并参与国家自然科学基金面上项目、国家社科基金重大（一般）项目、中国社会科学院重大及重点项目等多项，曾参与"东北地区振兴规划"的研究工作，以及大量地方城市经济社会发展规划的编制工作。

董 昕 女，经济学博士，管理学博士后，现为中国社会科学院城市发展与环境研究所专职研究人员。主要研究方向为房地产经济、住房与土地政策。已在《中国农村经济》、《经济管理》、《经济地理》、《城市规划》等学术刊物发表独著或第一作者的学术论文20余篇；多篇论文被《人大复印资料》、《高等学校文科学术文摘》等转载或摘录。出版学术专著1部，参著合著学术著作多部。主持或参与课题20余项。曾获"魏埙经济科学奖"、"谷书堂基金优秀论文奖"、"钱学森城市学奖"等奖项。

摘　要

《中国房地产发展报告 No.12（2015）》继续秉承客观公正、科学中立的宗旨和原则，追踪我国房地产市场最新动态，深度剖析市场热点，展望 2015 年发展趋势，积极谋划应对策略。全书分为总报告、土地篇、金融与企业篇、市场篇、管理篇、区域篇、国际借鉴篇和热点篇。总报告对房地产业和房地产市场的发展态势进行全面、综合的分析，其余各篇分别从不同角度对房地产次级市场发展、区域市场和热点等问题进行深度分析。

2014 年，中国房地产市场出现了较大幅度的回调，相对于 2013 年一些大中城市房价出现了明显下跌趋势。但从全国房地产价格走势看，全年商品房成交平均价格为 6323 元，仍比 2013 年上涨了 1.4%。商品房销售面积 120649 万平方米，比上年下降 7.6%，商品房销售明显遇冷。商品房待售面积 62169 万平方米，比 2013 年末增加 12874 万平方米，库存居高不下。房屋租赁市场热度不断下降，租金指数全年下降 2.2 个百分点，下降近 50%。房地产投资增速明显下降，全国房地产开发投资 95036 亿元，比上年增长 10.5%，增速比 2013 年回落 9.3 个百分点。房地产企业资金面临一定困难，到位资金 121991 亿元，比上年下降 0.1%。房地产开发企业信心明显不足，房屋新开工面积 179592 万平方米，比上年下跌 10.7%。企业购地热情下降，土地购置面积 33383 万平方米，比上年下降 14.0%。但全国房地产企业土地成交均价为 3002 元/平方米，比 2013 年上涨 446 元/平方米。全国主要监测城市综合、商服、住宅、工业地价较上年均有所提高，呈温和上行趋势。多数城市地价处于平稳波动状态，地价高位运行城市个数较上年减少。建设用地供应总量大幅收紧，商、住、工各用途土地供应面积均有所减少。全国"一刀切"式的宏观调控政策逐渐淡出，调控手段更趋于市场化，中央政府调控政策更注重长期性和稳定性。

展望 2015 年，我国经济仍处于增速换挡、结构调整和前期政策消化叠加

阶段，经济正从高速增长转向中高速增长，预计全年经济增速将保持在7%左右，经济将经历较长时期的转型和调整过程。面对宏观经济发展新常态，2015年将继续实施稳健的货币政策，优化流动性的投向和结构，落实"定向降准"的相关措施，货币供应量会延续2014年末相对宽松态势。由于房地产市场分化明显，中央会继续采取因地制宜、分城施策、分类指导原则，调控权将部分下移。地方政府在国家出台的支持房地产市场政策的框架下，在不违反原则的情况下会出台更细化、更灵活的有利于房地产市场发展的政策。财政、金融、税费等政策也将加大对房地产市场的支持力度。具体来看：2015年房地产投资会继续分化，房地产投资主要投向发达地区人口聚集能力强的一线城市和部分二线城市；根据近三年新开工面积以及待售面积情况，可以判断2015年商品房市场供给充足；而中央和地方政府对房地产市场的支持政策，以及相应的财政金融政策将进一步促进改善型住房消费，2015年住房需求将有明显增长。综合各方面情况看，2015年房价与2014年持平或高于2014年增长的可能性较大，这要取决于2015年的政策宽松程度和执行力度。但区域分化将十分明显，人口聚集能力强的一线城市和部分热点二线城市房价有回暖、上涨趋势，而人口聚集能力差、库存大的部分二线城市或三四线城市房价会延续下跌（回调）态势。

目 录

B VII 国际借鉴篇

B VII 热点篇

皮书数据库阅读使用指南

总 报 告

General Report

B.1

2014年房地产形势分析及
2015年展望

总报告课题组*

    2014年房地产市场低迷，销售面积显著下降，待售面积大幅增加，一些大中城市的房价出现下跌，房地产开发企业信心不足，房地产投资、新开工面积、土地购置面积等指标的增速均比2013年出现较大幅回落。但是，土地成交均价仍在上涨，全国商品房成交均价也上涨了1.4%。2014年，在推进房地产市场长效机制建设的同时，为适应市场进一步分化的实际，分类调控、分城施策，地方政府调控的自主权加大。面对经济下行、房地产市场遇冷的压力，刺激消费的力度也不断加大。

    展望2015年，金融政策将相对宽松，去库存成为政策的重要目标之一，"稳定、支持、促进"将是房地产市场政策的主基调，市场总体上要好于2014年，全国商品房均价增速总体上与2014年基本持平或略高，区域分化仍较明显。

---

* 报告执笔：李景国、尚教蔚、王业强、董昕、李一丹；审定：魏后凯、李景国。

一　2014年房地产市场特征分析

2014年中国房地产市场出现了较大幅度的回调，一些大中城市房价相对于2013年出现了明显的下跌趋势。但从全国房地产价格走势看，全年商品房成交价格为6323元，比2013年上涨了1.4%。其中，住宅成交价格同比增长1.4%，办公楼成交价同比下跌9.3%，商业营业用房成交价格同比增长0.4%。商品房销售明显遇冷，商品房销售面积120649万平方米，比上年下降7.6%。库存居高不下，待售面积62169万平方米，比2013年末增加12874万平方米。房屋租金指数全年平均涨幅为3.3%，高于CPI指数1.3个百分点。房地产投资增速明显下降，全国房地产开发投资95036亿元，比上年增长10.5%，增速比2013年回落9.3个百分点。房地产企业资金来源面临较大困难，到位资金121991亿元，比上年下降0.1%。房地产开发企业信心明显不足，房屋新开工面积179592万平方米，比上年下跌10.7%。企业购地热情也下降，土地购置面积33383万平方米，比上年下降14.0%，全国房地产企业土地成交均价为3002元/平方米，比2013年上涨446元/平方米。主要监测城市的综合、商服、住宅、工业地价较上年均有所提高，呈温和上行趋势。多数城市地价处于平稳波动状态，地价高位运行城市个数较上年减少。建设用地供应总量大幅收紧，商、住、工各用途土地供应面积均有所减少。

（一）全国房价仍保持低速增长态势，70个大中城市房价回调趋势明显

1. 全国商品房成交价仍保持小幅增长，非住宅价格呈明显分化

2014年，全国商品房成交价为6323元，同比增长1.4%，增速比2013年下降了6.3个百分点。其中，住宅成交价格为5932元，同比增长1.4%，增速比2013年下降6.3个百分点；办公楼成交价为11785元，同比下降9.3%；商业营业用房成交价为9814元，同比增长0.4%，增速比2013年下降8.0个百分点。可见，2014年商品房成交价尽管增速回落趋势明显，但总体价格仍保持微弱增长态势，非住宅成交价则表现出明显分化，办公楼价格明显下跌。

分地区来看，东、中、西部地区商品房成交价均比上年小幅增长。2014

年，东部地区商品房成交价为 7964 元，比上年增长 2.5%；中部地区商品房成交价为 4895 元，比上年增长 4.3%；西部地区商品房成交价为 5029 元，比上年增长 2.9%。非住宅成交价格则呈现明显分化。2014 年，东部地区办公楼成交价格 13993 元，比上年下跌 9.35%；中部地区办公楼价格为 8941 元，比上年上涨 1.78%；西部地区办公楼价格 8866 元，比上年下跌 3.03%。

2. 70个大中城市新建商品住宅价格普遍回调，年底开始企稳

2014 年 1~6 月，在 70 个大中城市中，新建商品住宅除温州房价同比持续下跌外，其他城市房价均保持同比上涨。7 月份，杭州、韶关两市新建商品住宅房价也出现同比下跌趋势，从而拉开了其他城市下跌的大潮。至 8 月份，全国 70 个大中城市中，有 19 个城市的新建商品住宅价格同比下跌。9 月份，新建商品住宅价格下跌趋势扩大到 58 个城市，10 月增加到 67 个城市，11~12 月均为 68 个，新建商品住宅价格下跌的城市占全部大中城市的 97%，奠定了 2014 年新建商品住宅价格回调的大趋势。我们可以将 2014 年这场房价回调大潮划分为四个阶段：第一阶段，1~6 月的酝酿阶段；7~8 月的放大阶段；9~10 月的决堤阶段；11~12 月的企稳阶段。环比数据则表现出同样的趋势，但环比数据表现出房价回调趋势明显比同比数据早了 3 个月左右，房价环比下跌持续长达 7 个月时间。

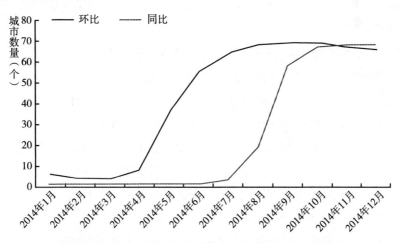

图 1　70 个大中城市中新建商品住宅价格下跌城市数量

注：环比数据上月 =100；同比数据上年同月 =100。下同。
资料来源：国家统计局。

首先，从区域分布来看，从 7 月开始，房价回调进入第二阶段。首先响应温州房价下跌的是杭州，再是韶关。8 月份，东部地区有 10 个城市新建商品住宅价格下跌，占全部下跌城市的 52.6%，其中，浙江占 4 个，加上无锡，长三角地区就占东部下跌城市数的 50%。第三阶段，全国新建商品住宅全线回调。9 月份，东部 32 个大中城市当中，有 28 个城市新建商品住宅价格同比下跌，占 87.5%；中部 20 个城市中有 17 个新建商品住宅价格下跌，占 85%；西部 18 个城市中有 13 个房价出现下跌，占 72%。第四阶段，房价回调趋势开始企稳，全国 70 个大中城市，仅剩下厦门和郑州新建商品住宅价格保持坚挺。

其次，从市场影响来看，一线城市房价坚挺，1～7 月新建商品住宅同比保持上涨趋势。温州、韶关则属于三线城市，杭州属于二线城市。也就是说，这场房价回调大潮的导火索是三线城市。8 月份，31 个二线大中城市中有 7 个城市新建商品住宅价格下跌，占 22.6%；而在 35 个三线大中城市中，有 12 个城市新建商品住宅价格下跌，占 34.3%。第三阶段，房价开始决堤。一线城市受到波及，上海、广州率先沦丧，10 月份一线城市全部崩溃；二线城市中，9 月份，31 个城市中有 22 个房价开始下跌，下跌面达 71.0%；而 35 个三线大中城市中，除大理外全部下跌，下跌面达 97.1%。

可见，2014 年房价回调大潮中，东部地区的三线城市是这次房价回调的急先锋和重灾区。

3. 70个大城市二手住宅价格也表现出类似的回调趋势

二手房价格的变化与新建商品住宅基本一致，1～6 月份，70 个大中城市中，二手房同比价格下跌的趋势从 1 个城市逐步扩大到 8 个城市。从 7 月份开始，二手房价格下跌趋势开始扩大，从 6 月的 8 个城市扩大到 15 个城市，8 月份再翻一倍，扩大到 32 个城市，9 月份继续扩大到 52 个城市，占全国 70 个大中城市的 74.3%。10 月份二手房价下跌城市继续扩大到 65 个，但速度有所缓和，11 月份广州、合肥的二手房价格也开始下跌，下跌城市总数达到 67 个，占 95.7%。12 月份开始企稳。

从地区结构来看，二手房的下跌趋势也是首先从东部地区开始蔓延。1～2 月，仅在温州出现二手房价格同比下跌，5 月份东部地区二手房价格同比下跌范围扩大。3 月牡丹江二手房市场也出现同比下跌，拉开中部地区二手房市场价格同比下跌的序幕，但直到 6 月份才开始扩大到 3 个城市。而西部地区则是到 6 月份才开始出现二手房价格同比下跌的趋势，8 月开始扩大。总体看来，东部地区二手房市场也是处于领跌的地位，中西部地区跟随下跌。

从市场影响来看，三线城市则扮演了领头羊的角色。从温州开始，范围逐步扩大。二线城市从 5 月份开始出现下跌现象，主要是杭州和海口，到了 7 月份，下跌城市数量开始逐月翻倍。而一线城市则是到 9 月份才开始下跌。总体看，一、二、三线城市在 10 月份之后，下跌趋势开始逐步企稳。

（二）商品房销售明显下滑，库存居高不下

1. 销售面积降幅明显

2014 年，商品房销售面积 120649 万平方米，比上年下降 7.6%，降幅比 1～11 月份收窄 0.6 个百分点。其中，住宅销售面积下降 9.1%，办公楼销售面积下降 13.4%，商业营业用房销售面积增长 7.2%。从商品房累计销售面积看，4 月份以后的 8 个月中，商品房累计销售面积的同比降速都在 6% 以上，9 月份的降速最高，达到 8.6%。商品房销售额 76292 亿元，下降 6.3%，降幅比 1～11 月份收窄 1.5 个百分点，与 2013 年相比增速下降了 32.6 个百分点。其中，住宅销售额下降 7.8%，办公楼销售额下降 21.4%，商业营业用房销售额增长 7.6%。

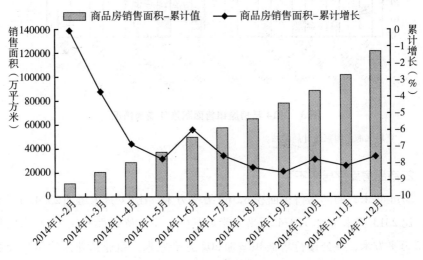

图 2 商品房累计销售面积及其同比增长情况

资料来源：国家统计局网站。

从区域层面看，东部地区商品房销售面积 54756 万平方米，比上年下降 13.7%，降幅比 1~11 月份收窄 1.3 个百分点；中部地区商品房销售面积 33824 万平方米，下降 3.9%，降幅收窄 0.4 个百分点；西部地区商品房销售面积 32068 万平方米，增长 0.6%，增速回落 0.6 个百分点。

从市场层面看，一线、二线、三线城市累计销售面积同比均为负增长（三线城市 10 月、12 月除外）：一线城市降幅最大均为两位数负增长，为 20% 左右；二线城市次之，平均降幅为 8% 左右；三线城市平均降幅为 2% 左右。但从全年运行的趋势看，年底降幅均有所缩小，其中一线城市呈现一个明显的翘尾趋势，显示政府的一系列放松限制政策对市场起到积极的影响。

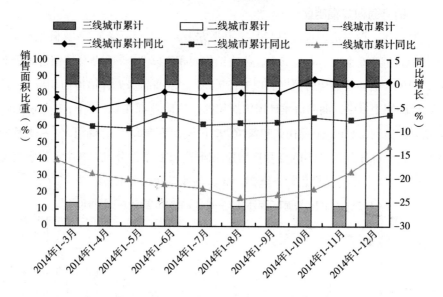

图3　2014 年房屋销售面积累计增长情况

资料来源：国家统计局网站。

2. 商品房库存居高不下

2014 年末，商品房待售面积 62169 万平方米，比 11 月末增加 2374 万平方米，比 2013 年末增加 12874 万平方米。其中，住宅待售面积比 11 月末增加 1352 万平方米，办公楼待售面积增加 202 万平方米，商业营业用房待售面积增加 361 万平方米。从全年来看，商品房待售面积各月均在 5 亿平方米以上，比 2013 年同比增长 25% 左右。

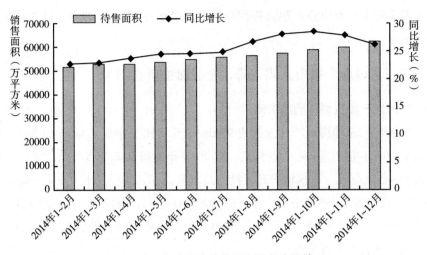

图4 2014年商品房待售面积增长变化情况

资料来源：国家统计局网站。

3. 房屋租赁市场热度下降

2014年以来，房屋租赁市场热度也不断下降。1~2月份，房屋租金指数高位运行，同比涨幅为4.6%~4.7%，高于同期CPI指数约2~2.5个百分点。3月份之后则呈不断下跌趋势，到12月份，房屋租金指数仅为2.4%，仅比同期CPI指数高0.9个百分点。而CPI指数全年基本保持稳定，12月仅

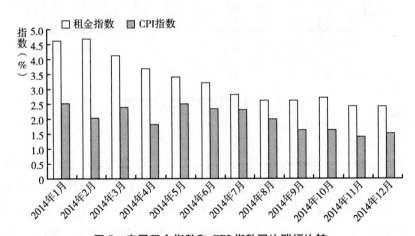

图5 房屋租金指数和CPI指数同比涨幅比较

资料来源：国家统计局网站。

比1月下降1个百分点。租金指数全年平均涨幅为3.3%，高于CPI指数1.3个百分点。

（三）房地产投资大幅下降，企业面临资金困难

1. 房地产投资增速明显下降

2014年，全国房地产开发投资95036亿元，比上年名义增长10.5%，增速比1~11月份回落1.4个百分点，比2013年回落9.3个百分点。其中，住宅投资64352亿元，占房地产开发投资的比重为67.7%，增长9.2%，增速比1~11月份回落1.4个百分点；办公楼投资5641亿元，增长21.3%，增速比1~11月份回落3.3个百分点；商业营业用房投资14346亿元，增长20.1%，比1~11月份回落1.9个百分点。

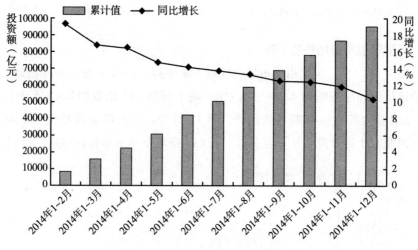

图6　房地产投资及同比增长情况

资料来源：国家统计局网站。

分地区来看，2014年，东部地区房地产开发投资52941亿元，比上年增长10.4%，增速比1~11月份回落1.6个百分点，比2013年回落7.9个百分点；中部地区投资20662亿元，增长8.5%，增速比1~11月回落0.7个百分点，比2013年回落12.3个百分点；西部地区投资21433亿元，增长12.8%，增速比1~11月回落1.4个百分点，比2013年回落9.2个百分点。

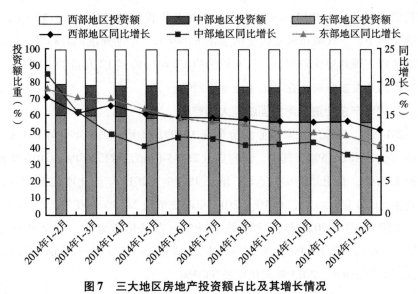

图7 三大地区房地产投资额占比及其增长情况

资料来源：国家统计局网站。

分市场来看，一线、二线、三线城市开发投资全年基本保持平稳，但一线城市开发投资额在年底明显提升，二线、三线城市稳中略有下降。从累计同比

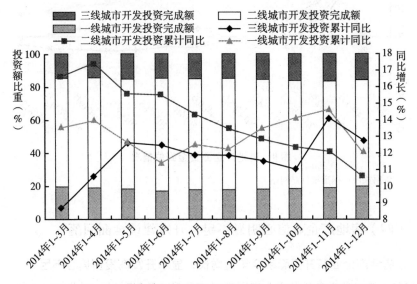

图8 40个大中城市房屋开发投资完成额占比及累计增长情况

资料来源：wind资讯。

增长的情况看，与2013年相比，不同市场开发投资增长速度均有较大幅度的回落。其中，一线城市开发投资增速在下半年有一个明显的回升趋势，二线城市增速则下降趋势比较明显，从4月份的17.44%降到12月份的10.61%，三线城市的开发投资增速在下半年也有所回升。

2. 房地产企业资金来源面临较大困难

2014年，房地产开发企业到位资金121991亿元，比上年下降0.1%，而2013年为增长26.5%。其中，国内贷款21243亿元，增长8.0%，2013年同比增长33.1%；利用外资639亿元，增长19.7%，2013年同比增长32.8%；自筹资金50420亿元，增长6.3%，2013年同比增长21.3%；其他资金49690亿元，下降8.8%，2013年同比增长28.9%。在其他资金中，定金及预付款30238亿元，下降12.4%，而2013年同比增长29.9%；个人按揭贷款13665亿元，下降2.6%，2013年同比增长33.3%。

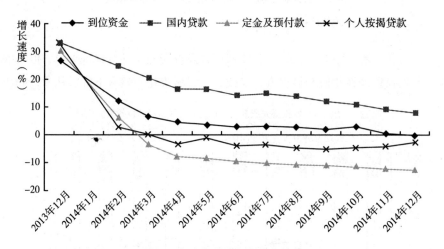

图9 房地产企业资金到位情况

资料来源：国家统计局网站。

（四）房地产企业信心明显不足，开发建设全面回落

1. 房地产企业新开工面积全年负增长，显示开发商投资信心不足

2014年，房地产开发企业房屋新开工面积179592万平方米，比上年下跌10.7%，跌幅比1～11月份扩大1.7个百分点。其中，住宅新开工面积124877

万平方米，下跌14.4%，跌幅扩大1.3个百分点；办公楼新开工面积7349万平方米，增长6.7%，增速回落6.4个百分点；商业营业用房新开工面积25048万平方米，下降3.3%，降幅扩大2.3个百分点。房屋竣工面积107459万平方米，增长5.9%，增速回落2.2个百分点。其中，住宅竣工面积80868万平方米，增长2.7%，增速回落2.8个百分点。

2. 房企购地热情不断下降

2014年，房地产开发企业土地购置面积33383万平方米，比上年下降14.0%，降幅比1~11月份收窄0.5个百分点，7月份之后均为负增长，11~12月份，降速达到14%以上；全年土地成交价款10020亿元，仅增长1.0%。2014年全国房地产企业土地成交均价为3002元/平方米，比2013年上涨446元/平方米。

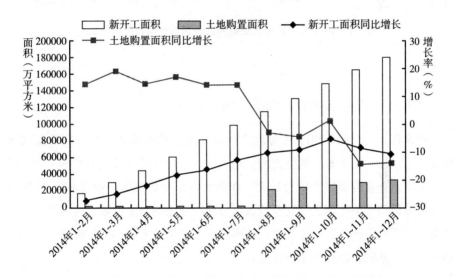

图10 房地产企业新开工面积及土地购置面积增长情况

资料来源：国家统计局网站。

分市场看，2014年，一线、二线、三线城市房屋新开工面积累计同比均为负增长，相比2013年有较大的回落。但从全年的走势看，从3月份开始，增速均有所回升。从土地购置面积看，2014年底，40个大中城市中，一线、二线、三线城市土地购置面积累计同比增长均出现较大幅度回落。其中，一线城市最高达到-23.57%，二线城市达到-18.86%，三线城市也达到-8.34%。

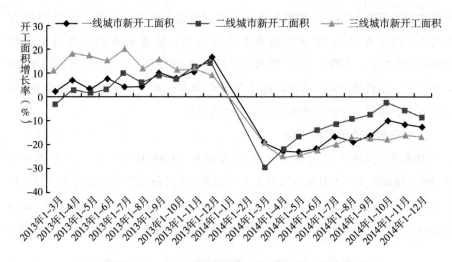

图 11　40 个大中城市房屋新开工面积累计同比增长情况

资料来源：wind 资讯。

（五）市场需求减弱，地价增速显著放缓

受库存压力影响，2014 年房地产开发企业土地购置面积与成交价款同比增速较上年均大幅下跌。资金方面，楼市的量价齐跌使得房企的利润空间持续受到挤压，企业资金回笼压力加大。伴随着本年度货币供应量（M2）同比增速和人民币贷款同比增速的同步放缓，金融市场流动资金偏紧，房地产投资国内贷款增速有所回落，企业资产负债率提高。多重压力下，房企谨慎入市，土地市场需求减弱，地价增速放缓明显。

1. 各用途地价水平值有所提升，商服地价、住宅地价同比增速回落明显

2014 年，全国主要监测城市综合、商服、住宅、工业地价水平值分别为 3522 元/平方米、6552 元/平方米、5277 元/平方米、742 元/平方米，较上年均有所提高，呈温和上行的趋势。综合、商服、住宅、工业地价同比增长率分别为 5.16%、3.90%、4.85%、6.03%。与 2013 年相比，综合地价增速微幅放缓，降低 1.86 个百分点；商服地价、住宅地价增速下降较大，分别降低 4.03、4.10 个百分点；工业地价增速微幅上扬，提高 1.58 个百分点（见图 12），全年涨幅明显高于商服、住宅地价。

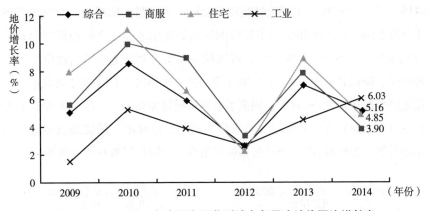

图12　2009～2014年全国主要监测城市各用途地价同比增长率

2. 多数城市地价处于平稳波动状态，地价高位运行城市个数较上年减少

2014年，全国主要监测城市的地价同比增速整体放缓，相比2013年，综合地价处于高位运行、较高位运行、温和上行的城市数量分别减少11个、5个、8个。商服地价、住宅地价也表现出相似的变化规律，二者处于高位运行、较高位运行、温和上行的城市数量总和分别减少20个、25个。工业地价处于平稳波动的城市个数最多，为81个，占全部监测城市数量的77.14%；处于高位运行、较高位运行的城市较少，仅占全部监测城市数量的11.43%（见图13）。

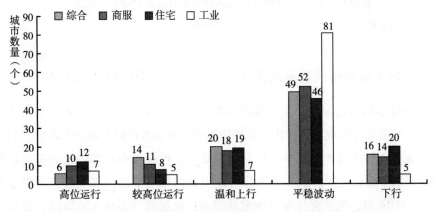

图13　2014年全国主要监测城市各用途地价同比增长率比较分析

3. 建设用地供应总量大幅收紧，商、住、工各用途土地供应面积均有所减少

2014年主要监测城市建设用地供应面积为25.63万公顷，占全国供地总量的

40.41%。与上年相比，主要监测城市建设用地供应量大幅减少。受房地产市场需求下降的影响，2014年全国主要监测城市商服用地和住宅用地供应面积较上年分别减少了23.94%和28.03%，且同期商服地价和住宅地价增速也均较上年有所回落，降幅分别为4.03和4.10个百分点。2014年全国主要监测城市工矿仓储用地供应面积减少29.37%，同期工业地价增速微幅上扬，较上年提高了1.58个百分点。工业地价的上涨与《节约集约利用土地规定》的实施及多地针对工业用地开展"控增盘存"，通过价格杠杆抬高企业用地门槛有关（见图14）。

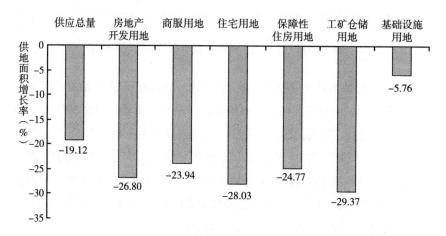

图14　2014年全国主要监测城市各用途供地增长率比较

数据来源：国土资源部土地市场动态监测监管系统。

（六）宏观调控政策逐渐淡出，地方政府调控自主权增大

面对2014年急转直下的房地产市场，中央政府一改以往政策频出的调控方式，与前几年形成鲜明对比，表明中央政府在房地产调控政策上的成熟和自信（见表1）。3月5日，李克强总理在政府工作报告中强调完善住房保障机制，采取市场化运作方式，为保障房建设提供长期稳定、成本适当的资金支持。3月16日，国务院公布《国家新型城镇化规划（2014～2020）》，提出加快推进不动产登记和房产税立法，抑制投机投资性需求，推进长效机制促住房市场持续健康发展。相对于中央政府调控政策的平稳，地方政府则表现更为积极，各地频繁采取政策进行"救市"（见表2）。

表1　2014年中央政府主要房地产政策一览

时间	单位	内容
2014/3/5	李克强政府工作报告	指出,2014年的工作之一是:完善住房保障机制。加大保障房建设力度,今年新开工700万套以上,其中各类棚户区470万套以上。创新政策性住房投融资机制和工具,采取市场化运作方式,为保障房建设提供长期稳定、成本适当的资金支持。各级政府要增加财政投入,提高建设质量,保证公平分配,完善准入退出机制。针对不同城市情况分类调控,增加中小套型商品房和共有产权住房供应,抑制投机投资性需求,促进房地产市场持续健康发展
2014/3/16	国务院	国务院公布《国家新型城镇规划(2014～2020)》,提出,加快推进不动产登记和房产税立法,做好房产税立法相关工作;创新政策性住房投融资机制和工具,抑制投机投资性需求,推进长效机制促进住房市场持续健康发展;健全城镇住房制度等
2014/4/17	国务院	国务院关于落实政府工作报告重点工作部门分工的意见,提出:完善住房保障机制,创新政策性住房投融资机制和工具,针对不同城市情况分类调控
2014/5/12	央行	"央五条"出台,优先满足首套房贷款需求
2014/5/21	国务院	截至5月15日,国务院共批准了69个城市申请的2944公顷保障性安居工程新增建设用地,其余37个城市主要使用存量建设用地
2014/5/21	发改委	国务院批转发改委《关于2014年深化经济体制改革重点任务意见的通知》中提到,坚持住房税立法相关工作,以全体人民住有所居为目标,完善住房保障机制,促进住房市场健康发展等
2014/6/6	国土部	国土部发布《节约集约利用土地规定》
2014/7/11	住建部	全国住房城乡建设工作座谈会提出,各地可以根据当地实际出台平稳住房市场的相关政策,其中库存量较大的地方要千方百计消化商品房待售面积,加强住房结构调整,完善住房项目周边配套设施,加快行政审批速度等
2014/9/16	李克强	国务院总理李克强主持召开推进新型城镇化试点工作座谈会,指出:要科学规划,创新保障房投融资机制和土地使用政策,更多吸引社会资金,加强公共配套设施建设,促进约1亿人居住的各类棚户区和城中村加快改造,让困难群众早日"出棚进楼"、安居乐业
2014/9/26	国土部	下发《关于推进土地节约集约利用的指导意见》,对大力推进节约集约用地进行整体部署,明确将节约集约用地。《意见》提出,土地节约集约利用的总体目标是建设用地总量得到严格控制,土地利用结构和布局不断优化,土地存量挖潜和综合整治取得明显进展以及土地节约集约利用制度更加完善,机制更加健全
2014/9/30	央行	央行发布《中国人民银行中国银行业监督管理委员会关于进一步做好住房金融服务工作的通知》,对个人住房贷款需求的支持度大幅提升:首套房贷利率下限重回基准利率的0.7倍;已有1套住房并已结清相应购房贷款后再次申请贷款的,银行执行首套房贷款政策;在已取消或未实施"限购"措施的城市,对拥有2套及以上住房并已结清相应购房贷款的家庭,又申请贷款购买住房,银行自行把握并具体确定首付款比例和贷款利率水平

时间	单位	内容
2014/10/9	住建部、财政部、央行	三部门联合下发《关于发展住房公积金个人住房贷款业务的通知》,提出:降低贷款申请条件至连续缴存6个月(含)以上,并且针对发放率在85%以下城市,提高首套自住房的贷款额度,而针对发放率在85%以上的城市,积极协调组合贷;积极推进异地贷款,并简化公积金贷款申请流程,降低中间费用
2014/11/20	中办、国办	印发《关于引导农村土地经营权有序流转发展农业适度规模经营的意见》,要求各地区各部门结合实际认真贯彻执行,在稳步扩大试点的基础上,用5年左右时间基本完成土地承包经营权确权登记颁证工作,妥善解决农户承包地块面积不准、四至不清等问题
2014/11/21	央行	央行宣布降息,决定自2014年11月22日起下调金融机构人民币贷款和存款基准利率。其中规定,金融机构一年期贷款基准利率下调0.4个百分点至5.60%;一年期存款基准利率下调0.25个百分点至2.75%。同时结合推进利率市场化改革,将金融机构存款利率浮动区间的上限由存款基准利率的1.1倍调整为1.2倍
2014/12/9	住建部	住建部发布《住房城乡建设部办公厅关于贯彻落实住房公积金基础数据标准的通知》
2014/12/19	住建部部长陈政高	全国住房城乡建设工作会议上,住建部部长陈政高表示,将要保持房地产市场平稳健康发展。未来将继续推进保障性安居工程建设,明年计划新开工700万套,基本建成480万套
2014/12/22	国务院	修订后的《不动产登记暂行条例》正式出台,于2015年3月1日执行,并指出将用4年左右时间建立有效运行的不动产登记信息管理基础平台
2014/12/23	中央农村工作会议	会议指出,要积极稳妥扎实推进城镇化,到2020年,要解决约1亿进城常住的农业转移人口落户城镇、约1亿人口的城镇棚户区和城中村改造、约1亿人口在中西部地区的城镇化,推动新型城镇化要与农业现代化相辅相成,突出特色推进新农村建设,努力让广大农民群众过上更好的日子
2014/12/29	国家发展改革委等11部门	为落实新型城镇化规划方案,印发《国家新型城镇化综合试点方案》
2015/1/20	住建部、财政部、央行	为保障住房公积金缴存职工合法权益,改进住房公积金提取机制,提高制度有效性和公平性,促进住房租赁市场发展,颁布《关于放宽提取住房公积金支付房租条件的通知》
2015/2/25	十二届全国人大常委会第十三次会议	会议表决通过了《全国人民代表大会常务委员会关于授权国务院在北京市大兴区等三十三个试点县(市、区)行政区域暂时调整实施有关法律规定的决定》等。指出:授权国务院在北京市大兴区等三十三个试点县(市、区)行政区域,暂时调整实施《中华人民共和国土地管理法》、《中华人民共和国城市房地产管理法》关于农村土地征收、集体经营性建设用地入市、宅基地管理制度的有关规定

续表

时间	单位	内容
2015/3/5	李克强政府工作报告	报告中提到要加大城镇棚户区和城乡危房改造力度。今年保障性安居工程新安排740万套,其中棚户区改造580万套,增加110万套,把城市危房改造纳入棚改政策范围。农村危房改造366万户,增加100万户,统筹推进农房抗震改造。住房保障逐步实行实物保障与货币补贴并举,把一些存量房转为公租房和安置房。对居住特别困难的低保家庭,给予住房救助。坚持分类指导,因地施策,落实地方政府主体责任,支持居民自住和改善性住房需求,促进房地产市场平稳健康发展

　　面对房地产市场下行压力、各地商品住宅库存高企、房地产投资增速明显下滑的情况,中央政府9月30日出台政策松绑限贷。10月9日,住建部、财政部和央行联合发文,放宽公积金贷款条件。10月29日,国务院常务会议提出稳定住房消费。11月21日,央行两年来首次提出降息。

表2　2014年地方政府房地产政策一览

时间	单位	内容
2014/1/1	广西	正式施行《关于个人转让和租赁房产有关税收政策问题的公告》,全区二手房转让时应纳税款采用核定征收的,不再享受各单项税种的税收优惠政策
2014/1/1	贵阳	发布《贵阳市人民政府关于进一步促进住房业持续健康发展的若干意见(试行)》,对全市住宅类住房项目(住宅面积比例大于50%)容积率试行分类指导,老城区原则上不得突破3.5,其他城区不得突破2.5,住宅类住房项目单宗用地不得超过20公顷
2014/1/7	四川	省住建厅、省发改委发布《关于进一步调整规划房地产交易收费事项的通知》
2014/1/13	江苏	江苏省住建厅印发《关于全面推进公共租赁住房和廉租住房并轨运行的实施意见》,决定在全省范围内全面推进公共租赁住房和廉租住房并轨运行,并轨后统称为公共租赁住房
2014/1/29	山东	省政府办公厅印发《关于进一步加强住房公积金管理工作的意见》
2014/2/14	北京	北京市召开首都生态文明和城乡环境建设动员大会,提出要抓好村庄和中介两个环节治理小产权房
2014/2/16	成都	《关于进一步推荐五城区棚户区改造工作的实施意见》

续表

时间	单位	内容
2014/2/17	广东	广东省住建厅印发《广东省住房和城乡建设事业深化改革的实施意见(征求意见稿)》,提出研究扩大公积金缴存覆盖面的措施,探索构建城乡统一的建设用地市场等
2014/2/21	南宁	市政府印发《南宁市经济适用住房管理办法(论证稿)》,拟禁止经适房上市交易,新建单套不超过60平方米
2014/2/21	南京	南京国土局发布《关于土地出让模式调整的说明》,对商品住房用地的供给,采取"限地价、竞配建保障房"或"限地价、竞保障房资金"的方式出让
2014/3/3	内蒙古	住建厅印发《2014年住宅与房地产业处工作要点》
2014/3/8	北京	北京市国土局发布2014年土地供应计划:2014年度北京国有建设用地供应计划总量为5150公顷,这是北京供地计划连续第4年下降,住宅供地仍然维持在1650公顷,与去年的计划基本持平
2014/3/11	南京	南京市发布《关于进一步加强我市住房市场管理工作的通知》(宁七条)以及《关于加强我市住房保障和供应体系建设的意见》,对住房调控提出七条意见,加强对土地供应结构的调整和对房价的监控
2014/4/3	福州	市政府出台《关于在公开出让住宅用地中配建公共租赁住房的实施意见》,指出福州市鼓楼、台江、仓山、晋安区范围内,公开出让的新增商品住宅建设用地,将按照建筑面积不低于10%的比例配建公租房
2014/4/3	三亚	出台《加强三亚市商品房户型管理的决定》,规定三亚市域范围内的居住类项目户型设计建筑面积应达到80平方米(含公摊)以上
2014/4/19	福州	《中共福州市委福州市人民政府关于深化农村改革加快现代化发展的实施意见》指出:农村集体经营性建设用地将可出让、租赁、入股,实行与国有土地同等入市、同权同价
2014/4/22	无锡	无锡市发布《户籍准入登记规定》,调整购房入户门槛
2014/4/24	重庆	重庆市地税局公布《调整后契税若干政策执行问题的公告》,停止"农转城"免契税
2014/4/25	南宁	南宁市房管局发文称,广西北部湾经济区内的五市户籍居民家庭可参照南宁市户籍居民家庭政策在南宁市购房
2014/5/4	成都	成都市人民政府颁布《关于完善我市购房入户政策的通知》,购买面积在90平方米以上并取得房屋所有权证且在成都参加社会保险1年以上的市外人员可在房屋所在地申请登记本人、配偶和未成年子女的户口
2014/5/5	铜陵市	铜陵市出台《关于促进住房市场持续健康发展的意见》,购买家庭唯一普通商品房(含二手房)的,由同级财政按房价1%给予契税补贴,放开住房公积金二次贷款的政策限制等

时间	单位	内容
2014/5/6	上海	上海召开第六次土地工作会议,提出未来上海建设用地只减不增
2014/5/7	郑州	郑州市发布《郑州市个人住房置业贷款政策性担保管理办法(征求意见稿)》
2014/5/26	芜湖	发布《关于进一步完善住房公积金缴存、贷款和提取政策的通知》,对于当地只有一套住房的家庭在购买改善型住房时,可申请办理贴息贷款
2014/5/30	海口	海口市发布《关于促进住房市场健康发展的实施意见》,提出自6月1日起在海口市行政区域购买单套面积120平方米以上新建商品住房,并已合同备案的本省籍购房人,可在该市申请登记户口人数不超过5人
2014/6/12	海南省	下发《关于规范农用地专用及土地征收等审批工作有关问题的通知》,要严格控制一线二线土地资源单纯用于商品房开发
2014/6/24	成都	成都市出台《促进当前经济平稳增长的二十二条措施》,提出优化住房政策,促进居民首套房和改善型住房消费,加快住房公积金贷款发放进度等
2014/6/25	河南	郑州市召开全市土地管理制度改革创新暨存量闲置建设用地集中清理处置工作会议,表示郑州市将集中三年时间清理处置存量闲置土地
2014/6/26	呼和浩特	发布《关于切实做好住房保障性住房,促进全市住房市场健康稳定发展的实施意见》,文件中提出,要取消商品房销售方案备案制度,同时放宽居民购买商品住房(含二手住房)在办理签约、网签、纳税、贷款以及权属登记时的限制,不再要求提供住房套数查询证明等
2014/7/9	海南	省国土资源厅召开闲置土地处置工作约谈会
2014/7/10	济南	取消限购
2014/7/10	四川	《健全住房保障和供应体系专项改革方案》出台
2014/7/18	武汉	140平方米以上的住房取消限购,新城区以及东湖高新开发区、武汉经济技术开发区、东湖生态风景区、武汉化工工业区这四个功能区的非本市户籍购房者近一年内有缴纳记录即可购房;符合条件的人才,购买住房只需要提供近一年内的纳税和社保证明材料
2014/7/19	苏州	90平方米以上住房全面放开,90平方米以下仍按照以往政策执行
2014/7/23	海口	取消限购
2014/7/25	西安	符合条件人才可购买一套住房;60平方米以下的住房和砖混结构住房放开限购
2014/7/26	无锡	发文通知,取消90平方米以上(含)住房的限购政策,90平方米以下住房继续执行限购
2014/7/29	杭州	主城区140平方米及以上住房,及萧山区、余杭区放开限购
2014/7/31	宁波	购买宁波市各县(市)以及鄞州、北仑、镇海、高新区等地区的住房,购买海曙、江东、江北中心城区套型在90平方米及以上商品住房,以及购买海曙、江东、江北中心城区二手住房的,都不再需要提供家庭住房情况查询证明

续表

时间	单位	内容
2014/8/1	徐州	取消限购
2014/8/1	青岛	对黄岛区、城阳区(含高新区)住房放开限购政策;对市南区、市北区、李沧区、崂山区套型面积在144平方米以上(含)的住房放开限购政策
2014/8/1	福建	福建省住房和城乡建设厅发布《关于促进住房市场平稳健康发展的若干意见》,"闽八条"出台,加大房贷优惠,外地人购房贷款不需提供纳税证明,福州市厦门市可以根据本地市场变化情况,调整放开住房限购措施等
2014/8/1	广西	适当放宽二套房贷款政策,适时、合理调整住房公积金个人住房贷款最高额度等,大力促进住房消费
2014/8/1	绍兴	取消外地户口购房限制,首套房贷不准超基准利率
2014/8/1	金华	取消限购
2014/8/1	成都	从2014年7月1日到2014年12月31日期间,对金融机构按照国家政策规定向居民家庭在四川省行政辖区内首次购买自住普通商品房提供贷款,且贷款利率不超过(含)人民银行公布的同期贷款基准利率的,按金融机构实际发放符合条件贷款金额的3%给予财政补贴
2014/8/2	合肥	取消限购
2014/8/4	太原	取消限购
2014/8/4	绍兴	发布《关于促进市区住房市场平稳健康发展的意见》,取消限购
2014/8/5	包头	发布《中国·包头2014房交会优惠政策》,给予购房者发放15000元购房券,并给予契税补贴和财政补贴
2014/8/6	长沙	正式解除了楼市限购令
2014/8/7	佛山	取消限购,具体内容包括:一是本地身份证每张可购买两套房,二是外地身份证可购买一套房
2014/8/8	福建	福建省住建厅发布《关于促进住房市场平稳有序发展的若干措施》,福州市、厦门市可以根据市场变化调整放开住房限购政策等
2014/8/9	郑州	取消限购
2014/8/10	东莞	出台《关于促进住房市场健康平稳有序发展的若干措施》明确,东莞取消新建商品住房销售价格申报备案制,并适时调整普通住房价格标准
2014/8/11	嘉兴	下发《促进住房市场平稳健康发展意见》,将逐步取消保障性住房实物建设。将从严控制住房开发用地供应量、供应时序和供应结构,并逐步取消保障性住房、拆迁安置住房实物建设,在房屋征收过程中,将鼓励通过货币补偿方式实施安置,或通过收购商品住房进行实物安置,保障性住房主要通过货币补偿方式实施保障
2014/8/11	昆明	正式取消限购,买房不再查询已有住房数量
2014/8/11	湖南	《湖南省住房和城乡建设厅关于促进全省房地产市场平稳健康发展的意见》("湘五条")出台,省内异地购房可申请公积金贷款等

时间	单位	内容
2014/8/13	沈阳	发布《关于印发沈阳市促进当前经济稳增长若干政策措施的通知》,放宽住房公积金门槛,给予棚户区改造每户1万元补助等
2014/8/15	厦门	发布《关于促进住房市场平稳健康发展的实施意见》,厦门限购政策正式放开,岛外限购全面解禁,岛内两区本市户口限购两套住宅,非本市户口限购一套
2014/8/16	哈尔滨	取消限购
2014/8/18	南宁	南宁住建局发布《南宁市限价普通商品住房转化为商品住房管理规定》
2014/8/20	江西省	印发《关于促进经济稳增长若干措施》,落实首套房贷款优惠政策,适当降低二套房首付比例,支持商品房库存较大的城市收购符合条件的商品住房作为保障房和棚户区改造安置住房房源
2014/8/22	宁夏	《关于促进住房持续健康发展的若干意见》出台,全面取消限购
2014/8/25	海口市	《海口市人民政府关于稳增长促发展的实施意见》出台,放宽本省籍居民购房入户条件,按购房面积实施差别化入户等
2014/8/26	宁夏	住建厅下发《关于促进房地产业持续健康发展的若干意见》(新九条),提出支持居民购房消费、金融支持住房消费、支持普通住房建设等
2014/8/27	贵阳	全面取消限购
2014/8/29	杭州	购买主城区140平方米以下住房不再提供住房情况查询记录。全面取消限购
2014/8/30	无锡	全面取消限购
2014/8/30	宁波	全面取消限购
2014/9/1	西安	凡在本市区域内购买商品住房和二手房的,不再申报户籍和原有住房情况
2014/9/1	青岛	全面放开限购。放开市南区、市北区、李沧区、崂山区套型面积在144平方米以下(含)的住房限购政策
2014/9/1	贵阳	取消楼市限购
2014/9/2	黑龙江	省政府印发《中华人民共和国房产税暂行条例》暂行细则的通知,八类房产免征房产税
2014/9/3	兰州	全面放开限购
2014/9/10	龙岩	出台《龙岩市进一步促进住房市场持续健康发展的若干意见》
2014/9/10	西宁	正式取消限购令,购房不再进行资格审查
2014/9/12	沈阳	房产局正式发文取消住房限购
2014/9/15	湖北省	湖北省住建厅发布《关于促进全省房地产市场平稳健康发展的意见》(鄂六条),提出加强市场分类调控,支持合理住房消费,其中还在首套房贷贷款利率和首付比例上给予优惠支持
2014/9/17	福州市	福州市人民政府办公厅《关于促进住房市场平稳健康发展的实施意见》出台
2014/9/21	南京市	《市政府关于保持我市住房市场健康发展的通知》出台,购房不再需要提供新购住房证明

时间	单位	内容
2014/9/22	江西省地税局	出台《贯彻落实稳增长促改革调结构惠民生政策措施促进我省经济平稳增长若干措施》,提出,个人购买90平方米以下且属于家庭唯一住房的普通住宅,减按1%的税率征收契税,购买90平方米以上且属于家庭唯一住房的普通住宅,按法定税率减半征收契税
2014/9/23	武汉	正式下发《市政府关于取消我市商品住房限购政策的通知》,宣布武汉市自9月24日起取消住房限购
2014/9/23	青岛	青岛市国土和房管局发布《关于完善保障性住房和市场多层次需求住房建设体系的意见》,出售唯一住房又新购住房的居民家庭偿清原购房贷款后,再次申请住房贷款的,按首套房贷认定
2014/9/26	苏州	全面取消限购
2014/9/26	珠海	取消楼市限购
2014/9/26	石家庄	全面取消楼市限购
2014/9/29	央行南昌分行	央行南昌支行发文下调二套房首付比例
2014/9/30	南宁	取消限购
2014/9/30	河南	住建厅、发改委、国土局联合发布河南省房地产新政《关于促进全省房地产市场平稳健康发展的若干意见》,将首套房首付比例调整为最低20%,与此同时,二套房执行"认贷不认房",且首付亦降至30%
2014/9/30	北京	北京市住建委、市财政局、市地税局联合发布《关于公布本市各区域享受优惠政策普通住房平均交易价格的通知》:住宅小区建筑容积率在1.0(含)以上、单套建筑面积在140平方米(含)以下,参考其实际成交价格确定。实际成交价格原则上应当低于按本通知确定的所在区域住房平均交易单价或套总价的1.2倍。全市住房平均交易单价或者套总价,结合区域调整系数确定。全市住房平均交易价格按照2013年度的单价每建筑平方米2.2万元、套总价260万元确定。区域调整系数为五环内1.5,五至六环之间1.2,六环以外0.9
2014/10/7	三亚	明确宣布不取消限购
2014/10/10	沈阳	将首套房首付比例调整为最低20%。与此同时,二套房执行"认贷不认房",且首付亦降至30%
2014/10/17	天津	发布津十六条,全面放开限购
2014/10/30	苏州	取消公积金个人住房贷款担保费
2014/11/4	南京	发布《关于进一步完善住房公积金使用政策的通知》,提出:使用公积金贷款购买二套房的首付比例,由原先的不低于60%,降低到不低于30%;放宽第二套房公积金贷款门槛,最低首付款比例从之前的70%调整为房屋总价的30%

续表

时间	单位	内容
2014/11/4	济南	松绑住房公积金:在济南连续缴存公积金6个月即可申请公积金个人住房贷款,在异地(包括省外)缴存住房公积金,在济南购买自住房的,凭缴存地住房公积金管理中心出具的缴存证明,也可在济南申请公积金个人贷款
2014/11/5	石家庄	印发《石家庄住房公积金提取管理实施细则》,住房公积金再松绑,提高了公积金缴存基数最低标准,规定缴存基数不低于所在市、县(市)的上年度在岗职工平均工资的60%
2014/11/7	上海	印发《关于调整本市住房公积金个人贷款政策的通知》,取消担保费
2014/11/7	江西	印发《关于促进房地产市场平稳健康发展的通知》(赣十八条),不再限制境外机构个人购房
2014/11/10	湖北	印发《关于进一步加强住房公积金管理工作的通知》,放宽提取条件,规定同城同比
2014/11/12	江苏	印发《关于加快推进建筑产业现代化促进建筑产业转型升级的意见》,提出:购买成品住房可享受契税、贷款的优惠;开发商做成品住房可少交税等优惠政策
2014/11/14	上海	上海市调整普通住房标准
2014/11/22	北京	北京市公积金管理中心宣布,即日起北京住房公积金存贷款利率下调0.25个百分点,下调后5年期以下的贷款利率为3.75%,5年期以上贷款利率为4.25%
2014/12/3	南宁	发布《南宁市公共租赁住房标准方案(征求意见稿)》,拟调整公租房租金,最低为每月4.7元/平方米
2014/12/5	北京	北京市住建委通告,对于自住房弃选房源,开发商将统一对符合条件的购房人公开销售。公开销售的自住房,除了不再摇号外,购房资格审核、选房公证以及购买后的产权登记、再上市等问题,均按现有自住房政策执行
2014/12/16	郑州	取消住房公积金个人住房贷款担保费
2014/12/18	合肥	住房公积金实现异地使用
2014/12/18	武汉	放宽第二套房公积金贷款门槛,最低首付款比例从之前的70%调整为房屋总价的30%,住房公积金实现异地使用
2014/12/18	长沙	将首套普通自住房公积金贷款首付比例降至20%,恢复省内异地互贷,取消公积金贷款时间间隔等
2014/12/18	南昌	住房公积金实现异地使用
2015/3/5	江西	颁布《公共租赁住房管理办法》、《廉租房住房保障办法》
2015/3/11	广州	广州市住房公积金管理委员会对《广州市住房公积金个人购房贷款实施办法》进行审议,"最严公积金新政"获得原则性通过,新政将禁止二次贷款

总体来看，2014 年中央出台的房地产政策均与建立房地产长效机制相关，年末的中央经济工作会议也未直接提及房地产市场，表明中央政府房地产政策调控方向已从以往"控房价、抑需求"转变为"促改善、稳消费"。展望 2015 年，房地产市场调控手段将更趋于市场化，中央政府调控政策将更注重长期性和稳定性，各地将根据具体情况"因城施策"，更具灵活性，确保房地产市场健康平稳运行。

二 31个省（区、市）房地产市场主要指标比较

对 2014 年 31 个省（区、市）不同用途房屋均价，以及房地产市场 6 个主要指标增速比较的结果表明：不同用途的房价北京均居第一，商品房均价增速、住宅均价增速、办公楼均价增速西藏居首位，商业用房均价增速云南最高。广西的土地购置面积增速最高；西藏的开发面积总量少，但房地产开发投资额增速、房地产施工面积增速、房地产竣工面积增速、商品房销售面积增速均居首位。

（一）2014年商品房均价最高的是北京，增速最高的为西藏

1. 商品房、住宅、办公楼、商业用房均价北京居首位

2014 年，多数省份房价保持增长，虽然中西部房价增幅略高于东部，部分西部省份增长明显，但由于基数差距较大，中西部房价仍明显低于东部。商品房价格低于 5000 元/平方米的省份由 2013 年的 15 个减少为 11 个，西藏、河北、吉林和青海 4 个省份价格提高至 5000 元/平方米以上；商品住宅价格低于 5000 元/平方米的由 2013 年的 21 个减少为 16 个，西藏、辽宁、湖北、山东和安徽的价格增长至 5000 元/平方米以上。

2014 年，商品房、商品住宅均价排名前三位的仍然是北京、上海、浙江，海南紧随其后，排名后三位的分别是贵州、湖南、宁夏。北京商品房价格是均价最低的宁夏的 4.57 倍，商品住宅价格是均价最低的贵州的 5 倍。全国商品房、住宅的均价分别为 6324 元/平方米、5932 元/平方米，有 8 个省的商品房、商品住宅超过全国平均价格，均地处东部，西藏排名从 2013 年的最后几位跃升至第 9 位。

2014 年，非住宅价格最高的是北京，办公楼价格是最低的辽宁的 4.51 倍，商业用房价格是最低的宁夏的 3.78 倍。2014 年办公楼均价超过平均价格 11787 元/平方米的 8 个省中，地处中西部的有西藏、山西和云南，分别位于

第5、第6和第8位。2014年商业用房均价超过平均价格9814元/平方米的13个省中，东部占7个，排名前6的均位于东部。

2. 商品房、住宅、办公楼均价增速西藏居首位

2014年，中西部的增长更显著，西藏的增长幅度遥遥领先。

商品房均价增速前三位的西藏、青海、甘肃分别增长38.3%、22.1%、16.9%，增速最高的西藏超出最低的浙江43个百分点。住宅均价增速前三位的西藏、甘肃、吉林分别增长37%、14.9%、13.8%，增速最高的西藏比最低的宁夏高41.3个百分点。

办公楼均价增速西藏达到163.9%，超过第二名山西125.8个百分点，比最低的广西高190.8个百分点。办公楼均价增速低于平均值的有9个，东部5个，中部1个，西部3个。商业用房均价增速前三位的云南、西藏、甘肃分别增长21.8%、17.1%、15.5%，增速最高的云南比最低的贵州高37.4个百分点。商业用房均价增速有13个省负增长，东部8个，中部1个，西部4个。（见图15、表3）

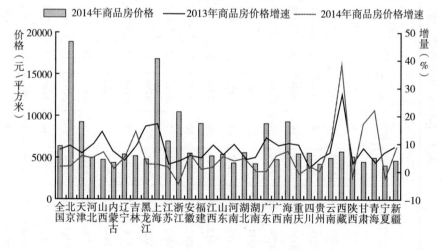

图15 2014年31个省（区、市）商品房价格、增速比较

（二）2014年商品房、住宅销售面积同比减少，呈现西南增、东北减的格局

31个省（区、市）中，商品房、住宅销售面积同比增长的由2013年的28

表3 2014年31个省（区、市）不同用途房价、增速比较

省（区、市）	2014年均价（元/平方米）								2014年增速（%）							
	商品房	排序	#住宅	排序	#办公楼	排序	#商业用房	排序	商品房	排序	#住宅	排序	#办公楼	排序	#商业用房	排序
平均	6324	—	5932	—	11787	—	9814	—	1.4	—	1.4	—	-9.3	—	0.4	—
北京	18833	1	18499	1	26266	1	25413	1	1.5	21	3.6	15	12.1	8	-3.8	25
天津	9219	5	8760	6	12646	7	15441	3	5.4	11	4.4	13	10.5	9	-6.7	28
河北	5131	18	4988	16	6458	29	7182	30	4.8	14	7.5	5	-17.0	27	-6.6	27
山西	4734	24	4462	21	13219	6	7549	28	6.8	8	6.0	8	38.1	2	8.2	8
内蒙古	4334	28	3833	28	6391	30	7234	29	0.8	24	-0.8	25	-15.7	26	0.3	17
辽宁	5373	14	5107	10	5822	31	7982	25	4.9	13	3.8	14	-14.1	25	7.7	9
吉林	5112	19	4810	19	7016	26	7846	27	14.0	4	13.8	3	8.2	11	11.0	6
黑龙江	4882	22	4517	20	7797	23	8013	24	3.0	17	1.8	20	10.0	10	4.3	11
上海	16787	2	16415	2	24978	2	22014	2	2.2	18	1.4	21	5.7	12	14.1	4
江苏	7006	8	6783	8	8798	19	9929	12	1.4	22	2.0	18	15.5	7	-4.7	26
浙江	10526	3	10586	3	11118	11	13466	5	-4.7	31	-3.9	30	-20.1	29	-3.6	24
安徽	5394	13	5017	15	6826	27	8513	19	6.2	9	5.0	10	-6.2	19	2.6	13
福建	9136	6	8843	6	11131	10	13017	6	0.9	23	2.6	17	-18.9	28	-15.5	30
江西	5287	16	4971	17	9085	17	8997	15	1.6	20	1.3	22	0.0	15	10.1	7
山东	5315	15	5029	14	9685	15	8224	21	5.3	12	4.8	12	4.1	13	2.4	15
河南	4366	27	3909	27	9049	18	7891	26	3.8	16	1.9	19	-0.7	16	5.0	10
湖北	5513	12	5085	13	10470	12	9916	13	4.7	15	4.9	11	24.9	5	0.2	18

省（区、市）	2014年均价（元/平方米）								2014年增速（%）							
	商品房	排序	#住宅	排序	#办公楼	排序	#商业用房	排序	商品房	排序	#住宅	排序	#办公楼	排序	#商业用房	排序
湖　南	4227	30	3830	29	9881	13	8110	22	-0.4	27	-2.0	27	-10.3	23	-1.0	20
广　东	9083	7	8526	7	18605	4	15183	4	-0.1	26	0.7	23	-10.5	24	-3.2	23
广　西	4854	23	4442	23	9856	14	10124	11	5.7	10	5.3	9	-26.9	31	-1.9	21
海　南	9315	4	9262	4	23102	3	9333	14	7.5	7	7.3	6	-1.5	17	-7.2	29
重　庆	5519	11	5094	11	11147	9	10725	10	-0.9	28	-2.8	28	-2.0	18	-0.5	19
四　川	5597	10	5092	12	7765	24	11358	8	1.8	19	0.1	24	-20.6	30	3.5	12
贵　州	4312	29	3694	31	6782	28	8653	17	0.4	25	-1.1	26	-7.3	21	-15.6	31
云　南	4998	21	4451	22	11878	8	8846	16	11.2	5	6.6	7	30.8	4	21.8	1
西　藏	5773	9	5323	9	13711	5	8606	18	38.3	1	37.0	1	163.9	1	17.1	2
陕　西	5166	17	4823	18	9212	16	10752	9	-2.2	29	-3.4	29	24.3	6	2.5	14
甘　肃	4544	26	4234	25	8562	20	8423	20	16.9	3	14.9	2	0.4	14	15.5	3
青　海	5081	20	4294	24	8198	22	11702	7	22.1	2	8.5	4	38.0	3	1.6	16
宁　夏	4117	31	3748	30	7259	25	6719	31	-2.7	30	-4.3	31	-8.8	22	-2.3	22
新　疆	4628	25	4057	26	8400	21	8039	23	8.4	6	2.8	16	-6.7	20	12.5	5

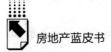

个减少到11个和9个，全国商品房销售面积同比降低7.6%。保持增长的省主要集中在西部，东部仅河北，中部仅河南、湖北仍有增长态势，明显领先的西藏增速分别为133.6%和135.5%，东北三省降幅最大，辽宁降幅达到38.1%和38.5%。（见图16、表4）

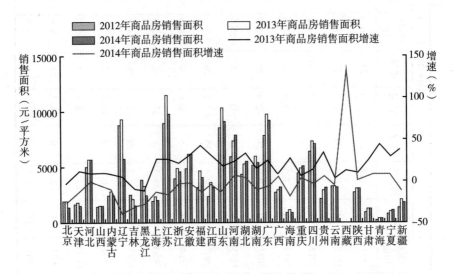

图16　2012～2014年31个省（区、市）商品房销售面积、增速比较

表4　2014年31个省（区、市）商品房、住宅销售面积增速比较

单位：%

省（区、市）	商品房	排序	#住宅	排序	省（区、市）	商品房	排序	#住宅	排序
平　均	-7.6	—	-9.1	—	平　均	-7.6	—	-9.1	—
北　京	-23.6	28	-16.7	27	湖　北	5.7	8	5.0	4
天　津	-12.7	25	-14.1	23	湖　南	-8.6	19	-10.3	19
河　北	0.5	11	-0.1	10	广　东	-5.3	18	-7.6	17
山　西	-4.1	16	-3.4	13	广　西	5.4	9	3.8	5
内蒙古	-10.2	21	-11.8	21	海　南	-15.7	27	-18.4	28
辽　宁	-38.1	31	-38.5	31	重　庆	5.9	7	1.5	7
吉　林	-28.6	30	-30.1	30	四　川	-2.3	13	-5.1	16
黑龙江	-25.9	29	-27.6	29	贵　州	6.9	6	2.3	6
上　海	-12.5	24	-11.7	20	云　南	-3.5	15	-8.3	18
江　苏	-14.0	26	-13.6	22	西　藏	133.6	1	135.5	1
浙　江	-4.3	17	-3.8	15	陕　西	1.6	10	0.2	9

续表

省（区、市）	商品房	排序	#住宅	排序	省（区、市）	商品房	排序	#住宅	排序
安　徽	-1.0	12	-3.7	14	甘　肃	8.6	3	6.9	2
福　建	-11.9	23	-16.0	26	青　海	9.0	2	-1.8	11
江　西	-3.2	14	-2.5	12	宁　夏	7.7	5	1.2	8
山　东	-11.1	22	-14.3	24	新　疆	-10.0	20	-14.4	25
河　南	7.8	4	6.8	3	—	—	—	—	—

（三）房屋、住宅竣工面积西藏增幅最大，吉林降幅最大

房屋、住宅竣工面积正增长的省有 20 个和 16 个，比 2013 年分别增多了 3 个和 1 个，增长最多的是西藏、海南和贵州，增幅最大的西藏达到 190% 和 176.5%。房屋、住宅竣工面积降幅最大的分别是吉林、内蒙古、湖南和吉林、内蒙古、云南，吉林降幅达到 30.2% 和 26%。与西藏的量价齐升不同，吉林的住宅竣工面积和销售面积的降幅都很大，供应量的明显减少和房价两位数的增长，显示了市场供求关系的力量。（见图 17、表 5）

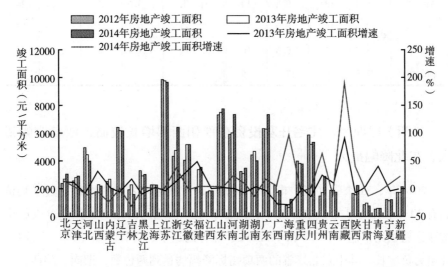

图17　2012～2014年31个省（区、市）竣工面积、增速比较

表5 2014年31个省（区、市）商品房、住宅竣工面积增速比较

单位：%

省（区、市）	商品房	排序	#住宅	排序	省（区、市）	商品房	排序	#住宅	排序
平　均	5.9	—	2.7	—	平　均	5.9	—	2.7	—
北　京	14.5	9	6.6	12	湖　北	12.8	10	10.4	9
天　津	4.3	16	0.6	15	湖　南	-12.4	29	-15.6	28
河　北	-9	26	-9.2	26	广　东	16.8	8	14.6	7
山　西	-4.5	24	-7.9	25	广　西	9	11	4.1	14
内蒙古	-23.7	30	-25.2	30	海　南	97.6	2	103.2	2
辽　宁	-0.1	21	-1.7	17	重　庆	-2.3	23	-3.3	20
吉　林	-30.2	31	-26	31	四　川	4.4	15	-3.9	21
黑龙江	2.3	19	-2.1	18	贵　州	61.1	3	51.3	3
上　海	2.6	18	8.3	11	云　南	-11.4	28	-20.4	29
江　苏	-0.9	22	-4.3	22	西　藏	190	1	176.5	1
浙　江	36.2	5	30.5	5	陕　西	44.8	4	46.4	4
安　徽	0.3	20	-2.3	19	甘　肃	-11.2	27	-15.2	27
福　建	6.3	13	9.8	10	青　海	-5.6	25	-5.7	24
江　西	4.6	14	5.9	13	宁　夏	9	11	-4.9	23
山　东	3.7	17	0.5	16	新　疆	21.1	7	14.4	8
河　南	22.8	6	17.3	6	—	—	—	—	—

（四）房地产、住宅开发投资东部和西部增长较高，西藏增幅最大，东北降幅最大

2014年，31个省（区、市）中，房地产、住宅开发投资增速超过平均值的有20个，东部8个，中部3个，西部9个。西藏的房地产、住宅开发投资增速遥遥领先，达446.7%和401.8%，北方的辽宁、吉林、黑龙江、内蒙古、甘肃为负增长，其中东北三省的两项指标降幅均达到两位数，湖南、陕西、山西、山东、北京均略低于平均增速，安徽的房地产开发投资增速和上海的住宅开发投资增速也低于平均水平。（见图18、表6）

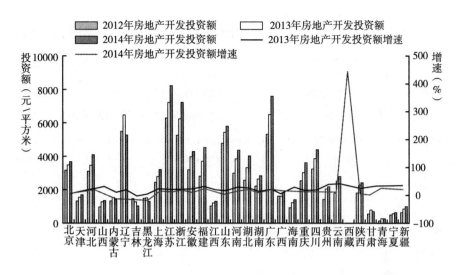

图18 2012~2014年31个省（区、市）房地产开发投资、增速比较

表6 2014年31个省（区、市）房地产开发投资增速比较

单位：%

省(区、市)	投资	排序	#住宅	排序	省(区、市)	投资	排序	#住宅	排序
平　均	10.5	—	9.2	—	平　均	10.5	—	9.2	—
北　京	6.7	26	7	22	湖　北	21.2	5	22.4	2
天　津	14.8	12	13.8	12	湖　南	9.7	22	8.3	21
河　北	17.8	8	18.6	8	广　东	17.7	9	14.5	11
山　西	7.3	24	5.4	25	广　西	13.9	14	10.8	19
内蒙古	-7.3	28	-6.7	27	海　南	19.6	7	12.8	13
辽　宁	-17.8	31	-17.6	30	重　庆	20.5	6	19.9	6
吉　林	-17.7	30	-19.6	31	四　川	13.7	17	12.2	15
黑龙江	-17.5	29	-15.9	29	贵　州	12.6	19	10.3	20
上　海	13.7	17	6.8	23	云　南	14.4	13	11.4	17
江　苏	13.8	15	14.6	10	西　藏	446.7	1	401.8	1
浙　江	16.8	11	12.3	14	陕　西	8.3	23	5.7	24
安　徽	10	21	11.7	16	甘　肃	-0.4	27	-8.1	28
福　建	23.3	3	21.4	4	青　海	24.5	2	19.4	7
江　西	12.6	19	22.2	3	宁　夏	17.1	10	21	5
山　东	6.9	25	5.2	26	新　疆	22.9	4	10.9	18
河　南	13.8	15	16.3	9	—	—	—	—	—

房地产蓝皮书

（五）多数省份土地购置面积明显减少，西南地区部分省份增长明显

2014 年，31 个省（区、市）中，土地购置面积增速超过 10% 的有广西、甘肃、四川和青海，增速分别为 41.2%、34.6%、34.4% 和 24.6%，安徽、江西、新疆和浙江也有正增长。土地购置面积有 22 个省为负增长，下降幅度超过平均值的有 17 个，降速超过 30% 以上的有 8 个，山西降幅最大，达到 50.7%。（见图 19、表 7）

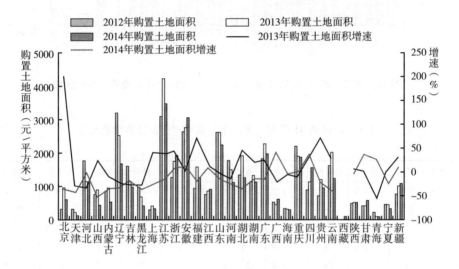

图 19　2012~2014 年 31 个省（区、市）土地购置面积、增速比较

表 7　2014 年 31 个省（区、市）土地购置面积增速比较

单位：%

省（区、市）	增速	排序	省（区、市）	增速	排序	省（区、市）	增速	排序
平　均	−14	—	平　均	−14	—	平　均	−14	—
北　京	−35.9	25	安　徽	9.8	5	重　庆	−1.7	9
天　津	−41.7	29	福　建	−18.7	17	四　川	34.4	3
河　北	−4	11	江　西	9.1	6	贵　州	−22.6	19
山　西	−50.7	30	山　东	−14.9	14	云　南	−38.3	28
内蒙古	−36.2	26	河　南	−25.7	21	西　藏	—	—

续表

省(区、市)	增速	排序	省(区、市)	增速	排序	省(区、市)	增速	排序
辽　宁	-33.2	23	湖　北	-34.3	24	陕　西	-3.2	10
吉　林	-18.8	18	湖　南	-16.2	15	甘　肃	34.6	2
黑龙江	-36.5	27	广　东	-13.1	13	青　海	24.6	4
上　海	-25.7	21	广　西	41.2	1	宁　夏	-24.1	20
江　苏	-17.9	16	海　南	-6	12	新　疆	9	7
浙　江	7.2	8	—			—		

（六）施工面积累计值西部呈明显增长

31个省（区、市）中，房屋、住宅施工面积累计值出现负增长的分别有4个和6个，而2013年只有3个省的住宅施工面积累计值为负增长。房屋、住宅施工面积累计值增速超过平均值的有17个。房屋、住宅施工面积累计值增速最快的为西藏，分别为373.4%和354.1%，房屋施工面积累计值增速第二的海南仅有22.4%，住宅施工面积累计值增速第二的湖北仅有17.8%。（见图20、表8）

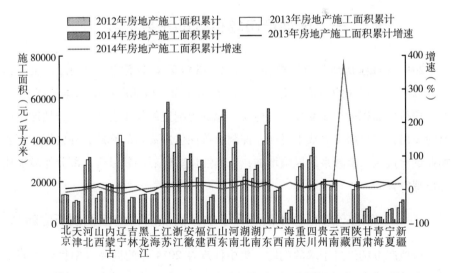

图20　2012~2014年31个省（区、市）施工面积累计值、增速比较

表8 2014 年 31 个省（区、市）施工面积累计值增速比较

单位：%

省(区、市)	房屋	排序	#住宅	排序	省(区、市)	房屋	排序	#住宅	排序
平　均	9.2	—	5.9	—	平　均	9.2	—	5.9	—
北　京	-2.2	29	-5.8	30	湖　北	20.4	3	17.8	2
天　津	-2.2	29	-4.7	29	湖　南	9.2	18	5	21
河　北	5.6	25	3.8	24	广　东	16.1	7	13.7	4
山　西	10.2	15	6.7	14	广　西	8.9	20	5.2	20
内蒙古	-0.8	28	-2	26	海　南	22.4	2	16.1	3
辽　宁	-7.2	31	-9.2	31	重　庆	9	19	5.4	18
吉　林	0.7	27	-2.7	28	四　川	13.5	9	6.6	15
黑龙江	4.8	26	1.8	25	贵　州	17.4	5	12	6
上　海	8.7	21	4.9	22	云　南	9.7	16	4.9	22
江　苏	9.6	17	7.3	13	西　藏	373.4	1	354.1	1
浙　江	11.9	11	8.6	11	陕　西	12.9	10	8.8	10
安　徽	10.7	14	7.7	12	甘　肃	11.9	11	6	17
福　建	14.3	8	10.6	7	青　海	7.1	24	-2.1	27
江　西	11.1	13	10.6	7	宁　夏	16.2	6	13	5
山　东	7.8	23	5.4	18	新　疆	19.3	4	9.3	9
河　南	8	22	6.1	16	—	—	—	—	—

三　房地产市场存在的主要问题

2014 年我国房地产市场存在的问题，既包括本年度的突出问题，也包括长期以来一直存在的问题。主要包括以下几方面：房地产市场总体供过于求，商品房待售面积创历史新高；住房及土地资源配置结构不合理，部分地区市场风险突出；二手房交易成本过高，抑制改善性住房需求的释放；办公楼、商业物业供给过剩，金融系统风险增加；保障性住房建后问题显现，部分保障性住房出现空置。

（一）房地产市场总体供远大于求，商品房待售面积创历史新高

房地产市场供过于求的问题，集中体现在 2014 年的商品房销售量大幅下降，商品房待售面积创下历史新高。2014 年，全国商品房销售面积为 12.06 亿平方米，比 2013 年下降 7.6%；其中，住宅销售面积为 10.52 亿平方米，比

2013 年下降 9%，均为 2009 年以来的首次下降。与此同时，商品房待售面积也创下历史新高。2005～2009 年，全国商品房待售面积一直在 2 亿平方米以下。从 2011 年开始，商品房待售面积快速增加，年增幅均在 25% 以上。2014 年，全国商品房待售面积首次突破 6 亿平方米，达到 6.22 亿平方米；其中，住宅待售面积突破 4 亿平方米，达到 4.07 亿平方米，商业营业用房的待售面积达到 1.18 亿平方米，办公楼的待售面积达到 2627 万平方米，均创下历史新高，如图 21 所示。可见，房地产业的高库存状况不容乐观。

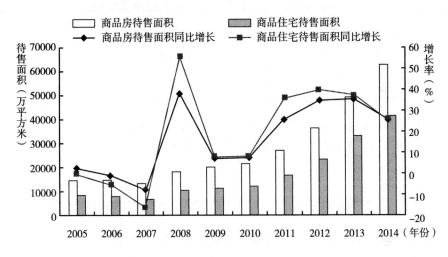

图 21　商品房待售面积（2005～2014 年）

房地产业的高库存将引发一系列问题：一是规模庞大的待售面积表明房地产市场总体上的供求关系很不平衡，市场有可能出现较大幅度波动；二是房地产企业的高库存，占压了大量资金，资金成本的持续上涨可能使部分房地产企业陷入经营困难甚至破产，从而导致部分项目停工、预售房屋无法按时交房，进而影响到购房者；三是对于银行贷款占有相当大比例的房地产开发资金结构而言，持续的高库存也意味着银行等金融机构经营风险的增加。

（二）住房及土地资源配置结构不合理，部分地区市场风险突出

住房及土地资源配置不合理，主要体现在城乡之间、不同城市之间均存在

一定程度的供需错位。住房及土地资源配置不合理，首先体现在城乡之间。改革开放以来，随着我国城镇化进程的推进，城镇人口不断增加，城镇化率不断提高。1978～2014年，全国城镇常住人口从1.7亿人增加到7.5亿人，城镇化率从17.9%提升到54.8%。而1996年以来，我国的乡村人口就一直处于负增长的态势。但是，农村人口减少的同时农村居民点用地面积却在增加，这与相当多进城务工的农民工在老家建房直接相关。住房及土地资源配置不合理，还体现在不同城市之间。大城市以及超大、特大城市的人口流入集中，住房紧张；而中小城市和小城镇的人口较少，甚至出现人口净流出的现象，住房却大量供应。

城乡之间、不同城市之间的住房及土地资源配置结构不合理，一方面使农村、小城镇的住房及土地资源得不到充分有效利用，另一方面使部分人口集中流入城市的住房需求得不到较好的满足，从而形成资源的闲置浪费与紧张不足并存的局面。对于房地产市场而言，则会导致人口聚集度低的部分中小城市的房地产市场供过于求的问题更为严重，去库存难度更大，市场风险更为突出。

（三）二手房交易成本过高，抑制改善性住房需求的释放

二手房的交易成本过高，主要体现在两方面，一是税费成本，二是中介成本。为了释放改善性住房需求，2014年9月30日中国人民银行、中国银行业监督管理委员会发布《关于进一步做好住房金融服务工作的通知》，提出"对拥有1套住房并已结清相应购房贷款的家庭，为改善居住条件再次申请贷款购买普通商品住房，银行业金融机构执行首套房贷款政策"。2015年3月，财政部和国家税务总局联合发布《关于调整个人住房转让营业税政策的通知》，将免征营业税的年限从5年改为2年，即个人将购买2年以上（含2年）的普通住房对外销售的免征营业税。但是，二手房交易个人所得税并未调整，对于以家庭为单位出售非唯一住房仍需要缴纳动辄上万元甚至几十万元的个人所得税（成交价格扣除原购买价格以及装修费用等后的20%）。同时，目前的房地产经纪行业经营不规范，违法违规现象较多，中介发布虚假房源信息、隐瞒有关重要事项屡见不鲜，也增加了二手房买卖双方的交易成本。

二手住房交易成本过高，使更多的购房者转向新建住房。虽然新建住房的土地出让、开发销售等可以给政府财政带来更多的财政收入，但是，在住房存量较为充足的情况下，大量开发建设新房将不必要地耗费本已稀缺的土地和资源。在住房市场销售面积和销售额双双下行的情况下，过高的二手住房交易成本，则会抑制二手住房的有效流转，不利于改善性住房需求的释放。

（四）办公楼、商业物业供给过剩，金融系统风险增加

办公楼、商业物业供给过剩的突出表现是销售价格涨幅或销售价格的大幅下降。2012年全国办公楼的平均销售价格开始出现小幅下跌，虽然2013年全国办公楼的平均销售价格有所回升，但2014年全国办公楼的平均销售价格出现大幅下跌，跌幅高达9.3%，创下2001年以来的最大跌幅。2014年商业营业用房的平均销售价格涨幅仅为0.4%，也创下2001年以来的最低涨幅（见表9）。

表9　办公楼、商业物业平均销售价格（2008~2014年）

单位：元/平方米

年份	2008	2009	2010	2011	2012	2013	2014
办公楼平均销售价格	8378	10608	11406	12327	12306	12997	11787
同比增长(%)	-3.3	26.6	7.5	8.1	-0.2	5.6	-9.3
商业营业用房平均销售价格	5886	6871	7747	8488	9021	9777	9814
同比增长(%)	1.9	16.7	12.7	9.6	6.3	8.4	0.4

资料来源：历年《中国统计年鉴》及国家统计局网站数据。

办公楼、商业物业供过于求，一方面，使办公楼、商业物业项目租售困难，导致投入资金回收缓慢，增加了房地产开发企业的经营风险；另一方面，银行等金融机构的贷款很多以办公楼、商业物业作为抵押物，办公楼、商业物业的价格下跌甚至空置，将导致其作为抵押物的贬值。这两方面都将使金融系统的风险增大。

（五）保障性住房建后问题显现，部分保障性住房出现空置

2014年，全国计划新开工城镇保障性安居工程700万套以上（其中各类

棚户区 470 万套以上），基本建成 480 万套。实际全国城镇保障性安居工程新开工 740 万套，基本建成住房 511 万套。近几年，我国已经累计建成了保障性住房 2000 多万套（见表 10），解决了一大批城镇中低收入群体的住房困难问题。但是，大量保障性住房建成后，部分保障性住房区域配套差、建设质量差，分配管理体制机制不完善的问题更加凸显，一些地区已经建成的保障性住房出现了部分空置、闲置现象。

表 10　保障性安居工程住房建设情况（2010～2014 年）

单位：万套

年份	2010 年	2011 年	2012 年	2013 年	2014 年
新开工建设城镇保障性安居工程住房	590	1043	781	666	740
基本建成城镇保障性安居工程住房	370	432	601	544	511

资料来源：2010～2014 年《国民经济和社会发展统计公报》，保障性安居工程住房包括各类保障性住房和棚户区改造住房。

保障性住房的空置闲置，一方面造成建设保障性住房所投入的资金、土地、人力物力等资源的严重浪费，政府和企业的前期投入成本回收困难；另一方面也使保障性住房这一重大的民生工程得不到民众的认可，形成不良的社会影响。

四　2015年房地产市场走势分析

（一）影响2015年房地产市场发展的主要宏观因素

1. "新常态"下经济继续稳步发展

2014 年面对复杂的国际国内经济形势，我国宏观经济在新常态下呈现平稳发展态势。2014 年国内生产总值为 63.6 万亿元①，同比增长 7.4%。2015

---

① 数据来源：2014 年国民经济和社会发展统计公报。

年我国经济仍处于增速换挡、结构调整和前期政策消化三期叠加的阶段，从增速变化、结构调整和动力转换等角度看，经济的"新常态"特征更趋明显，经济形势更加复杂。我国经济发展进入"新常态"，发展条件和发展环境都在变化。经济正从高速增长转向中高速增长，经济可能在较长时期经历转型和调整过程。2015年我国国内生产总值增长指标确定为7.0%，与国际国内主要机构预测基本吻合（见表11）。经济发展由高速转向中高速，对房地产市场发展也会产生一定影响。

表11　国际、国内主要机构对我国2015年GDP增长的预测

单位：%

预测机构	政府工作报告	世界银行	国际货币基金组织	国务院发展研究中心	中国社会科学院
预测值	7.0	7.0	6.8	7.0	7.0

2. 城乡居民收入继续增加

稳定的城乡居民收入增长有利于房地产市场发展，收入的持续增长会提高城镇居民购房意愿和购房支付能力。2014年全国居民人均可支配收入增长8.0%，超过了GDP增速。据权威部门预测，2015年城乡居民收入与经济发展同步增长。

同时稳定的就业率也是保证城镇居民收入增加的必要条件。我国城镇已连续多年新增就业人数超过1000万人，2015年新增就业人数会继续突破1000万人，与2014年基本持平。

3. 城镇化率会继续提高

我国的城镇化水平还有很大提高空间，城镇化在较长时期仍是房地产市场发展的重要推动力。近10年来我国城镇化率每年以1.18个百分点增长，每年城镇新增人口约1800万人，2014年城镇化率已经达到54.77%。2015年城镇化率会继续延续先前的增长态势。

2015年的经济发展形势及2014年房地产市场背景（高库存等），将降低房地产企业投资的热情和积极性，房地产投资增速也会随之受到影响；稳定的就业形势是增加城镇居民收入的必要保障，稳定的收入增长预期在一定程度上会刺激住房需求增加，城镇化率提高带来的城镇人口增加必然带来住房需求的增加。

（二）2015年政策上支持房地产市场发展

房地产作为关联产业较多的经济重要组成部分，在经济下行压力加大、发展相对减速时，国家往往会出台支持房地产市场发展的政策。2014年针对房地产的调控政策出台较少，2015年较为明显的改变是"稳定、支持、促进"取代了"抑制、投机、调控"。

1.金融政策相对宽松

2014年相关部委出台了有利于房地产市场的金融政策，包括：2014年9月30日央行发布的《中国人民银行中国银行业监督管理委员会关于进一步做好住房金融服务工作的通知》；2014年10月住房和城乡建设部等三部委联合下发的《关于发展住房公积金个人住房贷款业务的通知》。"9·30"认贷不认房政策的宽松程度超出各方预期，对取消限购的城市的购房者是利好。这些政策在2015年会继续实施执行和细化。如提高住房公积金个人住房贷款发放率及贷款额度，支持缴存职工购买首套和改善型自住住房；"9·30"政策继续放宽和细化，降低改善型住房的首付比例。

2015年央行会延续2014年降息、降准态势。这种做法不仅仅是针对房地产市场的，却会有利于房地产市场。

2015年会继续实施稳健的货币政策，优化流动性的投向和结构，落实"定向降准"的相关措施，货币供应量增速应该扩大，货币供应量会延续2014年末相对宽松态势，有利于房地产企业和购房者。

除上述金融政策外，2015年会通过财政、金融、税费等政策加大支持房地产市场的力度。有可能出台减税、降低首付等政策，如缩短二手房交易中满5年转让才免交房产交易赢利部分20%的个人所得税的年限。

2.更加重视长效机制建设

2014年12月修订后的《不动产登记暂行条例》正式出台，于2015年3月1日起执行，并将用4年左右时间建立有效运行的不动产登记信息管理基础平台。《不动产登记暂行条例》的出台和平台建设是建立房地产市场健康发展的长效机制的基础，短期对房地产市场影响相对较小。

此外，行政手段逐步淡化。2014年2季度后，由于商品房销售欠佳，全国47个限购城市逐步取消限购政策。到2014年底，只有4个一线城市和三亚还在实施和执行限购政策。尽管有一线城市表示不取消限购政策，但通过其他政策间接调整限购政策的可能性是存在的。

3. 去库存成为政策的重要目标之一

2014年末，全国商品房待售面积创历史新高。为消化待售面积，2015年1月住房和城乡建设部出台了《关于加快培育和发展住房租赁市场的指导意见》，提出要大力发展住房租赁经营机构、支持房企将其持有的房源向社会出租、积极推进房地产投资信托基金（REITs）试点、从租赁市场筹集公共租赁房源等重大措施。同时还提出各地可以通过购买方式，把适合作为公租房或者经过改造符合公租房条件的存量商品房，转为公共租赁住房。从商品房去库存化的角度看，预计地方政府特别是待售面积较多的城市也会出台具有可操作的政府回购商品房作为保障性住房的政策及细则。

4. 集体经营性建设用地入市试点不足以影响城镇建设用地价格

全国人大常委会审议相关决定草案，拟授权国务院在北京市大兴区、广东佛山市南海区等33个试点县（市、区）行政区域，暂时调整实施《土地管理法》、《城市房地产管理法》关于农村土地征收、集体经营性建设用地入市、宅基地管理制度的有关规定，允许集体经营性建设用地入市，并将提高被征地农民分享土地增值收益的比例。集体经营性建设用地入市试点并不意味着住宅用地会放量上市，在一定限度内增加是可能的，但试点城市本身数量少，且试点城市也会因市场需要去库存而把握土地放量节奏，因此，集体经营性建设用地入市试点对2015年的房地产市场影响有限。

5. 地方政府调控自主权增大

由于房地产市场分化明显，为了更好地对房地产市场进行调控，中央会继续采取因地制宜、分城施策、分类指导的原则，调控权将部分下移。地方政府担忧地方经济增长放缓，地方财政收入下降，而地方财政在很大程度上取决于土地出让收益，因此出台支持房地产市场发展政策的可能性较大。

地方政府在国家出台的支持房地产市场政策的框架下，在不违反原则的情况下会出台更细化、更灵活的有利于房地产市场发展的政策。如，降低公积金贷款门槛、增加公积金贷款额度、效仿央行"认贷不认房"还清住房公积金贷款后再次购房申请公积金视做首套房、降低交易契税、放宽房地产开发企业贷款、一线城市微调（完善）限购政策、重新出台认定首套住房和改善型住房的标准等。

（三）2015年房地产市场总体上要好于2014年

1. 房地产开发投资增速仍可能持续低速增长

"新常态"下的经济发展进入了高速转向中高速的初期阶段，作为国民经济的重要组成部分，房地产发展也难以超越"新常态"的框架。

从近3年房地产开发投资增速数据看，一直低于20%，一方面是房地产企业销售不佳、待售面积不断增长导致的投资热情和意愿低，另一方面也与经济发展速度相吻合。从月度数据看，房地产投资增速已经连续17个月低于20%。这表明房地产开发企业对市场前景和预期并不乐观，加之2015年商品房去库存化压力较大，这种态势有可能延续。

2015年房地产投资分化会继续，房地产投资主要投向发达地区人口聚集能力强的一线城市和部分二线城市，2014年下半年从一、二线城市看，一线城市投资增速明显好于二线城市，这种态势2015年将会延续。

2. 商品房供给比较充足

直接影响2015年商品房供给的主要是2012～2014年的新开工面积以及待售面积情况。2012～2014年商品房新开工面积为55.8亿平方米，2012～2014年商品房销售面积为36.3亿平方米，2015年可能形成的供给应该充足。此外，2014年末商品房待售面积创新高为6.2亿平方米，如果按2014年销售速度大概可以销售半年，商品房供给仍然会比较充足。2015年部分待售面积过多的城市放缓、推迟供给的可能性较大。

间接影响的是充足的土地供应，2012～2013年土地待开发面积均高于当年的土地购置面积，土地供给比较充足。

3. 商品房需求或略有增长

2015年国家层面"支持居民自住和改善性住房需求"，地方政府为减少商品房库存也会出台一定的支持政策，同时金融及财政政策也将有利于住房消费，因此2015年住房需求的释放与2014年持平或有所增长。

（1）政府回购待售商品房增加需求

无论是住房和城乡建设部已出台的《关于加快培育和发展住房租赁市场的指导意见》，还是2015年从国家层面、地方政府将要出台的政策上，均会有利于减少商品房库存。这样做不仅能降低房地产行业可能带来的风险，也将是调整住房市场结构。2015年国家和地方政府不仅会在一定程度上有通过政府回购商品房作为保障性住房的一种形式，也可能出台相关政策通过资金补贴支持符合保障条件的家庭到市场上购买住房。

（2）金融政策有利于释放需求

"降息降准"在2015年还会继续，不仅加大了释放货币流动性，还会在一定范围内降低存贷款利率。这些金融政策的实施使房地产企业和购房者均能受益，同时也能在一定程度上释放住房需求。

（3）继续出台鼓励住房消费政策

2015年国家和地方政府会延续或出台一些鼓励住房消费的政策，而且力度会大于2014年。从住房消费角度看，2015年的住房消费环境会好于2014年。一是国家和地方政府支持商品房去库存化，并在一定范围内回购以作为保障性住房；二是推进住房公积金改革，提取住房公积金支付条件放宽、公积金异地贷款、住房公积金利用效率提高；三是房地产金融环境较2014年宽松，"认贷不认房"政策有利于购房者；四是进一步落实放宽户口迁移政策，城镇人口增加，带动房地产市场需求增加。

2014年持币观望者形成一定积累，但2015年住房需求的释放不会像2009年那么迅猛。主要是因为：一是目前的房价已经达到一定高度，特别是一线城市和经济较为繁荣的部分二线城市，即使银行的住房消费贷款政策达到2008年的程度，购买力也不如2009年；二是住房市场化改革之前累积的住房欠账已基本消化；三是通过最近几年的调控，购房需求已以自住和改善型为主，投资、投机性需求已大大减少；四是当前的通货量、库存量、政策、市场遇冷形成的原因等市场背景与2009年差异较大。

4. 商品房均价增速总体上与2014年持平或略高

综合各方面的情况看，尤其从供给和需求以及中央和地方政府将要出台的政策来看，2015年房价上涨的可能性存在，但大幅上涨的可能性不大。总体看，2015年房价与2014年持平或高于2014年增长的可能性较大，这要取决于2015年的政策宽松程度和执行力度。但区域分化仍较明显，人口聚集能力强的一线城市和部分热点二线城市房价有回暖、上涨趋势，人口聚集能力差、库存大的部分二线城市或三四线城市房价会延续下跌（回调）态势。土地成交价数据进一步支撑上面的判断，2014年土地成交价款中一线城市占35个大中

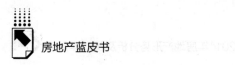

城市的比重为30.6%，一种可能是一线城市土地价格高，形成房价上涨预期；另一种可能就是房地产开发企业集中到一线城市购买土地，预示着房地产企业收窄战线，主战场返回一线城市。

影响房价上涨的因素很多，主要是住房的供求关系、成本以及人们对房地产市场的预期。

（1）住房供给可能大于需求

尽管2014年累计了一部分住房需求，但根据上面的分析和判断看，2015年住房供给完全能满足住房需求，并且住房供给应该大于住房需求。

（2）土地成本增加有可能推动房价上涨

2015年1月全国国土资源工作会议上提出，我国建设用地供应将从增量扩张为主转向盘活存量与做优增量并举。严控总量有保有压，2015年新增建设用地计划在2014年调减30万亩基础上，将继续做适度调减。东部三大城市群发展要以盘活土地存量为主，今后将逐步调减东部地区新增建设用地供应，除生活用地外，原则上不再安排人口500万以上特大城市新增建设用地。

2014年土地购置面积尽管下降14.0%，但土地成交价款同比上涨17.5%，加上2014年下半年以后部分城市又出现了地王，不仅会使一线城市或部分二线城市住房建设的土地成本增加，也会对房地产市场产生房价上涨的预期。

（3）政府回购商品房对房价影响有限

政府回购商品房在一定程度上可以减缓商品房的高库存，也可以减轻政府建设保障性住房的压力，但具体政策和购买数量等有待观察。同时，保障房价格通常低于商品房价格，如果政府的回购价格高于建设保障房价格，回购政策实施将面临实际困难，如果低于市场价、以保障房价格回购，则将降低市场均价，开发商的积极性也不会太高，在大城市、特大城市、超大城市或高房价区域实施的难度是可想而知的。因此，政府回购商品房对市场供求关系和房价的影响有限。

五　政策建议

（一）地方政府制定调控政策也应考虑长效机制的建立

目前，我国正处于经济增速的换挡期、经济驱动力的转换期、经济结构调整期和经济改革的攻坚期，经济正在全面向新常态转换。经济新常态不仅意味着经济发展由高速转向中高速，而且伴随着深刻的结构、发展方式和体制的变化，2015年经济下行压力依然存在。从房地产看，经过十几年的快速发展，住房市场化之前累积的住房欠账已基本化解，投资和投机需求大为减少，市场总体上已告别短缺阶段，供求关系发生了很大变化，市场超级繁荣、大中小城市房价普遍单边上涨的市场格局也已不复存在，市场预期也在发生变化，差异化更加突出，与以前相比房地产市场变得复杂。但是，自住性、改善性需求仍在较长时期具有稳定和较大潜力。在此背景下，市场不再适合采用全国"一刀切"式的政策措施进行调控，需要分类、分城采取不同政策，并逐步建立长效的市场化机制，因城因地施策使地方政府的调控自主权加大，责任也加大。

地方政府在调控时需要注意的问题，一是，时效和短效性政策措施要与长效机制建设的方向相一致。目前，不动产统一登记、住房信息联网、房产税试点和立法、住房保障建设等制度和工作已经开始实施，这些工作是建立房地产长效机制的一部分，对房地产市场生态重构的意义要超过时效性和短效性的政策措施。地方政府应主动适应经济新常态，既要针对当前突出问题，采取短期政策，考虑短期效果，更要与中央出台的长效机制建设方向相一致，着眼于解决深层次矛盾和问题，重视远期效果，将短期与中、长期政策结合起来统筹考虑，促进市场建立自我调节机制。二是，发挥市场调节功能。围绕建立房地产市场新常态，引导市场自我调整，抑制泡沫，盘活存量，调节供需，自我平衡，推动形成供需基本平衡、结构基本合理、价格基本稳定、与经济社会发展相协调的住房供需格局。三是，引导住房市场民生化。从战略高度看待房地产的民生定位，继续抑制投资特别是投机，引导市场回归民生，服务于城镇化，服务于民生。四是，更加重视政策措施的系统性、稳定性和可预期性。兼顾不同政策目标，重视建立和完善土地、财政、税收、金融、法律、销售、监管等全方位、全过程的系统性、综合性的机制制度，保持政策的稳定性，使市场透明、预期明确。五是，不以土地财政为出发点制定房地产调控政策，从根本上减少经济发展和城市建设对房地产和土地财政的依赖。丢弃依赖土地财政、助推快速城镇化、以房地产拉动经济的模式和路径。

（二）推动城乡住房协同发展

十八届三中全会明确提出："城乡二元结构是制约城乡发展一体化的主要障碍，必须健全体制机制，形成城乡一体的新型城乡关系。"近几年，在基础设施建设、公共服务等诸多领域的城乡一体化已经开始推进，但住房领域几乎悄无声息。目前，我国城镇住房市场化日益深化，但农村住房市场尚未形成，城镇住房支持体系正在健全和完善，对农村住房的支持除土地外明显不足，城乡住房在建设、供求、管理、住房保障等方面也处于"二元"的分割状态。事实上，在建设用地总量控制的背景下，城乡住房发展越来越显现出密切关联性：转移到城镇的农民工总量2013年底达到2.69亿人，其中的多数人在城镇工作但没有正式住房、在农村有住房但常年或季节性无人居住；城镇化进程中，农村人口不断向城镇转移，在"城乡建设用地增减挂钩"的政策约束下，农村宅基地需求减少与城镇居住用地需求增加、农村住房需求减少与城镇住房需求增加直接关联。城乡住房联动效应的客观存在，要求统筹考虑城乡住房，促进建立城乡协同的住房发展模式。

为促进城乡住房协同发展，在农村宅基地制度改革中需要探索和研究：进城农民（家庭）农村宅基地和住房置换城镇住房的方式、路径等；腾退农村原有宅基地的进城农民（家庭）如何享受政策性住房；一些已经或正在实施置换地区现有相关政策的完善；农民工市民化中原有宅基地和住房的处置及与获得城镇住房挂钩的问题；处置农村住房建设中金融等支持体系的建设；农村保障性住房制度的建立；农民住房财产权益的保护；农村住房建设技术服务与监管等。对这些问题的研究和解决，将有利于推动城乡住房协同发展，也有利于城乡建设用地增减挂钩的政策落到实处，有利于缩小城乡居民居住条件和环境的差距，促进城乡全方位一体化。

（三）保障性住房要"建管并重"

一方面，保障性住房仍在热火朝天地建设，另一方面，经过近几年大规模不断建设，保障性住房建设取得了明显成效，大量保障房建成投入使用，低收入家庭住房困难已经得到有效缓解，但后续管理问题日渐凸显。未来在重视建设的同时，也应重视其管理问题，建、管并重。

保障房建设必须以人为本。保障房建设必须以人为本，而不能以房为本，真正要把保障性住房建设作为民生工程而不是政绩工程。不仅要重视建设，也要重视设计、规划、分配和后续管理；不仅要重视数量，也要重视质量；不仅要重视保障房的居住功能，也要重视其生活功能（配套设施）。保障房建设和供给是政府的责任和义务，是长期政策而不是短期措施。

避免已建成保障性住房出现闲置。目前，一些地方出现建成的保障性住房闲置。为避免已建成保障性住房闲置，要防止不经调查研究的自上而下、层层分解式确定建设目标，建设目标的确定要经过广泛征求公众意见和扎实的调查研究，总量目标、分类目标、区位目标及套型等要与需求匹配，防止在保障性住房供给总量不足情况下出现结构性失衡和供需不对接，造成闲置。公交、菜市场、超市、医疗卫生、教育等公共服务设施和生活配套建设应超前或与保障性住房同步建设，增强与电力、电信等垂直管理部门的协调，避免因配套设施不完善或区位偏僻、住户出行难和生活难等导致闲置。

切实解决保障性住房分配公平公正的问题。保障性住房准入与退出问题已有较大改善，但还没有得到真正解决。需要进一步解决管理中信息碎片化、分割化等问题，加快完善民政、公安、税务、工商、银行等部门的信息共享机制，整合相关部门信息资料，推动信息共享，全面掌握包括申请人低保收入、购房、购车、经商、开办企业、银行存款、炒股收入、公积金等信息，真正解决保障性住房分配的公平公正问题。在大多数低收入家庭住房已得到解决的区域和城市，可以探索由实物配租改为货币补助，以真正解决实物配租退出难的问题。

加强保障性住房后续管理。因居住家庭收入低，保障房小区的后续管理费用难以像商品房小区一样完全向业主收取。需要制定保障性住房后续管理的政策法规，明确保障性住房管理内容、管理部门和管理费用来源等。积极探索建立保障性住房后续管理专项基金、以购买服务的方式委托专业化公司提供物业服务或引进社会资本参与保障性住房后续管理运营，形成"政府监管、市场运作"的管理体制。创新管理模式，以市场化、专业化、规范化、人性化管理为导向，提升物业服务管理水平和服务效能。继续探索在普通商品房小区配建保障房的"小集中、大分散"布局模式，缓解运营资金筹措压力。探索保障房小区居民自我管理、自我服务模式，减少管理费用。明确管理部门，建立

属地管理、综合管理体系，构建服务管理框架。将保障房作为重要国有资产进行管理，明确管理机构的管理职责及资产核定、资产使用、资产处置及监督检查等，确保国有资产不流失。

（四）房企应积极适应房地产市场发展趋势

房地产市场供求关系变化，经济由高速转为中高速增长，房企将难如以前一样很轻松获得高额利润，房企的利润来源"模式"也会发生转变，房地产将和经济一样转向新常态。在此背景下，房企需要转换心态和发展模式，积极适应经济和房地产市场的新常态。

经济新常态下，房企将继续甚至加速分化，市场集中度继续提高。相对于大型房企，中小房企在融资、拿地、销售等方面都将面临大房企更激烈的竞争，挑战更为严峻。中小房企抵御市场波动和市场风险的能力有限，发展甚至生存越来越难。面临行业洗牌风险，中小房企需要整合和拓宽融资渠道，通过提升产品性价比、提供差异化产品和高附加值产品、差异化营销等措施谋求市场份额；推动房企转型，谋求多元化发展；采取多种措施，降价跑量，减少库存、提高周转率，使企业可持续发展。

在行政手段逐渐从调控中淡出、市场对房地产资源的配置逐步占主导地位的背景下，房地产企业应自觉在其产能、产品和市场需求不断对接的过程中进行自我调整，适应新常态，适应市场变化，创新谋变，使房地产业与国民经济发展、城镇化、金融业发展、土地市场、居民收入、消费者多样化需求相协调。

面对商品房高库存，2015年去库存、快速回笼资金仍是许多房企（和城市）的重要任务。面对2015年利好房地产市场的政策，房企切忌顺势抬高价格，应综合平衡量价关系，调整价格、加快周转，回笼资金，助推市场健康发展。

为降低库存压力、多渠道发展租赁市场、培育经营住房租赁机构，住建部提出要大力发展住房租赁经营机构、支持房企将其持有的房源向社会出租。但因出租房源需要二次投资（装修等投入）、增加物业管理成本、资金回收慢、回报率低、再出售时价值可能打折扣、待售房大多位于配套不完善或城市偏僻区域租赁需求少等，相当部分开发商对此可能意愿低、积极性不高。一方面，许多大城市外来人口源源不断涌入，绝大部分人无力购房，再加上城中村改造拆迁，租赁市场需求较大，政府应探索、研究采取减税、资金补贴、待售房集中区域加大配套设施建设等措施，促进房企将其持有的房源向社会出租。另一方面，房企特别是待售商品房存量较大的房企，在研究前几年"先租后买"等形式的案例同时，积极探索新的方式，以适应复杂的住房需求结构，租、售市场同步发展。

（五）农村宅基地制度改革需要稳中求进

农村土地制度改革大幕已经拉开，宅基地制度改革是其中的重要内容，也与城乡居民住房密切相关。农村宅基地制度改革需注意如下问题。

一是审慎推进。农村宅基地制度改革与8亿多农村人口的切身利益密切相关，也涉及城镇化模式、集约用地、城乡建设用地增减挂钩、城乡建设用地统一市场建立等诸多方面，利益交错复杂，牵一发而动全身，事关社会和谐与稳定，社会难以承受大范围改革失误的后果，需要在试点的基础上慎重稳妥地推进。

二是严控总量。研究表明，目前全国农村居民点用地量足够人口达到峰值、城镇化水平达到70%左右时使用，若宅基地供给控制不住，未来继续增加宅基地用地，宅基地制度改革将在一定程度上失去意义。因此，未来要加强农民建房用地监管、落实农村宅基地管理责任，拧紧宅基地供给的水龙头，新增宅基地主要依靠整合、盘活宅基地存量资源解决，严控农村宅基地面积总量增加。

三是留有余地。进城农民就业的不确定性客观存在，农村住房仍是他们在城镇谋生遭遇困难时的栖身之处。留在家乡的宅基地和住房对部分进城农民具有居住保障、消除后顾之忧的功能，是社会的稳定器，宅基地制度改革对此不可忽视，应留有余地。当然，包括住房、医疗、养老等在内的社会保障若能够平等惠及城乡每一个人、在失业情况下基本生活无忧，这种担忧自然不复存在，但短期内做到这一点并不现实。

四是明确目标。通过宅基地制度改革，建设用地指标客观上会相应增加。但是，宅基地制度改革的核心是保障农民宅基地用益物权，主要目标是增加农民财产性收入，而不是增加建设用地指标。应防止为增加建设用地指标以

"新农村建设"、"农村社区建设"或"增减挂钩"等为由，盲目推行农民住房公寓化、侵害剥夺农民利益，防止以退出宅基地使用权作为农民进城落户的条件等现象出现。

五是于法有据。十八届四中全会通过的《中共中央关于全面推进依法治国若干重大问题的决定》要求重大改革于法有据、立法要引领改革。宅基地制度改革无疑属于重大改革，也面临现行相关法规制约。但是，即使是试点也需要先立法、后改革，确保宅基地制度改革在法治轨道上进行。

六是因地制宜。我国幅员辽阔，各地经济社会条件和发展水平差异极大，难以在全国实施一刀切的宅基地改革。同时，农村的类型也不同，既有城中村、城市近郊农村和远郊农村，又有远离城市的农村，既有山区农村、丘陵农村，又有平原地区的农村，宅基地制度改革也难以采取同一模式，应鼓励基层因地制宜地对宅基地制度改革进行适合本地实际的探索。

七是农民参与。宅基地制度改革关系 8 亿多农村户籍人口的切身利益，应吸收农民代表参与，充分听取和吸纳他们合理合法的意见和建议，使新制度能够得到农民认同。

土 地 篇

Reports about Land

.2

2014年全国主要监测城市地价状况分析报告

2014年，全国主要监测城市综合地价同比增速微幅放缓，商服、住宅地价同比增速回落明显，分别降至3.90%、4.85%；工业地价同比增速上扬，达到6.03%。三大重点经济区中，珠江三角洲地区各用途地价增长率均为最高，环渤海地区除工业地价增长率低于长江三角洲地区外，其余各用途地价增速均高于长江三角洲地区。受经济增速放缓和房地产市场需求降低的影响，全国主要监测城市建设用地供应总量大幅收紧，房地产开发企业土地购置面积大幅降低。受工业用地新政、"三旧"改造和产业升级等政策影响，东部地区工业地价增速上扬明显。2015年，预计宏观经济仍将在稳增长与调结构中力争平衡，经济下行压力依然存在，房地产市场持续调整，金融货币政策更加灵活，在诸多因素综合作

用下，全国层面，土地市场仍将以"稳"为主，地价总体小幅波动，受宏观经济政策和不同区域供求关系差异影响，不同城市、不同用途间土地市场分化将更加明显。

关键词： 城市地价　动态监测　重点监测城市　土地市场

一　2014年全国主要监测城市地价状况分析

（一）地价水平值分析

1. 各用途地价水平值有所提升，重点监测城市地价水平高于主要监测城市

2014年，全国主要监测城市和重点监测城市各用途地价水平值较上年均有所提高，全国主要监测城市综合、商服、住宅、工业地价水平值分别为3522元/平方米、6552元/平方米、5277元/平方米、742元/平方米，均低于全国重点监测城市。其中，住宅用地价格相差最为明显，达2192元/平方米（见图1）。

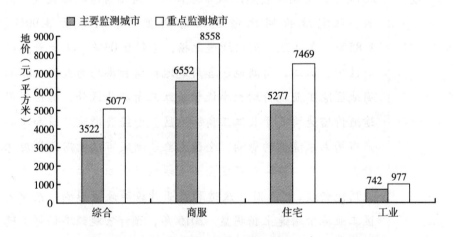

图1　2014年全国主要监测城市和重点监测城市地价水平值

2. 除工业地价外，其余各用途地价均呈东高、西次、中低的格局

全国重点监测城市中，除中部地区工业地价水平值略高于西部地区外，其余各用途地价水平值均呈东高、西次、中低的格局。中、西部地区各用途地价水平值均低于重点监测城市平均地价水平值，且远低于东部地区。分用途来看，工业地价在东、中、西部地区之间的差异最小，三者之比为2∶1∶1。商服、住宅地价在东、中、西部地区之间的差异较大，东部地区基本为中、西部地区的2.5～4.1倍（见图2）。

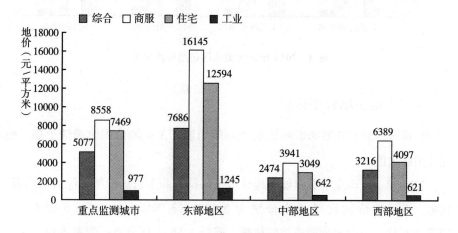

图2　2014年东、中、西部地区重点监测城市地价水平值

3. 各用途地价均呈现珠江三角洲地区最高、长江三角洲地区次之、环渤海地区最低的格局，且珠三角内部各用途间的分化最为剧烈

三大重点区域中，除环渤海地区工业地价水平值低于全国主要监测城市平均水平外，长江三角洲地区、珠江三角洲地区各用途地价水平值，以及环渤海地区其余用途地价水平值均高于全国平均水平。各用途地价水平值呈现珠江三角洲地区最高、长江三角洲地区次之、环渤海地区最低的格局。其中，珠江三角洲商服地价水平值最高，为18311元/平方米，分别是长江三角洲地区和环渤海地区的2.1倍和2.7倍。区域内分析显示，珠三角内部商、住、工各用途地价水平值之比达到17.3∶9.1∶1，分化最为明显（见图3）。

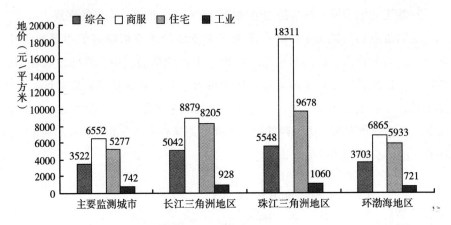

图3 2014年三大重点区域地价水平值

（二）地价增长率分析

1. 商服地价、住宅地价同比增速回落明显，工业地价同比增速上扬，位列三用途之首

2014年，全国主要监测城市地价水平保持温和上行的趋势，综合、商服、住宅、工业地价同比增长率分别为5.16%、3.90%、4.85%、6.03%。与2013年相比，综合地价增速微幅放缓，降低1.86个百分点；商服地价、住宅地价增速下降较大，分别降低4.03、4.10个百分点；工业地价增速微幅上扬，提高1.58个百分点（见图4），全年涨幅明显高于商服、住宅地价。

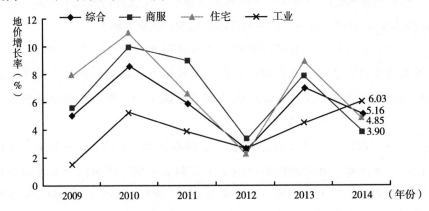

图4 2009～2014年全国主要监测城市各用途地价同比增长率

2. 各用途地价前三季度环比增速逐季放缓，除商服地价外，其他用途地价环比增速第4季度有所回升

2014年，各用途地价环比增速基本呈平稳下行态势。第4季度，综合、住宅、工业地价环比增速回升，总体处于平稳或微幅上涨趋势（见图5）。

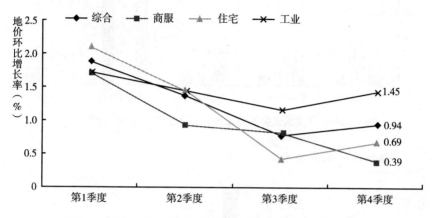

图5　2014年全国主要监测城市各用途地价季度环比增长率

3. 多数城市地价平稳波动，地价高位运行城市个数较上年减少

2014年，全国主要监测城市的地价同比增速整体放缓，相比2013年，综合地价处于高位运行、较高位运行、温和上行的城市数量分别减少11个、5个、8个。商服地价、住宅地价也表现出相似的变化规律，二者处于高位运行、较高位运行、温和上行的城市数量总和分别减少20个、25个。工业地价处于平稳波动的城市个数最多，为81个，占全部监测城市数量的77.14%；处于高位运行、较高位运行的城市较少，仅占全部监测城市数量的11.43%（见图6）。

4. 中部地区商服地价增长率最高，东部地区住宅和工业地价增长率最高；除工业地价外，东、中、西部地区其余各用途地价同比增速均有所回落

重点监测城市中，中部地区商服地价增长率最高，为6.87%，比东部地区和西部地区分别高出2.68、2.77个百分点。东部地区住宅地价和工业地价增长率最高，分别为7.59%、13.72%。其中工业地价增速比中部地区和西部地区分别高出11.07、10.66个百分点。西部地区除工业地价增速高于中部地区外，其余各用途地价增速均为最低（见图7）。

从地价增长率变化幅度看，2014年东、中、西部地区各用途地价增速放

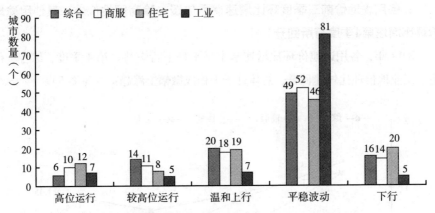

图6 2014年全国主要监测城市各用途地价同比增长数量比较

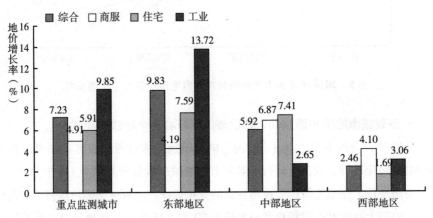

图7 2014年东中西部地区重点监测城市各用途地价同比增长率

缓程度较大，其中商服、住宅地价尤为明显。工业地价增速在不同区域间的分化明显，东部地区的工业地价增速显著提高，中部地区的工业地价增速微幅放缓，而西部地区的工业地价增速与上年基本持平（见表1）。

表1 2014年东中西部地区重点监测城市各用途地价增长率同比变化

单位：%

区域	综合	商服	住宅	工业
东部地区	-0.14	-4.32	-5.64	6.32
中部地区	-3.71	-5.08	-4.32	-1.70
西部地区	-3.33	-3.54	-5.17	0.18

5. 珠江三角洲地区各用途地价增长率均为最高；除工业地价外，三大重点区域其余各用途地价同比增速均有所回落

三大重点区域中，珠江三角洲地区各用途地价增长率均为最高，综合地价同比增长率达14.06%。环渤海地区除工业地价增长率低于长江三角洲地区外，其余各用途地价增速均高于长江三角洲地区。综合地价、商服地价、住宅地价均呈现珠江三角洲地区最高、环渤海地区次之、长江三角洲地区最低的规律（见图8）。

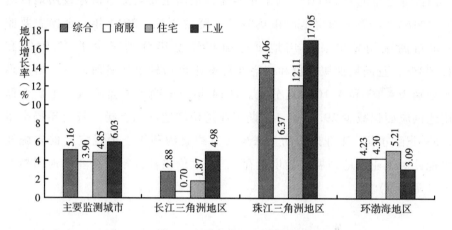

图8　2014年三大重点区域各用途地价同比增长率

从地价增长率变化幅度看，相比2013年，三大重点区域中商服、住宅地价的增速放缓明显，工业地价增速有所提升。其中，珠江三角洲的工业地价增速较上年变化最明显，提升幅度较长江三角洲、环渤海地区分别高出6.07、7.42个百分点。广东省三旧改造及产业升级的继续推进促进了省内工业地产和工业配套设施的发展，提高了工业用地成本，带动了工业地价的上涨（见表2）。

表2　2014年三大重点区域各用途地价增长率同比变化

单位：%

区域	综合	商服	住宅	工业
长江三角洲地区	-2.26	-4.48	-5.44	1.95
珠江三角洲地区	1.31	-7.30	-5.57	8.02
环渤海地区	-0.43	-2.99	-0.64	0.60

二 2014年全国主要监测城市土地供应状况分析

(一)建设用地供应总量大幅收紧,商、住、工各用途土地供应面积均较2013年有所减少

2014 年,全国主要监测城市建设用地供应面积为 25.63 万公顷,占全国供地总量的 40.41%。与上年相比,全国主要监测城市建设用地供应量大幅减少。受全国房地产市场需求下降的影响,2014 年,全国主要监测城市商服用地和住宅用地供应面积较上年分别减少了 23.94% 和 28.03%,且同期商服地价和住宅地价增速也均较上年有所回落,增速降幅分别为 4.03 和 4.10 个百分点。2014 年,全国主要监测城市工矿仓储用地供应面积减少 29.37%,同期工业地价增速微幅上扬,较上年提高了 1.58 个百分点。工业地价的上涨与《节约集约利用土地规定》的实施及多地针对工业用地开展"控增盘存",通过价格杠杆抬高企业用地门槛有关(见图 9)。

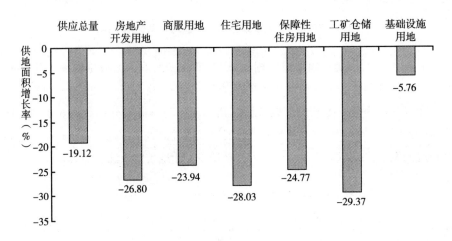

图 9 2014 年全国主要监测城市各用途供地增长率比较

数据来源:国土资源部土地市场动态监测监管系统。

（二）年末土地供应面积增加，与地价季度环比增速变化情况一致

2014年前三季度，全国主要监测城市各用途土地供应节奏较为稳定，第4季度建设用地供应总量大幅增加。分用途来看，住宅用地和工矿仓储用地供应面积均在第4季度有所回升，且同期住宅地价和工业地价季度环比增速也有所回升。商服用地供应面积各季度保持平稳，与商服地价季度环比增速变化情况一致。年末基础设施用地供应面积增加最多。在全国105个主要监测城市中，有41个城市的第4季度基础设施用地供应面积超过前三个季度供应面积总和（见图10）。

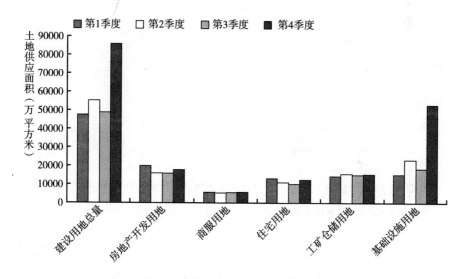

图10 2014年各季度全国主要监测城市土地供应情况

数据来源：国土资源部土地市场动态监测监管系统。

（三）保障性住房用地供应量占住宅用地供应量比例小幅增加，符合政策导向

2014年10月29日，李克强总理主持召开国务院常务会议，重点推进住房等六大领域消费，提出"稳定住房消费，加强保障房建设，放宽提取

公积金支付房租条件"。2014 年，在全国主要监测城市建设用地供应总量
大幅减少的背景下，全国主要监测城市保障性住房用地供应面积也大幅下
降，降幅达到 24.77%。但从保障性住房用地供应面积占住宅用地供应面积
的比例来看，2014 年全国主要监测城市的保障性住房用地供应面积占比为
21.17%，比上年同期增加了 0.92 个百分点。说明在保障性住房用地方面，
全国主要监测城市土地供应结构基本符合现阶段加强保障性住房建设的导
向。但与全国整体水平相比，主要监测城市的保障性住房用地供应面积占
比略低（见图 11）。

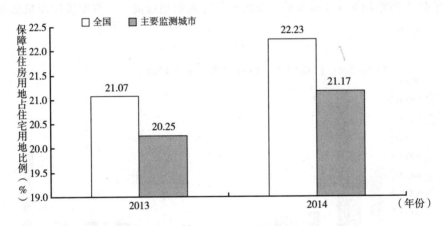

图 11   2013～2014 年全国与主要监测城市保障性住房占比

数据来源：国土资源部土地市场动态监测监管系统。

三   2014年全国城市地价与房地产市场关系分析

（一）住宅地价房价比略有下降，在各重点监测城市间差异较大

2014 年，35 个重点监测城市住宅用地地价房价比的中位数为 32.54%，
较 2013 年的 33.36% 有所下降。其中，厦门市、宁波市、福州市、北京市、
南京市、上海市、杭州市、深圳市、昆明市、天津市、石家庄市的住宅地
价房价比超过了 40%。而西宁市、哈尔滨市、南宁市、乌鲁木齐市、重庆
市、海口市、兰州市、太原市、呼和浩特市住宅地价房价比则低于 25%。

最高值为厦门市的 65.94%，最低值为西宁市的 12.70%，二者相差较大（见图 12）。

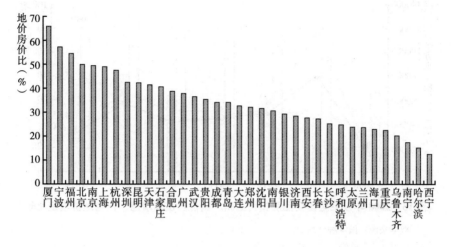

图12　2014 年 35 个重点监测城市住宅用地地价房价比（按降序排列）

（二）商品房销售面积和销售额同比下降，与住宅地价增速呈现较强的一致性，东部地区最为明显

2014 年，全国商品房销售面积和销售额分别为 120649 万平方米、76292 亿元，同比分别下降 7.6%、6.3%，二者自 2009 年之后首次出现下行趋势。2014 年全国主要监测城市住宅地价增速回落明显，较上年降低 4.10 个百分点。从增长率变动情况来看，三者趋势保持一致，且住宅地价增速降幅小于前二者（见图 13）。

从东、中、西部地区来看，2014 年东部地区的商品房销售面积和销售额的同比增速降幅最大，增速较 2013 年同期降低 33、40 个百分点。其中，商品房销售面积同比增速降幅分别比中、西部地区高出 12.3、19.5 个百分点，商品房销售额同比增速降幅分别比中、西部地区高出 13.3、23.9 个百分点。从 2014 年东中西部地区的住宅地价同比增速比较来看，东部地区的住宅地价同比增速降幅最大，降幅分别比中、西部地区高出 1.32、0.47 个百分点。二者在变化趋势上表现出相近的规律（见表 3）。

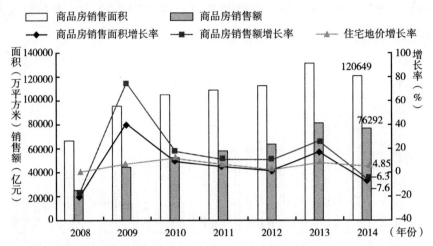

图13　2008年以来全国商品房销售面积、销售额及其增速、住宅地价增速比较

数据来源：国家统计局。

表3　东、中、西部地区住宅地价增长率、商品房销售面积及销售额同比增速比较

单位：%

地区	住宅地价增长率		商品房销售面积同比增速		商品房销售额同比增速	
	2013年	2014年	2013年	2014年	2013年	2014年
东部地区	13.23	7.59	19.3	－13.7	28.4	－11.6
中部地区	11.73	7.41	16.8	－3.9	26.9	0.2
西部地区	6.86	1.69	14.1	0.6	19.6	3.5

数据来源：国家统计局。

（三）房地产开发国内贷款同比增速逐季放缓，商服、住宅地价各季度同比增速同步放缓，三者变化规律保持一致

2014年，受宏观经济增速放缓、信贷收紧等多种因素影响，购房者观望心理加剧，楼市需求减少，开发商资金压力凸显。相比2013年，房地产开发国内贷款同比增速降低25.1个百分点，且同比增速逐季放缓。2014年，全国主要监测城市商服地价各季度同比增长率分别为8.17%、7.48%、6.11%、3.90%，住宅地价各季度同比增长率分别为9.52%、9.14%、6.98%、4.85%，商服、住宅地价各季度同比增长率持续放缓，与房地产开发国内贷款同比增速变化规律保持一致（见图14）。

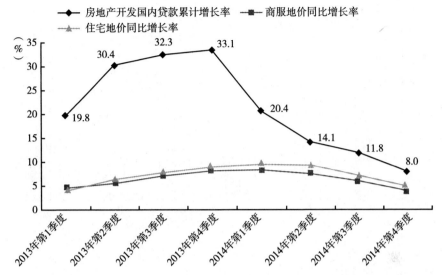

图14　2013年以来房地产开发国内贷款增速与商服、住宅地价增速比较

数据来源：国家统计局。

四　2014年全国城市地价变化与社会经济发展关系分析

（一）经济增长驱动因素增速同步放缓，房地产行业增加值增速降幅明显，综合地价增速同步放缓

2014年，各经济增长驱动因素增速较上年同步放缓。投资方面，全国固定资产投资完成额同比增长率较上年降低3.9个百分点；消费方面，全国社会消费品零售总额同比增长率较上年降低1.2个百分点；出口方面，全国出口总值同比增长率较上年降低2.9个百分点。消费、投资、出口的增速同步放缓驱使国民生产总值表现出相似的变化规律。2014年，全国国内生产总值为636463亿元，同比增长7.4%，增速较上年降低0.3个百分点。其中，房地产行业增加值为38167亿元，同比增长2.3%，增速较上年降低4.3个百分点，增速降幅明显高于国内生产总值增速降幅，房地产市场较上年趋冷。2014年，全国主要监测城市综合地价增速有所回落，较上年降低1.86个百分点，与宏观经济增速走势一致（见图15）。

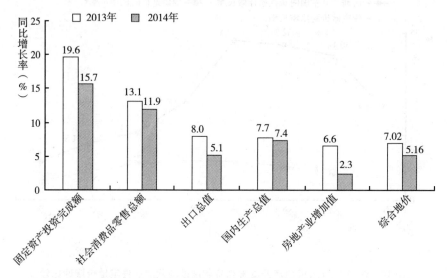

图15 2013～2014年各宏观经济指标同比增长率和综合地价同比增长率比较

数据来源：国家统计局。

（二）货币供应量和人民币贷款余额同比增速同步放缓，与商服、住宅地价增速变化规律一致

2014年，全国货币供应量（M2）为120.86万亿元，同比增速较上年下降1.4个百分点。金融机构人民币贷款余额为80.78万亿元，同比增速较上年下降0.5个百分点。2014年，全国主要监测城市商服地价、住宅地价增速回落明显，较上年分别降低4.03、4.10个百分点。商服地价、住宅地价增速变化规律与全国货币供应量和金融机构人民币贷款余额增速变化规律保持一致，且变化程度大于全国货币供应量和金融机构人民币贷款余额增速（见图16）。

（三）工业增加值季度同比增长率回落，与工业地价季度同比增速变化规律不一

2014年，全国工业增加值各季度同比增长均有所回落，一至三季度同比增速分别降低0.4、0.1、0.5个百分点。2014年全国主要监测城市工业地价同比增速逐季增加，一至三季度同比增速分别提高2.00、1.94、1.60个百分点，二者变化规律相反。这主要是由于南京等部分城市因政策原因大幅提高工业地

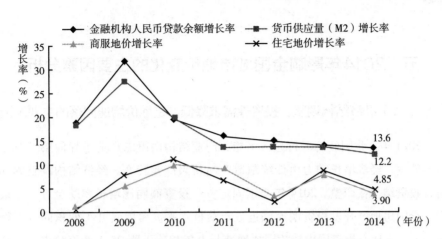

图16 2008年以来商服地价、住宅地价、货币供应量、金融机构人民币贷款余额增长率比较

数据来源：国家统计局、中国人民银行。

价，拉升了工业地价增速平均水平。分城市来看，2014年，工业地价同比增速提高的城市仅有28个，增速持平的有9个，增速回落的城市有68个，可见大部分城市的工业地价增速有所回落，与工业增加值变化规律一致（见图17）。

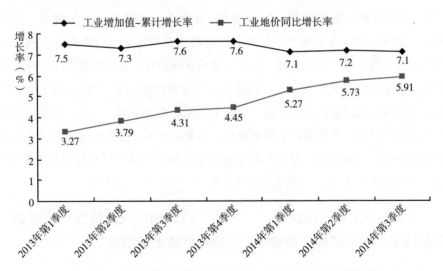

图17 2013年以来工业增加值增长率、工业地价增长率比较

数据来源：国家统计局。

五 2014年影响全国城市地价变化的主要因素分析

（一）经济结构调整，投资性需求降低，是地价增速回落的主要原因

2014年，我国经济运行总体平稳，产业结构由第二产业主导向第三产业主导转变，经济增长动力由传统制造业向新兴产业转变。经济结构调整的同时，投资结构在调整。2014年全国固定资产投资额同比增长率跌至近三年最低，全国房地产开发投资增速创近五年最低水平。房屋新开工面积同比下降10.7%，房地产投资国内贷款同比增速与上年相比下降25.1个百分点。受经济结构调整和投资性需求降低的影响，2014年土地市场总体偏冷，全国主要监测城市各用途土地供应面积大幅下降，地价增速放缓明显。

（二）库存和资金的共同压力下，房企谨慎入市，土地市场需求减弱，商服、住宅地价增速显著放缓

自2013年起，全国商品房待售面积逐月平稳增加，2014年末累计达到62169万平方米，是2013年初的1.48倍，其间月平均增长率为1.90%。受库存压力影响，2014年房地产开发企业土地购置面积与成交价款同比增速较上年同期均大幅下跌。资金方面，楼市的量价齐跌使得房企的利润空间持续受到挤压，企业资金回笼压力加大。伴随着本年度货币供应量（M2）同比增速和人民币贷款同比增速的同步放缓，金融市场流动资金偏紧，房地产投资国内贷款增速有所回落，企业资产负债率提高。多重压力下，房企谨慎入市，土地市场需求减弱，引起全国主要监测城市商服地价和住宅地价同比增速放缓明显，较上年分别降低4.03、4.10个百分点。

（三）受工业用地新政、"三旧"改造和产业升级等政策影响，东部地区，尤其是珠三角地区工业地价增速上扬明显

2014年，上海、杭州、南京等东部城市均出台了工业用地新政，大力推进工业用地集约节约利用。再加之东部地区经济发达、人口密集，土地资源较为稀缺，使得东部地区重点监测城市工业地价上涨较快，增速较上年提升

6.32个百分点。其中，珠三角地区工业地价增速提升最为明显，2014年6月，广东省国土资源厅发出《关于进一步做好稳增长用地保障工作的通知》，要求加快"三旧"改造进度，大力盘活存量建设用地，进一步提高土地利用效率。10月，广东省人民政府办公厅发布《关于推动新一轮技术改造促进产业转型升级的意见》，继续推进全省先进制造业和优势传统产业技术改造。随着"三旧"改造拆迁成本不断上升和产业转型升级的推进，工业用地价格大幅提升。

（四）货币政策和信贷政策调整是住宅地价增速年末回升的主要原因

2014年，国家更加注重深化改革和长效机制建设，强化了市场化手段在管理中的运用。随着全国各城市房地产市场的分化，2014年第2季度开始，多地逐步放松限购政策，部分城市取消限购。同时，央行出台"定向降准"和"中期借贷便利"政策，调整市场流动性，推动金融市场平稳发展。9月30日，中国人民银行发布《中国人民银行中国银行业监督管理委员会关于进一步做好住房金融服务工作的通知》，对个人住房贷款需求的支持力度大幅提升，调整二套房信贷政策。11月底，央行下调金融机构人民币贷款和存款基准利率。这些政策的变化一定程度刺激了年末房地产市场的回暖，并相应传导到土地市场，全国主要监测城市住宅地价第4季度环比增长率有所回升。

六　2015年全国城市地价变化趋势分析

（一）新常态下的经济形势决定了房地产市场将处于持续调整期，进而影响土地市场及地价变化

2014年年末中央经济工作会议提出，2015年要坚持稳中求进的工作总基调，坚持以提高经济发展质量和效益为中心，主动适应经济发展新常态，保持经济运行在合理区间。经济进入新常态，无论是经济增长速度调整，还是经济结构调整，乃至从要素驱动、投资驱动向创新驱动的转变，都将直接影响投资性需求。在这样的宏观经济形势影响下，2015年投资增长将继续放缓，房地产市场也将持续调整，这必将直接影响土地市场供求关系，并进而影响地价变化。

（二）降息、降准预期较强，稳健的金融货币政策或对后市形成一定的刺激作用

2014 年 5 月召开的中央政治局会议指出，要保持宏观政策连续性和稳定性，继续实施积极的财政政策和稳健的货币政策，这将是中国连续五年实施"积极—稳健"的财政货币政策组合。央行在中央经济工作会议后指出，要"引导货币信贷和社会融资总量平稳适度增长，重在优化结构、盘活存量"。2015 年 1 月 21 日，李克强总理在瑞士达沃斯出席与世界经济论坛国际工商理事会代表对话会时指出，"在 2015 年我们将继续保持战略定力，实施积极的财政政策和稳健的货币政策"。在此背景下，2015 年降息、降准的预期有所增加，稳健的金融货币政策与地区的局部性因素相叠加，或将对部分地区的土地市场产生一定的刺激作用。

（三）市场分化将继续，二、三线城市的库存压力直接影响其后市走向，商业、住宅地价上升动力有限

2014 年，全国不同城市的市场已出现明显分化，一线城市受城市规模等影响，尚有一定的需求支撑，但多数二、三线城市已出现明显的供大于求现象。2014 年 7 月，在全国住宅城乡建设工作座谈会上，陈政高部长提出，"千方百计消化库存，进一步加强房地产结构调整"。2015 年，去库存仍是二、三线城市主要任务，其影响将波及商服、住宅用地市场，二、三线城市地价上升动力有限。

（四）东部地区工业地价上涨态势延续，工业地价市场化回归的历程仍将持续

长期以来，"以地招商"的管理思路影响了我国工业用地真实价值的市场表达，市场监测的工业地价信号总体偏低。十八大以来，中央政府提出了"建立有效调节工业用地和居住用地合理比价机制，提高工业用地价格"的要求，地方政府"GDP 竞争"的模式也正在转变，加上资源约束下，工业用地集约节约利用强度提升，都将助推工业地价的上涨。工业地价的市场化回归过程非一蹴而就，预计 2015 年，与实体经济变化引致的需求波动相叠加，东部地区工业地价仍将维持总体上升态势。

2014年北京土地市场分析及2015年预测

刘宏为　卢世雄 *

摘　要： 2014年土地市场先热后冷，年底又出现回暖。在成交量大幅下跌的同时，成交价格和成交金额却创历史新高；2014年土地市场的驱动力主要在于北京土地市场长期供不应求、开发企业回归一线城市、土地价值的不断提升及土地政策的影响。2015年，预计北京土地市场在政策环境逐步宽松的背景下将稳中有升。

关键词： 北京土地市场　驱动力　稳中有升

一　2014年北京土地市场研究

（一）土地成交总况

2014年，在房地产市场深度调整的背景下，北京土地市场整体表现为量跌价涨的特征。市场成交量受供应量和楼市下滑、房企拿地意愿走低等因素影响出现了一定程度下跌；与此同时，土地平均楼面价和土地出让金总额则进一步攀高，双双达到历史新高点。

1. 成交量——大幅下跌

2014年北京土地公开市场，成交经营性用地95宗，同比大幅减少35宗，其中住宅用地成交52宗，公建用地成交43宗。成交宗数同比下降近三成，位

---

* 刘宏为，法律硕士，远洋地产有限公司集团投资经理；卢世雄，房地产经济学硕士，远洋地产有限公司事业一部投资总监。

于 2009 年以来六年中次低（仅高于 2012 年的 66 宗），如图 1 所示。成交下滑的主要原因在于政府对于土地供应的控制。

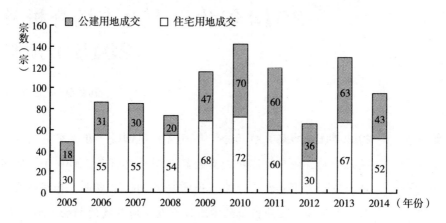

图 1　2005～2014 年经营性用地成交宗数

数据来源：北京市土地整理储备中心，下同。

从成交面积及成交金额看，2014 年，北京公开土地市场成交经营性用地总规划建筑面积 1465 万平方米，同比减少 19%；土地出让金达 1899 亿元，同比增加 9%。相较土地成交宗数及成交面积的大幅减少，成交金额却继 2013 年大幅回升之后再创新高，如图 2 所示。这表明土地市场进一步分化，更多资金撤出三、四线城市，转投率先复苏的一线城市。

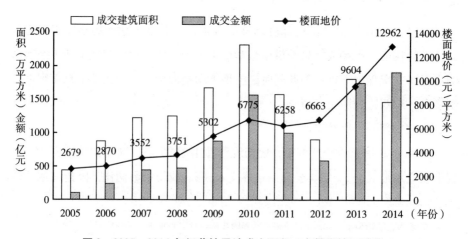

图 2　2005～2014 年经营性用地成交面积、金额及楼面地价

2. 成交价格——再创新高

2014年，经营性用地成交价格与成交量变化趋势一致，创历史新高。全年经营性用地平均楼面地价12962元/平方米，同比上涨35%；如果剔除竞配保障性住房的因素，实际折合到自由定价的商品房楼面地价更高。如图2所示。

从溢价率来看土地交易的活跃度，全年经营性用地平均溢价率34%，全年住宅用地平均溢价率33%，较2013年均下降1个百分点，溢价率趋稳说明房企在土地市场拿地更加理性。如图3所示。

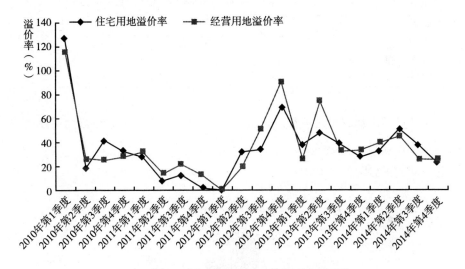

图3　2010～2014年土地成交溢价率变动趋势

全年土地成交溢价率先升后降，呈倒V走势。2014年年初土地市场开局火热，成交面积、成交量均环比大涨。二季度随着楼市成交持续低迷，房企拿地热情降低，同时政府开始调整推地节奏，底价成交、流拍现象增加，土地市场降温，直至年底再次冲高回落后趋稳。

3. 成交分布——以五环外的近郊区为主，城区提升明显

从土地成交区域看，2014年近郊区（通州、大兴、房山、顺义、昌平）所占比重有所下降，但仍然为土地供应主要区域，总体占比超过一半；内城区（东城、西城）出让了西城区华嘉胡同地块，所占比重持平；城区（朝阳、海淀、丰台、石景山）所占比重提升明显，丰台区尤为突出；开发区出让5宗

地，所占比例略有提升；远郊区（平谷、门头沟、密云、怀柔、延庆）所占比重同比有所提升。如表1、图4所示。

表1　2014年各区县经营性用地成交宗数和建筑面积

单位：宗，万平方米

区县	宗数	规划总建面	区县	宗数	规划总建面
西城区	1	12	通州区	14	261
朝阳区	6	84	顺义区	10	139
丰台区	12	166	怀柔区	2	50
海淀区	5	39	开发区	5	85
石景山区	4	68	门头沟	8	154
昌平区	7	130	平谷区	3	49
大兴区	9	132	合　计	95	1465
房山区	9	96			

从各区县土地成交比例看，通州、丰台、门头沟2014年经营性用地成交建筑面积占比均达到10%以上，其次是顺义、昌平、大兴、房山，成交建筑面积占比7%～9%（见图4）。

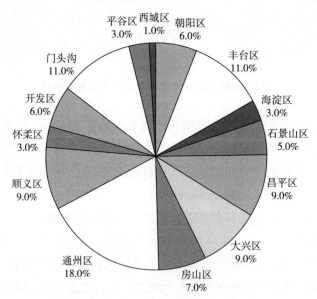

图4　2014年北京市各区县经营性用地成交建筑面积占比

4. 建设用地供应计划完成情况——公开供应量不足供地计划一半

2014 年，北京市计划供应经营用地 1550 公顷，同比上升 24%。其中商服用地 550 公顷，同比上升 37.5%；商品住宅用地 1000 公顷，同比上升 17.6%。

2014 年，北京市公开交易的经营性用地供地 662 公顷，完成供地计划的 42.7%，仅高于 2011 年和 2012 年，近 7 年来仅在 2013 年完成年度建设用地供应计划。其中，成交商服用地 269 公顷，完成计划供应的 48.9%；成交商品住宅用地 392 公顷，完成计划供应的 39.2%。由于楼市的成交低迷，政府在供应端控制推地节奏，全年的推地不到供应计划一半，这也导致热门区域的优质资源竞争更加激烈。如图 5 所示。

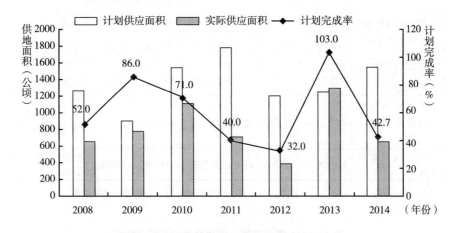

图 5　2008～2014 年建设用地计划供应与成交对比图

（二）重点地块成交情况

成交总价方面。2014 年总价地王为西城华嘉胡同地块，被华融以 74.6 亿元获取，总价地王比上年大幅提高 16.5 亿元。紧随其后的是石景山老古城、怀柔雁栖镇两宗地，分别由中海、北京北控以总价 59 亿元、56.8 亿元获取（见表 2）。

成交单价方面。2014 年北京土地单价继续攀升，西城华嘉胡同地块以楼面地价 95898 元/平方米成为北京土地市场新的单价、总价双料地王；丰台作为热点区域，均价多次被刷新，如丰台西局村旧村改造一期、二期地块达到

7万元/平方米左右，丰台辛庄村一期地块达到5.5万元/平方米等（见表3）。

溢价率方面。对含有住宅的用地，政府继续推行2013年开始的"限地价，竞保障房面积"的出让方式，住宅用地的土地溢价率得到有效控制，而受政府规划导向和企业自身经营策略双向影响，商业用地表现突出，公建用地溢价率大幅提升，如房山高教园区及房山新城良乡组团的三块商业金融地块，溢价率均达到200%左右（见表4）。

表2 2014年北京市土地成交总价排行TOP5

序号	宗地名称	成交日期	规划建面（平方米）	规划用途	成交价（万元）	楼面地价*（元/平方米）	受让单位
1	西城华嘉胡同地块	8月20日	117708	商业金融、居住	746000	95898	华融
2	石景山老古城C等地块	11月2日	334883	居住、公建	590000	22997	中海
3	怀柔雁栖镇柏崖厂村地块	8月21日	421534	住宅混合公建	568000	13475	北京北控
4	丰台西局村旧村改造项目二期地块	2月20日	170535	住宅混合公建	495800	77652	京投置地和北京基础设施联合体
5	石景山刘娘府地块	9月28日	151706	住宅混合公建	491700	39661	远洋和奥宸联合体

注：*如地块含有保障房、自住型商品住房，则楼面地价为折合经营性楼面地价，下同。

表3 2014年北京市土地成交单价排行TOP5

序号	宗地名称	成交日期	规划建面（平方米）	规划用途	成交价（万元）	楼面地价（元/平方米）	受让单位
1	西城华嘉胡同地块	8月20日	117708	商业金融、居住	746000	95898	华融
2	丰台西局村旧村改造项目二期地块	2月20日	170535	住宅混合公建	495800	77652	京投置地和北京基础设施联合体
3	丰台西局村旧村改造项目一期地块	2月13日	220201	居住、商业金融	357000	69000	龙湖
4	丰台辛庄村一期地块	4月11日	184793	居住	210000	55000	中筑置业
5	海淀太平庄村2号地项目	12月4日	16136	住宅混合公建	60900	42187	金地和永同昌联合体

表4 2014年北京市公建用地成交溢价率排行 TOP5

序号	宗地名称	成交日期	规划建面（平方米）	规划用途	成交价（万元）	溢价率（%）	受让单位
1	房山区高教园区3号东侧地块	1月7日	163118	商业金融	246000	214.18	北京创意港、北京房开鼎盛和云南城投置业联合体
2	房山新城良乡组团14－03－13地块	7月29日	42538	商业金融	46500	210.00	天洋
3	房山新城良乡组团14－03－05地块	7月29日	94573	商业金融	99500	197.01	天洋
4	大兴黄村镇DX00－0101－0201等地块	4月24日	174841	F2	416000	179.95	北京正浩置业
5	大兴黄村镇0101－016a等地块	4月10日	82719	F3	171000	158.31	福州泰禾

（三）重点房企市场表现

2014年，多数重点房企趋于谨慎，如保利、城建、首开、中铁建、方兴、中海、华润等房企全年只获取一个地块，万科、融创、金融街、龙湖等房企也只获取了2~3块地。2013年土地市场的持续火热，一方面使得各大开发企业2014年用于资源获取的资金不足；另一方面，地价快速上涨，进一步加大了拿地之后的经营风险和难度，房企的投资决策因而趋谨慎。与此同时，也有少数房企如远洋、绿地等企业补仓明显，在市场下行周期获取大量土地。

2014年，品牌开发企业联合拿地的趋势继续加强，如万科、保利、融创、金融街2014年获取的所有地块均是通过联合体获取。联合拿地可以实现开发企业间的优势互补，同时降低了地价不断升高带来的资金压力。可以预见，这种模式将在2015年的北京土地市场上继续得到推崇。

表5　2014年重点房企北京拿地情况

企业名称	获取地块	建筑规模（m²）	获取价格（万元）	备注
万科	昌平区沙河镇七里渠南北村	202777	360770	与北京祥业联合
	顺义新城第28街区商业金融用地	41243	37700	与北京五和联合
	大兴区黄村镇商业金融用地	94797	76300	与北京城开联合
保利	门头沟区永定镇0068等地块	238274	338000	与北京首开联合
融创	门头沟新城6010等地块	110290	182000	与北京瑞丰华成联合
	北京经济技术开发区河西区X91R1居住地块	193451.8	310000	与上海拓赢联合
远洋	房山区良乡高教园区4号地	82379	114400	
	昌平区北七家镇未来科技城南区F2用地	178966	235000	与绿地联合
	门头沟新城6005等地块	242699	382000	
	通州区运河核心区Ⅱ-05地块F3用地	55800	64700	与新光联合
	通州区运河核心区Ⅱ-06地块F3用地	90600	105100	与新光联合
	通州区运河核心区Ⅱ-07-1地块F3用地	78139	88400	与新光联合
	通州区运河核心区Ⅱ-07-2地块F3用地	119961	135700	与新光联合
	石景山区刘娘府659等地块	151706	491700	与奥宸联合
	通州区永顺镇0031居住用地	159818	96000	与房地联合
金融街	丰台区南苑乡南苑村621居住地块	205093	422000	与天恒联合
	未来科技城南区0014、0030 F2用地	156420	169400	与未来科技城联合
金隅	朝阳区东坝单店居住用地	316433	433500	
	丰台区长辛店生态城一期（北区）A地块	129615	256500	与房地联合
	丰台区长辛店生态城一期（北区）B地块	93545	182500	与房地联合
绿地	未来科技城南区0047、0048、0060、0061 F2用地	178966	235000	与远洋联合
	中关村翠湖科技园194、223地块	81543	110100	
	中关村翠湖科技园195、224地块	83674	113000	
	通州区运河核心区Ⅷ-05、08-2地块F3用地	131600	151603.2	与复地联合

企业名称	获取地块	建筑规模（m²）	获取价格（万元）	备注
绿地	通州区运河核心区Ⅷ-02、04、07地块F3用地	189500	218304	与复地联合
城建	门头沟区永定镇0059等居住用地	201676	259000	
首开	朝阳区东坝南区667居住用地	76319	81000	
中国铁建	大兴区旧宫镇0040等居住用地	236579	264500	
金地	顺义新城19-83-1、19-83-2、19-91地块	145314	216000	
	海淀区太平庄村2号地项目F1用地	16136	60900	与永同昌联合
龙湖	丰台区西局村旧村改造项目一期	220201	357000	与盟科置业联合
	丰台区樊家村危改项目3号地零售商业用地	45275	55000	
方兴	北京经济技术开发区河西区X87R1居住地块	180332	290000	与葛洲坝联合
中海	石景山区老古城综合改造项目C等地块	334883	590000	
华润	门头沟新城6007等地块	97949	193000	

（四）土地市场驱动力分析

2014年，北京土地市场"量跌价升"，主要受土地供不应求、开发商回归一线城市、土地价值提升及政策引导等方面因素影响。

1. 北京土地市场长期供不应求

从2014年北京土地市场成交情况看，经营用地的土地供应比2013年减少了630万平方米，实际土地供应量仅完成供地计划的四成。土地供不应求现状和供应量收缩的预期，加之房地产开发需要两到三年的开发周期，导致土地市场走势与房地产市场周期相偏离，这种背离关系利于消化现有库存，同时导致商品房价格上涨预期，并进一步推动土地价格持续上升。

2. 开发企业回归一线城市

房地产开发企业对北京房地产市场未来几年的行情预测，对于土地市场有

重要带动作用。尽管当前的房地产市场不太景气，但多数开发企业对于未来四五年的前景仍然持乐观态度，一线城市的热点区域更是如此。北京作为一线城市的代表，其住宅市场的潜力依然被大部分企业看好。与之相比，三、四线城市因为库存绝对值过高，即使信贷刺激，出现全面回暖的可能性也不大。因此大型房企在投资总体战略选择上，有明显的从二、三线城市向一线城市回归的趋势。这种基于对房地产市场的判断和选择，自然带动北京土地市场竞争不断升级。

3. 土地价值不断提升

随着一线城市的发展和资源聚集效应，北京在城市规划建设、轨道交通等基础设施建设方面愈加完善，北京房地产市场拥有庞大的需求支撑，使北京土地价值本身也在不断提升，而土地增值正是土地市场价格增加的基础性原因。

4. 政策引导的影响

2014年3月27日，国土资源部审议通过了《节约集约利用土地规定》（国土资源部令第61号），后于5月22日发布，9月1日生效。"61号令"明确了一线城市不再单纯依赖土地增量来解决城市土地需求问题，同时要重视盘活土地存量保障土地资源需求。2014年年中，北京新增供应的逐步放缓以及土地供应思路的调整、上调土地基准地价、大力推行棚改、城区五环内控制新增建设规模等举措，都在侧面体现了新土地政策对于北京土地市场的影响，而这种影响在未来一段时间将会进一步深化和持续。

二　2015年北京市土地市场预测

（一）政策环境——土地市场更趋于市场化

2014年是房地产市场深度调整的一年，也是中国房地产市场调控政策的拐点。从市场表现看，包括北京市在内的全国房地产市场都已进入成交量下降、库存压力增加、供求关系逆转的新阶段。与此同时，房地产调控政策由行政干预开始走向市场化调整。

2014年3月"两会"提出"分类调控"的整体原则，赋予地方政府更多的自主权。4月、6月央行先后两次定向降准，通过货币政策支持自住型购房

需求。6 月呼和浩特宣布取消限购，引起绝大多数地方政府效仿，到目前为止
46 个限购城市中，仅北京、上海、广州、深圳和三亚 5 个城市仍执行限购政
策。10 月央行与银监会宣布放松首套房认定标准，实际放松限贷政策。11 月
央行宣布降息，在放松限贷、限购政策的叠加效应之下，商品房成交面积和成
交额创年内单月新高的纪录。

同时，土地制度改革的顶层方案设计如《节约集约利用土地规定》、《不
动产登记暂行条例》等的正式出台，对房地产市场也将产生深刻影响。存量
土地再开发将成为未来一段时间城市建设用地开发的重点，不动产登记的推进
也将为未来农村土地产权制度改革、土地宏观调控等打下基础。2015 年，节
约集约用地和土地制度改革的进一步深入将成为土地政策的主旋律，并对土地
市场产生重要影响。

根据当前的房地产市场整体情况，预计 2015 年房地产市场政策仍会相对
宽松，预计中央层面会坚持市场化、减少行政干预，而地方政府也会维持上年
的基本格局。一线城市如北京退出限购的可能性很小，但限贷放松的效果会进
一步发挥，政府可能在公积金、契税等方面微调，自住型需求和改善型需求将
进一步得到政策支持。

（二）市场供应——总量稳中有减，结构基本稳定，节奏保持平稳

从供应总量看，预计 2015 年的土地供应与 2014 年相比将呈现"稳中有
减"的总体趋势。首先，根据国家节约集约用地、控制新增建设用地的总体
基调，稳定增量、盘活存量，适度降低土地供应计划总量，符合中央政府土地
政策的整体思路；其次，从上年四季度土地市场的火热表现来看，量跌价升的
总体趋势可能进一步延续，土地供应量在总体稳定的前提下略作降低，并不会
导致土地出让收入的降低，反而有利于进一步提升和实现土地价值；最后，适
度减少新增建设用地也是北京市资源环境承载力的客观要求，2015 年作为
"十二五"规划的收官之年，政府会从更长远的城市规划建设的角度重新考虑
资源的分配和开发。

从土地供应结构看，在供应总量总体降低的前提下，住宅用地占比会保持
基本稳定，工业产业用地的供应量受"京津冀一体化"政策影响将进一步降

低，保障房供地及重点工程将继续保持优先地位，维持稳定以保证实现"十二五"规划的建设要求。而根据2014年自住型商品房的市场表现和供需情况来看，进一步调高自住房等保障性住房供应规模，从而挤占纯商品住宅用地供应的可能性不大。从供应区域来看，预计2015年土地供应还会以郊区土地供应为主，包括通州、昌平、房山、大兴、门头沟、顺义等近郊土地供应依然会是占比过半的主要区域，城六区供地规模预计会进一步减少，而热点区域集中供地的特点可能得到延续，如北京市的西南区域，特别是丰台区西南五环至六环之间的区域，可能成为下一个供地热点。

从供应节奏来看，2014年各季度经营性用地供应分别为33宗、20宗、24宗和18宗，除一季度供地相对集中外，整体供地节奏比较均衡。预计2015年全年土地供应节奏会延续2014年的走势，在整体平稳的前提下根据市场热度进行微调，以确保土地价格的相对稳定。

（三）市场成交——稳中有升

成交量方面，2015年北京土地市场成交总量，在延续上年第四季度的火热态势下将进一步回升，但受土地供应总量控制，回升幅度也比较有限。北京作为一线城市，住房刚性需求长期存在，加上改善需求进一步释放、高价住房逐步放开，房地产市场总体预期相对乐观，土地成交量预计将保持稳中有升的长期趋势。

成交价格方面，随着北京市基准地价上调，一级开发成本持续上升，土地价格仍处于上升通道，但上升将更趋理性。一方面，2014年北京市房地产市场量缩价稳，仍处于高位运行态势，加之开发商和政府对于北京市未来几年的房地产市场看好，土地价格很难回落；另一方面，土地成本过高带来的开发压力增大，联合拿地成为开发企业面对高地价时的无奈之举，土地价格进一步大幅拉高的可能性不大。

溢价率方面，由于资金雄厚的开发企业将继续进入北京参与拿地，优质地块争抢会变得更加激烈，这使得部分优质资源的溢价率依然会走高。与此同时，"限地价、竞自住型商品住房面积"、"限地价、竞异地保障房建设资金"等方式在过去几年中确实有效控制了总体溢价率，这些方式将会在2015年继续实施，在溢价率相对稳定的同时，企业的实际利润空间将进一步下降。

参考文献

北京市土地整理储备中心网站，http：//www.bjtd.com。

卢世雄、马建华：《2012年北京土地市场形势分析与2013年前景预测》，载魏后凯主编《中国房地产发展报告No.10》，社会科学文献出版社，2013。

许丽兴、卢世雄：《2013年北京土地市场形势分析与2014年前景预测》，载魏后凯主编《中国房地产发展报告No.11》，社会科学文献出版社，2014。

金融与企业篇

Finance and Enterprises

B.4
2014年房地产投融资现状及
2015年趋势分析

丁兴桥 徐 瑞*

摘　要： 本文对2014年的房地产投融资现状进行分析，同时对2015年房地产投融资发展趋势进行判断，并提出相应的政策建议。2014年房地产投资增速持续下滑，特别是住宅投资和土地投资的增速下滑最为突出；融资规模不升反降，融资结构继续盘整，更多的融资渠道在压力下得到拓展。展望2015年，房地产市场将继续调整，政府与市场的关系进一步厘清，行业分化趋势继续，房地产投资进入长期稳定低速增长阶段，融资方面宽松与压力并存。

关键词： 房地产　投融资

* 丁兴桥，江苏景枫投资控股集团有限公司总裁秘书；徐瑞，南京银行客户经理。

一 2014年房地产投资特征

2014年，我国经济进入了中高速发展的"新常态"，房地产市场也在下行压力中不断调整。随着人口结构的变化，房地产市场需求逐渐探底，供给居高不下，去库存压力逐渐加大，企业销售业绩惨淡，国房景气指数不断下跌，房地产投资增速持续下滑，特别是住宅投资和土地投资的增速下滑最为明显。

（一）房地产开发投资增速持续下滑

2014年房地产开发投资为95035亿元，同比增长10.5%，增速较上年同期下降9.3个百分点，比同期城镇固定资产投资增速低5.2个百分点，占城镇固定资产投资比重为18.9%，比上年下降0.8个百分点。其中，住宅投资为64352亿元，同比增长9.2%，低于同期房地产开发投资增速1.3个百分点，较上年大幅下降10.2个百分点（见图1）。继2013年的短暂回升后，2014年房地产开发投资增速再次回到下行通道，并创下了2000年来的最低点，这一方面是我国房地产市场对经济"新常态"的反应，另一方面也是我国房地产市场逐渐回归市场本质的结果。在此背景下，2014年的房地产调控主动适应新变化，中央政府着力于深化改革和长效机制顶层设计，地方政府逐步放松和取消限购、限贷等行政干预手段，促进房地产市场的市场化转型和长期稳定发展。

2014年，房地产开发投资和住宅投资各月的累计增速，均呈现不断下降的趋势，房地产开发投资累计增速由1~2月份的19.3%下降到1~12月份的10.5%，住宅投资由1~2月份的18.4%下降到1~12月份的9.2%。同时住宅投资增速与房地产开发投资增速、房地产开发投资增速与城镇固定资产投资增速之间的差距也在不断扩大，由1~2月份的0.9、−1.4个百分点扩大到1~12月份的1.3、5.2个百分点，住宅投资增速的下降拉低了房地产开发投资增速，而房地产开发投资增速的下降又拉低了城镇固定资产投资增速（见图2）。

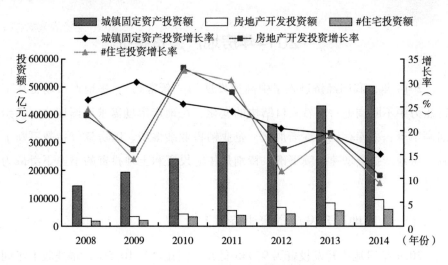

图 1   2008～2014 年房地产开发投资情况

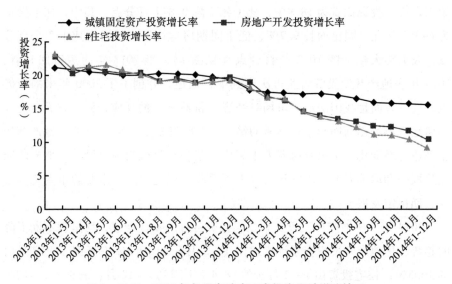

图 2   2013～2014 年各月房地产开发投资累计增速情况

（二）住宅投资增速下降明显，结构出现较大盘整

2014 年，在房地产市场经济新常态下，住宅投资受到较大影响，尽管仍然保持了上涨的态势，但是涨幅已经回落到 9.2%，相较于上一年下降 10.2

个百分点。其中90平方米以下住房投资增速下降到4.6%；144平方米以上住房投资则在年初转升为跌，跌幅从年初的-0.4%扩大到年终的-7.8%；别墅和高档公寓投资增速则相对稳定，除1~2月为-2.3%外，其余月份在5%~10%之间波动（见表1）。

表1 2013~2014年各月全国房地产开发投资增长情况

单位：%

时间	房地产投资增长率	住宅投资增长率	住宅投资中			办公楼投资增长率	商业营业用房投资增长率	其他房地产投资增长率
			#90平方米以下住房	#144平方米以上住房	#别墅、高档公寓			
2013年								
1~2月	22.8	23.4	24.7	15.4	16.4	53.3	22.4	9.7
1~3月	20.2	21.1	19.4	14.3	12.9	44.1	21.2	6.9
1~4月	21.1	21.3	19.1	14.1	13.6	48.6	22.7	9.6
1~5月	20.6	21.6	18.9	14.9	8.5	41	24.1	5.7
1~6月	20.3	20.8	20.3	13.8	2.5	42.8	26.1	5.3
1~7月	20.5	20.2	19.6	10.1	2.1	40.2	29.5	7
1~8月	19.3	19.2	18.3	8.7	2.8	40	26.5	6.1
1~9月	19.7	19.5	17.4	9.9	5.1	37.6	27.9	7.1
1~10月	19.2	18.9	16.5	8.5	5.5	36.9	26.9	7.1
1~11月	19.5	19.1	15.9	7.7	5.9	36	27.6	8.3
1~12月	19.8	19.4	15.8	6.6	5.5	38.2	28.3	7.3
2014年								
1~2月	19.3	18.4	17.5	-0.4	-2.3	27.1	26.4	12.8
1~3月	16.8	16.8	16	-3.1	7.8	20.8	25.5	5.7
1~4月	16.4	16.6	14.6	-1.9	5.5	18.9	25.4	4.5
1~5月	14.7	14.6	12	-5.1	5.1	16.2	23.6	5.1
1~6月	14.1	13.7	9.7	-6.2	8.6	19	23.2	4
1~7月	13.7	13.3	8.8	-5	9.6	19.3	22.3	3.8
1~8月	13.2	12.4	8.2	-4.7	9.8	18.7	22.9	4
1~9月	12.5	11.3	7	-6.6	7.4	22.8	22.8	3
1~10月	12.4	11.1	7.1	-7	5.6	23.8	23.4	2.4
1~11月	11.9	10.5	6.1	-7	6.7	24.6	22	2.7
1~12月	10.5	9.2	4.6	-7.8	5.7	21.3	20.1	2.2

与此同时，房地产投资中住宅部分占比也出现较大变化。2014年住宅投资占房地产开发投资的比重为67.7%，同比下降了0.8个百分点，基本保持稳定。其中90平方米以下住房占比为21.4%，同比下降了11.6个百分点；140平方米以上住房占比为10.1%，别墅和高档公寓占比为4.0%，分别下降了7.6和2.2个百分点（见表2）。2014年，住宅投资增速的下降和住宅内部结构的盘整，预示着以住宅开发为主的房地产行业规模开始探顶，这是人口结构变化导致需求下降、房地产调控更加强调长期化制度化建设、市场力量逐步回归等多种因素综合作用的结果。

表2　2004~2014年全国房地产开发投资结构情况

单位：%

年份	住宅投资额	其中			办公楼投资	商业营业用房投资	其他
		#90平方米以下住房	#140平方米以上住房	#别墅、高档公寓			
2004	67.2	—	—	8.2	5	13.1	14.8
2005	68.3	—	—	6.6	4.8	12.8	14.1
2006	70.2	—	—	7.4	4.8	12.1	12.9
2007	71.2	16.6	—	7.1	4.1	11	13.7
2008	71.9	20.9	12.2	6.5	3.7	10.8	13.6
2009	70.7	23	14.3	5.7	3.8	11.5	14
2010	70.5	22.1	13.7	5.9	3.7	11.7	14
2011	71.8	22.1	14.7	5.5	4.1	11.9	12.2
2012	68.8	23.4	13.7	4.8	4.7	13	13.6
2013	68.5	33.0	17.7	6.2	5.4	13.9	12.2
2014	67.7	21.4	10.1	4.0	5.9	15.1	11.3

（三）商业地产投资热度不减，占比再创新高

随着房地产市场的逐渐调整，房地产行业由"黄金时代"进入了"白银时代"，一方面，传统的以住宅地产开发为主的房地产开发企业利润率不断下降，生产空间受到不断压缩；另一方面，国家行政干预的不断退出、市场化手段不断回归、长期化制度的不断构建也为房地产企业发展带来了一定机遇。在

此背景下，房地产企业开始改变传统的以住宅开发为主的单一模式，尝试新的开发模式，其中以商业地产投资的热度最高。2014年，办公楼投资增速为21.3%，较同期房地产开发投资增长率高出10.8个百分点，较同期住宅投资增长率高出12.1个百分点；商业营业用房投资增速为20.1%，较同期房地产开发投资增长率高出9.6个百分点，较同期住宅投资增长率高出10.9个百分点。从投资占比来看，2014年办公楼投资比重为5.9%，商业营业用房投资占比为15.1%，两者均创十年来的新高。加大商业地产投资是房地产企业在新形势下的选择，而运作商业地产对企业的资金和管理提出了更高的要求，可以说是机遇与风险并存。

（四）东、中、西三地区投资增速普降，东部地区投资规模仍占绝对优势

2014年，东、中、西部地区房地产开发投资额分别为52941亿元、20662亿元、21433亿元，同比增长分别为10.4%、8.5%、12.8%。三地区房地产开发投资增速均出现了不同程度的下滑，其中以中部地区的下滑最为明显，同比增速较上一年下滑了12.3个百分点；东部地区的下滑程度最小，同比增速较上一年下滑了7.9个百分点；西部地区投资增速仍为三地区之首，且高于同期全国房地产开发投资增速2.3个百分点（见图3）。

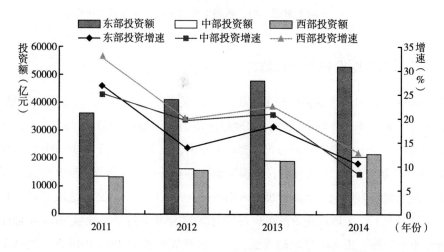

图3　2011~2014年东、中、西部地区房地产开发投资情况

从投资的规模来看，东部地区投资规模绝对优势地位仍未改变。2014 年，东部地区投资额为 52941 亿元，比中、西部两个地区投资总额高出 10846 亿元，投资占比达 55.71%，略有下降；中部地区投资额为 20662 亿元，西部地区投资额为 21433 亿元，占比分别为 21.74% 和 22.55%。2011~2014 年，东部地区的投资占比一直处于下降态势，而西部地区的投资占比呈现持续上升的趋势，但是东部地区无论从投资规模还是投资占比上都处于绝对优势地位（见图 4）。东部地区各省份人口较多，经济发展较快，居民购买力强劲，需求较为旺盛，使得东部地区成为全国房地产开发投资的重地。

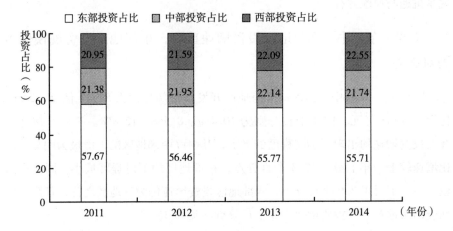

图 4 2011~2014 年东、中、西部地区房地产开发投资占比情况

（五）土地投资趋于谨慎

2014 年，房地产市场面临下行压力，企业销售业绩下滑，资金回收困难，企业对未来市场走势预期悲观，拿地趋于谨慎，土地市场趋冷。2014 年，全国房地产企业土地购置面积为 33383 万平方米，较上年同期下降 14.0%，降幅较 2013 年扩大 22.8 个百分点；全国房地产企业土地成交价款 10019 亿元，较上年同期增长 1.0%，增幅较 2013 年缩小 32.9 个百分点。在土地购置量大幅下降的情况下，土地成交价款可以保持与 2013 年基本持平，导致 2014 年楼面地价继续上扬。出于防范风险考虑，一、二线城市成为 2014 年房企拿地的重点区域，而库存高居、去化困难的三、四线城市则成为房企回避的重点。

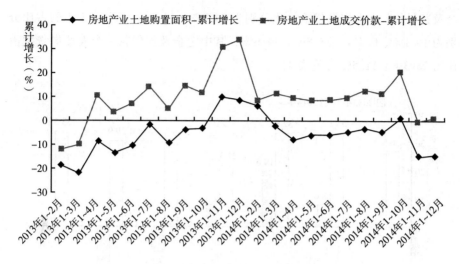

图5 2013~2014年各月房地产土地购置投资情况

二 2014年房地产融资特征

2014年上半年延续了2013年以限购、限贷为代表的最严调控政策，受此影响，房地产市场低迷气氛浓重，企业销售业绩不佳，企业回款能力不断下降，行业整体融资环境偏紧。在宏观经济和房地产市场不断下行的压力下，央行从第三季度开始先后出台"9·30房贷新政"、"11·22降息"等政策，房地产行业融资环境有所放松，行业融资局面得到改观，但无法改变全年资金偏紧的整体局面。

（一）房地产融资规模转升为跌，融资结构继续盘整

2014年房地产开发企业当年资金来源121991亿元，同比下降0.1%。其中，国内贷款21243亿元，增长8.0%；利用外资639亿元，增长19.7%；自筹资金50420亿元，增长6.3%；其他资金49690亿元，降低8.8%。在其他资金中，定金及预付款30238亿元，降低12.4%；个人按揭贷款13665亿元，降低2.6%（见图6）。在房地产资金来源中，国内贷款、利用外资、自筹资金、其他资金占资金小计的比重分别为17.4%、0.5%、41.3%、40.7%，其中定

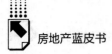

金及预付款、个人按揭贷款占比分别为 24.8%、11.2%；而 2013 年的占比分别为 16.1%、0.4%、38.8%、44.6%，其中定金及预付款、个人按揭贷款占比为 28.3%、11.5%（见表3）。

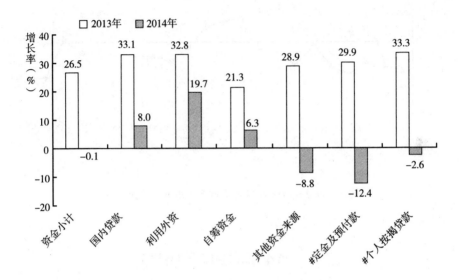

图6 2013～2014 年房地产资金来源的增长率

表3 2004～2014 年全国房地产开发资金结构情况

单位：亿元，%

年份	当年资金小计	国内贷款占比	利用外资占比	自筹资金占比	其他资金来源占比	#定金及预付款占比	#个人按揭贷款占比
2004	17169	18.4	1.3	30.3	49.9	43.1	—
2005	21398	18.3	1.2	32.7	47.8	36.6	—
2006	27136	19.7	1.5	31.7	47.1	30.2	9.5
2007	37478	18.7	1.7	31.4	48.2	28.5	13.1
2008	39619	19.2	1.8	38.6	40.3	24.6	9.8
2009	57799	19.7	0.8	31.1	48.5	28.1	14.8
2010	72944	17.2	1.1	36.5	45.2	26.1	12.6
2011	85689	15.2	0.9	40.9	43.0	25.2	9.8
2012	96537	15.3	0.4	40.5	43.8	27.5	10.9
2013	122122	16.1	0.4	38.8	44.6	28.3	11.5
2014	121991	17.4	0.5	41.3	40.7	24.8	11.2

受到市场需求见顶的影响，加之市场不景气环境下观望气氛浓重，市场成交量下降明显，与之关联的其他资金部分中的定金及预付款、个人按揭贷款都出现了不同程度的下跌，其中定金及预付款的下跌特别明显；在市场压力下，企业被迫通过信托、基金、股权合作等各种手段解决自身发展所必需的资金问题，使得自筹资金部分出现了一定增长，占比也有所提升；随着货币政策的调整，银行对房地产的支持力度进一步提升，房地产资金来源中国内贷款部分增长明显，占比逆势提升；另外，随着中国房地产企业国际化历程的不断推进，房地产资金来源中利用外资部分得到了突飞猛进的提升，占比略有增加。

从月份数据看，2014年房地产开发资金增长率呈现逐渐下降的态势，1~2月份增长率为12.4%，截止到1~11月份下降到0.6%，1~12月份由正转负，为－0.1%。在房地产开发资金中，各种资金的变化趋势又各有特点：包括定金及预付款、个人按揭贷款在内的其他资金的增长率保持了资金总体同样的趋势，但从年初1~3月份就出现了负增长，此后跌幅逐渐扩大，1~12月份达到了－8.8%；国内贷款增长率与资金总体趋势相同，但全年保持了正增长，增长率从年初的24.8%收窄到年末的8.0%；自筹资金增长率全年在6.3%~12.6%的区间内保持波动；利用外资则与资金总体趋势相反，年初1~2月份为负增长－43.2%，到第三季度1~9月份转跌为升，到年底1~12月份增长率达到了19.7%，增长率全年保持了上涨的态势（见表4）。

表4　2014年各月全国房地产开发资金增长情况

单位：%

月份	资金小计	国内贷款	利用外资	自筹资金	其他资金	#定金及预付款	#个人按揭贷款
1~2月	12.4	24.8	－43.2	12.6	6.3	6.3	2.9
1~3月	6.6	20.4	－33.9	9.6	－1.9	－3.6	0.1
1~4月	4.5	16.5	－28.7	11.0	－5.5	－7.8	－3.1
1~5月	3.6	16.5	－24.5	9.8	－6.4	－8.4	－1.2
1~6月	3.0	14.1	－20.6	10.1	－7.2	－9.3	－3.7
1~7月	3.2	14.7	－9.2	11.6	－8.1	－10.2	－3.7
1~8月	2.7	13.8	－0.9	11.6	－8.9	－10.7	－4.5
1~9月	2.3	11.8	9.9	11.5	－9.1	－11.1	－4.9
1~10月	3.1	11.1	17.6	13.8	－9	－11.2	－4.3
1~11月	0.6	9.0	11.8	8.2	－9.3	－12.2	－4.2
1~12月	－0.1	8.0	19.7	6.3	－8.8	－12.4	－2.6

（二）房地产贷款平稳较快增长，重点突出对保障性住房的支持

2014 年，在货币政策放松情况下，银行信贷对房地产的支持力度也有所提升。2014 年，全国全部金融机构人民币各项贷款余额 81.68 万亿元，同比增长 13.6%，全年增加 9.78 万亿元，同比多增 8900 亿元。房地产贷款余额 17.37 万亿元，占全部贷款余额的 21.27%，同比增长 18.9%，比 2013 年末低 0.2 个百分点；全年增加 2.75 万亿元，同比多增 4055 亿，增量占同期各项贷款增量的 28.1%，与 2013 年增量占比持平。其中地产开发贷款余额 1.35 万亿元，同比增长 25.7%，增速比 2013 年末高 25.7 个百分点；房产开发贷款余额 4.28 万亿元，同比增长 21.7%，比 2013 年末高 5.3 个百分点；个人购房贷款余额 11.52 万亿元，同比增长 17.5%，增速比 2013 年末低 3.5 个百分点。[①] 2014 年，保障性住房开发贷款余额 1.14 万亿元，同比增长 57.2%，增速比 2013 年末高 30.5 个百分点；全年增加 4119 亿元，占同期房产开发贷款增量的 55%，比 2013 年增量占比高 24 个百分点。

（三）房地产信托发行更为谨慎，直接融资渠道进一步拓宽

2014 年，在房地产企业的融资结构中，房地产信托仍然扮演重要角色，但是受到房地产市场下行压力下防范风险的考虑，房地产信托发行更为审慎，出现了"数量提升、规模下降"的特点。数据显示，2014 年全年房地产信托发行量为 1124 支，规模总计 2328 亿元，与 2013 年规模相比下跌约 32.21%，平均规模由 2013 年的 3.34 亿元下降到了 2014 年的 2.07 亿元；平均年化收益率为 9.75%，较 2013 年回升了 0.24 个百分点，改变了 2013 年的下跌趋势。另外，房地产信托一般时限较短，2014 年房地产信托平均时限为 1.76 年，易于受到市场波动的影响，兑付风险较大（见表5）。

2014 年 3 月 19 日，中茵股份、天保基建非公开发行 A 股申请获准，自 2010 年暂停的 A 股地产类再融资开闸；3 月 21 日，证监会发布《优先股试点管理办法》；9 月初，监管层放松上市房地产企业在银行间市场发行中期票据融资；9 月 30 日，央行、银监会联合出台《关于进一步做好住房金融服务工

[①] 《2014 年金融机构贷款投向统计报告》，中国人民银行网站，http://www.pbc.gov.cn。

作的通知》，鼓励银行通过发行 MBS 和期限较长的专项金融债券等筹集资金以增加贷款投放；房企融资方面的行政化干预逐渐退出，房地产企业资本市场直接融资渠道进一步拓宽。

表5　2007～2014 年房地产信托发行情况

年份	成立数量 （支）	成立规模 （亿元）	平均规模 （亿元）	平均期限 （年）	平均预期 年收益率(%)
2007	60	118	1.97	2.44	7.20
2008	137	259	1.89	1.81	9.98
2009	213	422	1.98	1.94	8.16
2010	591	1845	3.12	1.86	8.87
2011	1025	2832	2.76	1.84	10.03
2012	756	1849	2.45	1.81	10.13
2013	1029	3434	3.34	1.89	9.51
2014	1124	2328	2.07	1.76	9.75

资料来源：用益信托网。

三　2015年趋势分析

2015 年，全球经济会在不平衡中继续盘整，中国经济在"新常态"下继续"调结构、促改革"，可持续发展能力会进一步增强。在此背景下，房地产市场会进一步调整，政府与市场之间的关系进一步厘清，房地产的长期稳定健康发展成为可能。

1．政策——退居幕后，服务市场

由于 2014 年房地产市场的不断下行，史上最严的房地产调控政策开始调整，并由局部地区逐渐蔓延到全国，截止到年底除北京、上海、广州、深圳、三亚 5 个城市外，其他城市都逐步放开了"限购"。考虑到 2015 年房地产市场会延续上年继续盘整的情况，地方政府会出台更多的政策来刺激住房需求，促使房地产市场趋向稳定。与此同时，2015 年中央政府的政策会延续 2014 年的基本原则，进一步厘清政府与市场之间的边界，着重于房地产长效机制的构建，为市场在资源配置中发挥基础作用奠定基础。

2. 行业——弱肉强食，强者愈强

随着中国城镇化的不断推进，房地产业整体规模会继续扩大。但随着中国经济的转型，房地产业也进行了不断调整，高速发展暴利的"黄金时代"一去不返，随之而来的是稳步发展平均利润的"白银时代"。在"黄金时代"，企业几乎没有存货风险，因为不动产始终在升值，且升值速度超过企业融资成本；但在"白银时代"，不动产价格将结束单边快速上涨的状态，涨幅低于企业融资成本变成可能，在这种情况下企业的融资成本成为决定企业生死的关键因素。与此同时，以银行贷款为代表的资金本着规避风险的原则，更加倾向于一些实力雄厚的企业强者，而回避实力平平的企业弱者。在如此情况下，企业强者在获取银行贷款时具有明显的优势，而企业弱者则很难获得银行贷款，房企内部开始分化，"马太效应"日趋明显，企业兼并现象变得更加普遍，行业集中度会进一步增加，全国性大型房企和区域性中型房企双雄并存的局面开始展现。

3. 投资——长期稳定，低速增长

长期以来，房地产调控政策对投资投机性需求进行压制；紧缩的货币政策对房地产企业的开发资金和消费者的购房贷款进行紧缩，房地产投资和销售实现"双降温"。随着房地产调控的不断升级，历经多年高速增长的房地产市场，在 2014 年开始逐渐走向平稳。与此同时，我国经济也进入中低速增长的"新常态"，经济下行压力下人们对收入的预期变得更加谨慎，房地产需求转化为现实购买力的几率降低；政府对房地产的调控也开始从行政干预型向市场引导型转变，更加注重市场作用的发挥，更加注重对长效机制的构建，例如房屋登记制度、房产税等，这也从另一方面改变了市场预期，打击了市场投资投机性需求。2015 年，随着我国经济的进一步盘整，以及房地产长效机制的进一步构建，房地产业进入整体平稳运行期，房地产投资也会长期稳定在低速增长阶段。

4. 融资——政策宽松，压力并存

受到国民经济下行压力的影响，央行于 2014 年三季度开始先后出台"9·30新政"、"11·22 降息"："9·30 新政"放松房贷政策，认贷不认房，并鼓励银行通过 MBS 增加贷款投放；11 月 22 日，央行时隔两年来首次降息。2015 年会延续上一年的宏观经济基本面，"稳健"成为货币政策的主基调，央行再次降准

降息的可能性加大，房地产行业融资整体环境有所改善。但是，整体市场资金面的宽松，本意在支持实体经济发展的资金需求，缓解经济下行的压力，于房地产业是利好，但并不等于房地产市场融资环境能够根本改善。另外，房地产市场的下行、企业销售业绩和回款能力的下降，使得房地产融资依然面临很大的压力，房地产融资也会进一步多元化。

四　政策建议

1. 进一步厘清政府与市场的关系，避免地方政府的短期化行为

2014 年以来，房地产市场调整不断加深，商品房销售量价同比不断下降，房地产开发投资增速不断下滑。在此背景下，中央政府更加强调长效机制的顶层设计，通过货币政策、不动产登记、户籍改革等措施有效保障房地产市场长远发展。与此同时，地方政府也在区域房地产调控中被赋予了更大的权力，通过限购限贷松绑、公积金政策调整、财政补贴等方式刺激需求，加速库存去化。2015 年的房地产市场会延续上一年不景气的基本态势，地方政府会出台更为宽松的政策，通过降低购房门槛或成本，进一步刺激市场需求，促使房地产市场向好。地方政府对房地产市场的刺激作用是明显的，但是地方政府的刺激需要控制在一定的限度内，避免过度刺激影响了市场作用机制的正常发挥，除了考虑短期效果外，更应该考虑政策的长期效果，为房地产市场的长期稳定健康发展奠定基础。

2. 把握房地产区域性特点，做好区域市场细分需求研究

由于不动产的不可移动性，房地产具有很强的区域性特点。我国房地产市场发展到今天，房地产的区域性越来越明显，不仅仅表现在东中西地区之间的差异，还表现在大中小城市之间的分化。在区域性特点下，一些区域性的中型房企依靠自身的本土化优势逐渐发展壮大，逐渐形成与全国性的大型房企并存的局面。针对房地产市场的区域性特点，政府对房地产的调控也确定了"分类指导"、"双向控制"的原则，把更多的责任和权力交给地方政府，由地方政府根据房地产区域性特点进行针对性调控，最终让市场机制在区域性房地产市场发挥基础性作用。此外，针对房地产市场的区域性特征，政府还有必要加强房地产市场细分需求研究，有效引导区域性房地产供求平衡和结构平衡，促

进区域性房地产市场长期稳定健康发展。

3. 完善完整的住房体系，支持保障性住房建设

一个合理且完整的住房体系，应该是商品房和保障房并重的住房供给体系，房地产的供给也应该是商品房和保障性住房的同时供给。自从房地产市场化改革以来，我国商品房供给有了突飞猛进的增长，而保障性住房则长期被忽视。2008 年，在金融危机背景下，保障性住房被重新重视起来，并取得了很大的进步，仅 2014 年新开工建设保障性住房就达到 700 万套，基本建成保障性住房达到 480 万套。但是距离合适的住房保障体系还有很大的差距，为此要继续加大保障性住房的建设力度，进一步完善已建成的保障性住房使用和管理体制，建立健全动态管理的准入退出机制，为保障性住房体系的长期稳定健康发展奠定基础。

4. 加速企业转型，拓展融资渠道

随着房地产业的不断调整，房地产企业的生存环境也在不断变化，"危"、"机"并存，加快转型成为房地产企业生存的关键。房地产企业需要改变传统的纯粹出售型住宅地产开发模式，逐渐探索新型的综合持有型"地产＋X"开发模式，例如华夏幸福基业的"地产＋产业"、万达的"地产＋商业"、华侨城的"地产＋文化旅游"、保利的"地产＋养老"。面对激烈的行业竞争，企业不能再仅仅追求做大，更要力争做强，做出自己的特点，大企业规模化，小企业精细化，运用产业思维、消费思维、金融思维、互联网思维、"产业＋开发＋运营＋资本"思维武装自己，快速实现企业的成功转型。另外，资金是决定房地产企业生死的关键，在新的背景下，房地产企业需要积极拓展融资渠道，努力寻找更低成本的资金，抵消资产升值减速对房地产企业利润的影响。

2014年个人住房信贷业务现状分析及2015年展望

林 东*

摘　要：2014年个人住房信贷政策出现重大调整，针对改善型需求家庭的贷款政策有所放松。尽管房地产市场成交量下滑，但全年个人住房贷款仍实现平稳增长，并呈现利率先升后降、质量小幅下滑的特征。展望2015年，住房信贷政策仍有继续放松的可能，预计全年贷款增量小幅增长，利率水平将延续下行走势。

关键词：个人住房信贷　房地产　改善型需求

2014年，经济下行压力加大，房地产市场呈现整体供过于求、量价齐跌局面，全国商品住宅累计销售面积10.5亿平方米，同比下滑9.1%，销售金额6.2万亿元，同比下滑7.8%[①]，增速均创2009年以来新低。在此背景下，全年个人住房贷款仍保持平稳增长，同比实现多增。本文重点对2014年的个人住房贷款相关政策和信贷投放情况进行分析，并展望2015年个人住房贷款业务可能呈现的新特征。

一　2014年个人住房贷款政策环境

在市场供求关系明显变化的背景下，各级政府对房地产调控政策做出调

---

* 林东，经济学硕士，中国农业银行总行零售银行业务部高级专员，研究方向为房地产经济学。

① 国家统计局编《2014年全国房地产开发和销售情况》。

整，以支持和鼓励居民家庭合理的住房消费需求，加快库存消化。除绝大部分城市"限购"政策退出外，个人住房贷款政策亦做出重大调整，主要围绕增加信贷供给、放松限贷政策、降低融资成本三个方面。

（一）增加信贷供给

个人住房贷款投放是开发商资金回收的重要一环，增加资金供给，对于缓解开发商资金链紧张问题，具有重要意义。2014年5月12日，针对此前商业银行缓贷、惜贷个人住房贷款的问题，中国人民银行召开住房金融服务专题座谈会，对银行个人住房贷款业务进行了窗口指导。央行着重强调银行应合理配置信贷资源，优先满足居民家庭首次购买自住普通商品住房的贷款需求。

此外，2014年9月30日，人民银行和银行业监督管理委员会联合下发《关于进一步做好住房金融服务工作的通知》，鼓励银行业金融机构通过发行住房抵押贷款支持证券（MBS）、发行期限较长的专项金融债券等多种措施筹集资金，专门用于增加首套普通自住房和改善型普通自住房贷款投放。这对于盘活超过10万亿的存量个人住房贷款资产、增加信贷供给而言，意义重大。

（二）放松限贷政策

2014年9月30日下发的《关于进一步做好住房金融服务工作的通知》，对差别化住房信贷政策进行了重大调整，在控制居民家庭融资杠杆的基础上，对改善型需求进行了放松。一是对已有一套住房，且已结清原个人购房贷款，再次购买普通商品住房的，适用首套房政策，即最低首付款比例由60%降低至30%，最低利率由基准利率上浮10%，降低至最低下浮30%；二是对已有两套及以上住房，且已结清原个人购房贷款，再次购买商品住房的，由商业银行自行确定，而此前该类家庭购房需求无法获得购房贷款支持。此次政策调整是自2011年以来央行首次调整差别化信贷政策，也是2010年以来首次放松相关政策，有利于释放合理的改善型购房需求，稳定市场预期。

在央行颁布新政之前，部分地方政府出台文件，放宽信贷政策，以促进当地房地产市场平稳健康发展。绍兴、福州、青岛先后放松首套房认定标准，福州允许异地购房者办理住房贷款，绍兴、沈阳、南昌降低二套房贷款的最低首付款比例（见表1）。

表1　2014年不同城市差别化住房信贷政策调整情况

时间	城市	政策调整情况
8月1日	绍兴	除首套房外的新购房贷款首付比例，地方法人银行业金融机构按不低于40%的最低限执行，其他商业银行也按人民银行或总行规定的最低限执行。认定二套房标准，以拟购房家庭实际拥有的住房数量作为认定标准，不考虑购房贷款次数。
9月12日	沈阳	居民家庭申请贷款购买第二套住房，贷款最低首付比例由65%调整至60%。
9月17日	福州	购房人偿清购房贷款后，再次申请贷款购房的，按首贷认定。贷款首付款比例和利率方面按照政策规定的低限执行。 异地购房者可以在购房所在地商业银行办理住房按揭贷款。
9月23日	青岛	出售唯一住房又新购住房的居民家庭偿清原购房贷款后，再次申请住房贷款的，按首套房贷认定。
9月29日	南昌	对贷款购买第二套住房的家庭，首付款比例下限从70%调整至60%。

（三）降低融资成本

受资金成本和风险水平上升的影响，近两年个人住房贷款执行利率逐步上升。贷款成本高企，一定程度上抑制了居民购房需求。在此背景下，5月12日央行召开的住房金融服务专题座谈会，对商业银行贷款定价进行了窗口指导，要求银行科学合理定价，综合考虑财务可持续、风险管理等因素，合理确定首套房贷款利率水平。

此外，为促进实际利率逐步回归合理水平，缓解融资成本高的突出问题，11月22日央行下调人民币贷款基准利率，其中五年以上贷款基准利率下调0.4个百分点，由6.55%下调至6.15%；公积金贷款利率下调0.25个百分点，由2.6%下调至2.35%。

二　2014年个人住房信贷业务发展特点

（一）贷款增势总体平稳

从总量看，截至2014年末，全国金融机构个人住房贷款余额为10.6万亿元，同比增长17.6%，增速比上年末低3.4个百分点，高于各项贷款增速4个

百分点；从增量看，个人住房贷款比年初增加 1.6 万亿元，尽管市场成交额同比下滑 7.8%，贷款仍同比多增 368 亿元①。2014 年个人住房贷款增量占住户贷款增量的比例为 48.6%，较 2013 年大幅提高 6.6 个百分点。

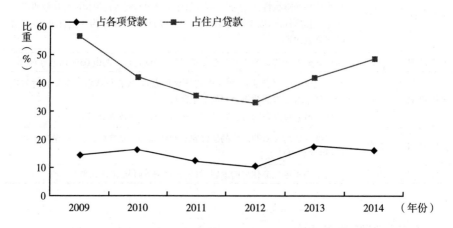

图 1　2009～2014 年个人住房贷款占各项贷款、住户贷款比例

数据来源：中国人民银行。

逐季看，个人住房贷款增长呈现两头高、中间低的特点。一季度贷款增长 4500 亿元，同比多增 338 亿元②，主要原因是上年受规模限制未投放贷款，在 2014 年初集中投放，弥补了市场成交额下滑导致需求萎缩的影响。二季度贷款增量出现回落，增长 4204 亿元，同比少增 430 亿元③，除贷款需求持续萎缩影响显现外，也存在部分商业银行对收益偏低的个人住房贷款投放意愿有所下降的问题。在央行窗口指导下，三季度银行贷款投放意愿逐步恢复，贷款同比多增 90 多亿元④。四季度受政策调整、贷款利率下调等影响，房地产市场成交开始企稳，银行贷款投放力度继续加大，同比多增 270 多亿元⑤。

---

① 中国人民银行编《2014 年第四季度中国货币政策执行报告》。
② 中国人民银行编《2014 年第一季度中国货币政策执行报告》。
③ 中国人民银行编《2014 年第二季度中国货币政策执行报告》。
④ 根据《2014 年第三季度中国货币政策执行报告》中"个人住房贷款比年初增加 1.2 万亿元，同比基本持平"的内容推算。
⑤ 根据《2014 年第四季度中国货币政策执行报告》中"个人住房贷款比年初增加 1.6 万亿元，同比多增 368 亿元"的内容推算。

（二）利率先升后降

2014年，个人住房贷款利率呈现先升后降走势。前两个季度，利率加速上行，3月加权平均利率为6.70%，比上年12月上升0.17个百分点；6月加权平均利率为6.93%，比3月份上升0.23个百分点，升幅扩大0.06个百分点。进入三季度，利率上行周期趋于结束，8月利率上升至7.01%，达全年最高值，9月开始，贷款加权平均利率回落，环比下降0.05个百分点至6.96%。四季度，受政策放松和利率下调影响，贷款加权利率大幅回落，12月份加权平均利率为6.25%，比9月下降0.71个百分点，同比下降0.28个百分点。

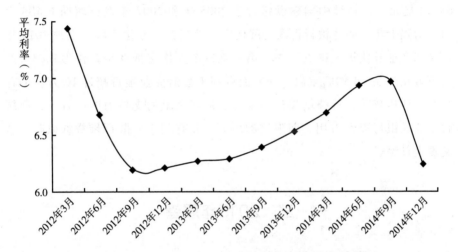

图2　2012~2014年个人住房贷款加权平均利率情况

数据来源：中国人民银行。

（三）不良率小幅上升

由于我国个人住房贷款首付款比例较高，房地产价格调整总体幅度不大，且居民收入尚处于上升通道，借款人违约、弃贷的可能性较小，业务风险仍处于较低的水平。截至2014年末，全国金融机构个人住房贷款整体不良贷款率为0.29%，比上年末上升0.03个百分点，不良率保持低位，较银行业贷款不良率低0.96个百分点。个人住房贷款风险暴露主要集中在三季度，单季不良

率即上升 0.03 个百分点。不良形成的主要原因，一是受经济增速放缓影响，部分行业步入下行周期，部分区域民间借贷资金链条断裂，导致一些按揭客户收入明显下滑，贷款信用风险上升；二是部分地区房地产库存去化速度放缓，开发商回款速度减慢，资金链紧张，导致在建项目工程进度异常，甚至出现烂尾，从而引发购房人集中断供。

（四）资产证券化重启

2014 年 7 月 22 日，中国邮政储蓄银行在全国银行间债券市场发行"邮元 2014 年第一期个人住房贷款支持证券化产品（RMBS）"，发行规模68.14 亿元。这是继中国建设银行于 2005 年和 2007 年发行两期 RMBS 之后，时隔七年，商业银行再次开展住房抵押贷款证券化实践，也是 2013 年信贷资产证券化扩大试点以来，第一笔以个人住房抵押贷款作为基础资产的证券化产品。RMBS 重启，一方面有利于盘活商业银行超过 10 万亿的存量个人住房贷款，持续增强住房金融、消费金融的支持力度；另一方面缓解了商业银行资本占用、期限错配压力，并有利于分散存量贷款风险，意义重大且深远。

三　2015 年展望

（一）政策有望继续放松

当前，库存高企、销售回落是房地产市场面临的主要问题。截至 2014 年末，全国商品住宅待售面积上升至 40684 万平方米，同比增 25.6%[①]，住宅施工面积仍以 5.9% 的速度增长，而销售面积同比下滑 9.1%，照此趋势，预计2015 年待售面积仍将持续上升。10 月 29 日，李克强总理主持召开国务院常务会议，重提"稳定住房消费"，这是继 2009 年提出"稳定住房、汽车等大宗消费"后，相关表述再次出现在国务院常务会议的纪要当中。因此，鼓励满足居民合理购房需求将成为未来房地产调控政策的主要内容。预计 2015 年差

---

① 国家统计局编《2014 年全国房地产开发和销售情况》。

别化住房信贷政策将继续宽松，具体而言，二套房贷最低首付款比例和利率浮动幅度下调的可能性较大。

（二）房贷保持平稳增长

从信贷需求面看，2014 年由于房地产调控政策放松，实际融资成本触顶下行，一、二线城市的房地产交易已显露出企稳迹象，考虑到当前城镇化进程仍具有较大空间，购房适龄人口在未来一段时间仍将处于高位，随着政策持续放松，部分刚性和改善性需求将逐步回归市场，贷款需求将上升。

从信贷供给面看，根据人民银行《2014 年第四季度中国货币政策执行报告》，2015 年央行将继续实施稳健的货币政策，更加注重松紧适度，为经济结构调整与转型升级营造中性适度的货币金融环境，由此推测，2015 年新增贷款总规模较为宽松。在宏观经济下行压力加大的背景下，商业银行将继续加大低风险个人住房贷款的投放力度。因此，在供需均有所恢复的形势下，2015年个人住房贷款有望实现同比多增。

（三）利率水平延续下行

为解决实体经济反映的"融资难、融资贵"问题，中国人民银行 2014 年下调了贷款基准利率。结合未来经济增长、物价等变化趋势，2015 年央行进一步降息、降准的可能性较大。同时，随着差别化住房信贷政策进一步放松，贷款利率平均浮动幅度有望逐步下行。因此，预计 2015 年新发放个人住房贷款加权利率总体将延续下行趋势。

（四）RMBS 发行活跃

自 2005 年信贷资产证券化启动试点以来，仅建设银行和邮储银行发行过 3 期 RMBS，累计金额 139.92 亿元，约占全部已发行信贷资产证券化产品规模的 5%，远低于个人住房贷款占各项贷款的比例，表明此前商业银行将个人住房贷款证券化的意愿不强。

然而，随着经营环境的变化，银行发行 RMBS 的意愿正逐步上升。一是在存款理财化趋势下，银行资产负债表中，负债端不稳定性上升，导致资产端对长久期的贷款配置意愿降低，需要将贷款出表，解决期限错配问题。二是银行

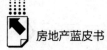

吸收存款的成本和难度不断提高，贷款投放能力有所下降，需要借助 RMBS 转变经营模式，将利差收入转换为中间业务收入。三是 2014 年以来，房地产市场持续调整，房价下跌的城市范围逐步扩大，房贷业务区域性风险甚至系统性风险的防控压力增大，有必要借助 RMBS 分散相关风险。此外，随着监管部门信贷资产证券化备案登记工作流程的落地，RMBS 发行周期将进一步缩短，加之人民银行对 RMBS 业务的支持表态，预计 2015 年 RMBS 发行规模将快速增长。

2014年房地产企业存在的问题及2015年发展趋势

卢世雄　郑云峰*

摘　要： 面对2014年商品房市场下行的状况，房地产企业发展出现如下问题：多数房地产企业完成销售业绩低于预期；房地产开发投资完成额增长率下降；房地产开发企业土地获取规模下降；房地产开发企业融资成本明显提高；中小房地产企业经营压力增大，部分房地产企业毗邻倒闭的边缘。预计2015年，房地产企业投资趋势下降，融资渠道出现分化；多元化寻求技术变革，行业资源整合趋势明显；保险企业采取多种方式与房地产企业展开合作；一、二线城市的优质地块将成为下一阶段房地产企业角逐的重点；品牌开发企业尝试投资非房地产业务。

关键词： 房地产企业　销售业绩　经营压力

过去的一年世界经济形势依然不容乐观，据世界银行推定，2014年世界经济GDP增长率为2.6%，较2013年[①]下降了0.3个百分点，继续呈现下行趋势。受此影响，2014年我国GDP增长率为7.4%，创近24年新低。

2014年初的两会政府报告表明，中央政府希望通过推进以人为本的城镇化解决当前我国城镇化发展中人户分离严重、土地利用效率低下、区域发展不平衡等问

---

* 卢世雄，房地产经济学硕士，毕业于中国人民大学公共管理学院土地管理系，远洋地产有限公司集团投资部投资总监；郑云峰，区域经济学硕士，毕业于暨南大学经济学院，远洋地产有限公司集团投资部投资经理。
① 国际货币基金组织：《世界经济展望》，2013年10月，第2页。

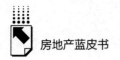

题。"9·30新政"①再启"认贷不认房"的界定标准，这在一定程度上刺激了改善性需求。截至四季度，原先46个限购城市中有41个解除了限购，改善户型成交占比出现缓慢抬升的趋势。10月底，在北京召开的国务院常务会议，提出推进六大领域消费②，引人关注的是时隔五年国务院常务会议再次提出"稳定住房消费"。12月召开的中央经济工作会议并未出现"房地产、保障性住房、商品住房"等字眼，这表明中央已经将房地产市场行情的变化列入常态经济现象中，不再完全依靠政策性调控，而是以经济手段取代行政手段。

与2013年商品房市场火热行情形成对比的是，2014年则出现了下行趋势，各级政府频频出手调控，因此整体来看，"松绑"取代了"严厉"成为2014年国家对房地产行业调控的总基调。在这种背景下，房地产企业发展在2014年暴露出的问题，未来一年又会呈现的发展趋势，成为社会各界广泛关注的焦点。

一　2014年房地产企业存在的主要问题

（一）多数房地产企业销售业绩下降，完成低于预期

受房地产市场波动的影响，仅有万科、恒大、绿城等少数房地产开发企业依靠自身品牌实力取得了销售业绩增长率高于2013年的成绩，多数房地产企业在2014年的销售额增长率出现了显著下滑，相当一部分房地产企业的销售额增长率在10%以下（见图1）。

鉴于2014年房地产市场总体需求下降和产品去化放缓的形势，上市房地产企业为了完成年初对外披露的销售目标，牺牲了部分毛利以加快去化速度。与此同时，土地成本持续上涨、行业平均三费（即销售费用、管理费用和财务费用）的占比趋势上升③，这些因素导致上市房地产企业利润被摊薄，利润

---

① "9·30新政"：对拥有一套住房并已结清购房贷款的家庭，再次申请贷款购买普通商品住房，银行业金融机构执行首套房贷款政策。

② "六大领域消费"：一是扩大移动互联网、物联网等信息消费；二是促进绿色消费，推广节能产品；三是稳定住房消费；四是升级旅游休闲消费；五是提升教育文体消费；六是鼓励养老健康家政消费。

③ 世联研究数据表明：2014年前三季度较2013年全年A股上市房地产企业销售费用占比上升0.37个百分点，管理费用上升1.04个百分点，财务费用上升1.05个百分点。

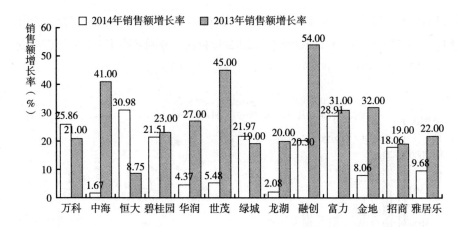

图1　2013年与2014年部分品牌开发企业的销售额增长率比较

数据来源：根据各企业统计公报整理。

率下降，2014年3季度较2013年3季度的毛利率下降2.4个百分点、净利率下降2.5个百分点（见图2）。

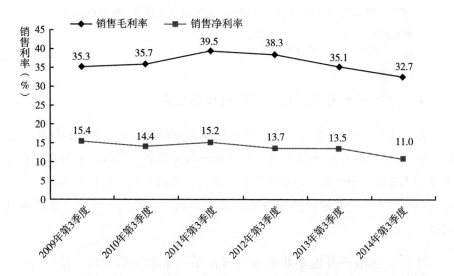

图2　A股上市2009第3季度至2014第3季度房地产企业毛利率和净利率水平

数据来源：Wind，世联研究。

2014年，多数品牌开发企业完成销售业绩低于年初制定的销售目标。2014年，绿城、恒大的销售金额完成率较高，分别达到了122.15%、119.55%，行业

中排名较高。当年目标完成的房地产企业相比上年的完成率也有所下降，中海、碧桂园、融创、招商的目标完成率与2013年相比，分别下降了24.22个百分点、0.47个百分点、20.77个百分点、6个百分点（见图3）。

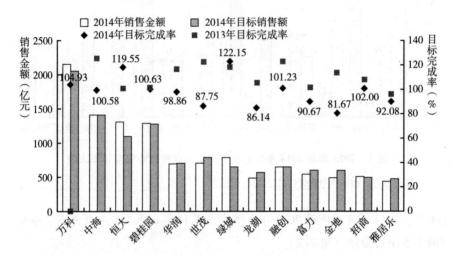

图3 2013年与2014年部分品牌开发企业销售金额及目标完成率比较

数据来源：根据各企业统计公报整理。

注：万科2013年目标完成率未知。

（二）房地产开发投资完成额增长率下降

截至2014年末，全国房地产开发投资完成额为9.7万亿元，同比增长12.79%，增长率为14年中最低。受房地产行业调整的影响，开发企业投资节奏趋于谨慎，力度较之前有所下降。银行、私募基金、信托等金融机构因担心中小房地产企业的债偿能力及产品去化能力，收紧了开发企业的融资渠道。

（三）房地产开发企业拿地态度慎重，土地获取规模下降

2014年，12家代表性品牌房地产企业土地获取总建筑面积6899万平方米，同比减少45.68%，土地获取支付的总金额为3221亿元，同比下降31.13%。品牌房地产企业中，仅有华润、招商土地获取金额及面积均同比上升（见表1）。

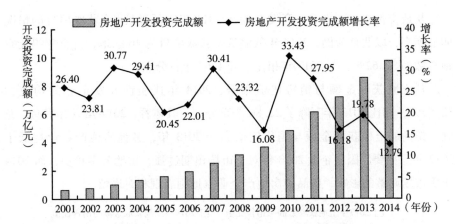

图4 2001～2014年房地产开发投资完成额增长情况

数据来源：国家统计局。

表1 2014年品牌房地产企业新增土地储备

单位：万平方米，%，亿元

企 业	建筑面积	建筑面积同比	土储金额	土储金额同比
万 科	1052	-67.32	513	-50.22
保 利	1163	-37	399	-30.74
中 海	1145	-28.98	442	-9.52
华 润	882	94.17	434	72.88
世 贸	532	-36.94	142	-65.40
绿 城	335	-0.07	257	-14.66
龙 湖	279	-39.25	212	25.11
融 创	339	-51.90	295	-45.19
富 力	151	-86.12	41	-89.43
金 地	265	-64.27	146	-49.79
招 商	685	25.5	330	41.42
雅居乐	71	-91.58	9	-93.17

数据来源：各企业公告、中指数据库CREIS。

整体看，2014年土地市场出现了"U形"形态，即两头高中间低，一季度开发企业拿地延续了2013年的热情，二季度开始土地市场转冷拿地趋于谨慎，"9·30新政"后商品房市场信心恢复，土地市场交易热度也随之回升。

从成交价格层面来看，开发企业在 2014 年以低溢价①率获取项目的情况明显增多，以北京为例，2014 年低溢价率获取项目为 46 宗地，占全年出让宗地总数的 32.62%，与 2013 年相比上升 4.62 个百分点。

从土地获取金额与销售比值来看，2014 年代表性开发企业的均值为32.66%，相比 2013 年下降了 22.86 个百分点。具体看，2014 年只有华润、龙湖、招商的土地获取金额与销售比值高于 2013 年，其他房地产企业均低于2013 年。主要原因是企业 2013 年对于市场预期过强，拿地节奏较快，而 2014年受市场调整的影响，各品牌房地产企业拿地则表现相对谨慎。

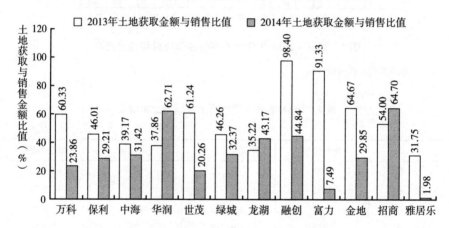

图5 2013 年与 2014 年土地获取金额与销售比值

数据来源：各企业公告整理。

（四）房地产开发企业融资成本明显提高

2014 年房地产整体市场行情回落，开发企业的融资成本、难度都有所提高。据中国投资咨询网披露，2013 年房地产信托平均融资成本为 8% ~ 9%，与之形成对比，2014 年的平均融资成本为 12% ~ 13%，上升 33% ~ 62.5%。

部分开发企业依然选择 IPO 上市的方式进行融资，2014 年的 IPO 上市开发企业数量为 10 家，比 2013 年多 3 家②。从上市企业规模来看，2014 年 IPO

---

① 低溢价率在本文表示区间在［0，20%］的溢价率。
② 郑云峰、卢世雄：《2013 年房地产企业问题研究及 2014 年走势》，载魏后凯、李景国主编《中国房地产发展报告 No.11》，社会科学文献出版社，2014，第 101 ~ 111 页。

上市有规模较小的房地产企业，也有万达等品牌房地产企业，融资规模较上年也有明显提升（见表2）。

表2　2014年全年IPO房地产企业列表

单位：亿港元

股票代码	企业名称	上市地点	借壳公司	上市时间	拟融资额
01622	力高地产	香港	—	2014 – 1 – 30	9.2
02608	阳光100置业	香港	—	2014 – 2 – 22	23
02255	海昌控股	香港	—	2014 – 3 – 13	21.8 ~ 26.8
00798	光谷联合	香港	—	2014 – 3 – 28	8.3
01778	彩生活	香港	—	2014 – 6 – 16	8.48
03639	亿达地产	香港	—	2014 – 6 – 27	13.34 ~ 16.82
06139	金茂投资	香港	—	2014 – 7 – 2	35.31
02329	国瑞置业	香港	—	2014 – 7 – 7	16
01321	中国新城市	香港	—	2014 – 7 – 10	6.08
300168	万达	香港	—	2014 – 12 – 23	288

除IPO途径上市外，还有一些企业通过借壳上市融资。绿景地产以逾9亿元收购新泽控股64.83%股权，并根据收购守则规定，向新泽控股提出全面收购，每股收购要约作价现金1.1元。青建发展有限公司将以5.4亿港元收购新利控股已发行股本的75%，每股作价2.4港元。金丰投资以全部资产及负债与上海地产集团持有的绿地集团等额价值的股权进行置换，拟置出资产由上海地产集团或其指定的第三方主体承接。蓝光和骏存续公司100%股权预估值由90.22亿元降至79.05亿元，配套募资总额由不超过30.07亿元降为26.35亿元。RH能源以3.79亿新元，配售5.4927亿股，每股0.69新元，外加2000万新元现金，收购中锐集团旗下的中锐地产，反向收购后，中锐地产完成借壳上市（见表3）。

表3　2014年借壳上市房地产企业列表

股票代码	企业名称	上市地点	壳公司	上市时间
000502	绿景地产	香港	新泽控股	2014 – 2 – 14
01240	青建发展	香港	新利控股	2014 – 2 – 17
600606	绿地集团	国内	金丰投资	2014 – 3 – 17
600466	蓝光地产	国内	迪康药业	2014 – 6 – 5
AWS	中锐地产	新加坡	RH能源	2014 – 8 – 6

需要引起注意的是，2014 年 10 月 29 日美国结束了维持两年之久的第三轮量化宽松政策，受此影响，海外融资成本预期将有攀升，或将影响到房地产企业海外融资的积极性。

（五）中小型开发企业经营压力增大，部分房地产企业毗邻倒闭的边缘

融资渠道单一化、销售回款不力，是中小房地产企业不断面临经营危机的主要原因。宁波、无锡、襄阳、神木等三四线城市已有多家中小房地产企业资金链断裂，陷入破产危机，老板跑路、烂尾楼现象频出。公司破产使得市场上出现了股权收并购及项目资产收购机会，房地产市场重新洗牌，一些优质项目资源值得品牌房地产企业的关注。

二　2015年房地产企业发展趋势

（一）房地产企业投资下降趋势明显，融资渠道出现分化

2014 年上半年，商品住宅市场持续低迷，以北京为例，6 月份商品住宅库存 85897 套，较 5 月增长 1.70%，去化周期拉长；成交量同比环比双双下跌，世联行统计，6 月二手住宅成交 6464 套，环比下降 6.71%，同比下降 29.98%。商品房销售金额一般领先于房地产开发资金来源 3 ~ 5 个月，而后者通常会领先房地产开发投资 3 个月。受"9·30 新政"、降息等利好因素影响，2014 年四季度商品住宅销售出现好转，2015 年上半年销售增速会有显著提高。因此预计 2015 年上半年房地产企业投资将呈现下降趋势，下半年企稳回升。

2014 年底及 2015 年初规模房地产企业融资频繁。12 月中旬，保利地产注册发行金额为 150 亿元的中期票据，招商地产的 50 亿中期票据、万科的 18 亿中期票据以及金融街的 52 亿中期票据均获发行，2015 年 1 月底远洋地产发行 12 亿美元的双年期高级债券。品牌开发企业获得融资后，缓解了资金压力，债务分布也愈加均匀。中小房地产企业受制于企业规模有限，获得融资难度依然较大，未来企业的发展将进一步受限。

（二）房地产开发企业多元化寻求技术变革，行业资源整合趋势明显

面临销售业绩及资金周转的双重压力，"去库存"成为诸多开发企业的2014年工作重点。借助互联网、金融等其他行业的平台优势，房地产行业出现了一系列的创新举措（见表4）。目前，创新模式多为去化库存的"噱头"，真正的产品设计和服务创新不多，但是随着移动互联渠道和平台作用的不断凸显，房地产与其他行业的合作机会越来越多，行业资源的整合趋势也愈来愈显著。

表4 2014年房地产企业创新举措一览

创新方向	创新内容	典型案例
渠道创新	电商合作	万科与淘宝合作推出"淘宝账单抵扣房款"活动
		碧桂园与淘宝、京东合作，将其房源信息植入淘宝网和京东等电商平台
	全民营销	方兴地产联合新浪乐居等互联网平台推出"双11光盘节"促销活动
		万科推出"万客通"营销APP，并提出"全民经纪人"的概念
金融创新	众筹卖房	远洋地产联合京东金融推出"11元筹1.1折房"活动
		万科联手搜房推出房产众筹，拿出6折房源进行众筹金招募及房屋竞拍
	垫首付、贴息	绿地、世茂、金地、越秀等房地产企业携手平安好房，推出好房贷、好房宝等跨界产品
产品创新	自由筑屋	万通地产推出"自由筑屋"线上平台，用户可提前参与目标产品的设计互动，实现"住房私人订制"
服务创新	社区服务智能化	万科住宅全面覆盖APP"住这儿"，将原来PC端的业务内容移植到移动端，方便物业和业主沟通
		世贸集团发布"2014宅行动"计划，针对业主居住、生活要求，提供置业、理财、健康等一站式解决方案
		龙湖发布"物业服务职能化系统平台"，借鉴云计算，将物业服务和产品信息通过网站、APP传递给业主
	"云商务"服务	中海商业地产推出"云商务"服务体系计划，该体系涵盖集采、商旅、融资等企业需求，以及餐饮、社交等员工日程事宜
	智能购物中心	万科与百度联手打造首个智能购物中心——北京金隅万科广场，顾客可在手机上查询金隅万科广场的实时信息，并借助"大数据"技术，为顾客提供定制服务
	旅游地产"交换入住"	万科与度假公寓平台"途家"合作，通过"管家"、"托管"、"交换入住"方式，实现职业者与旅游者随时入住或交换入住

数据来源：世联研究，公开信息。

未来房地产开发企业不断强化电商、自媒体等新兴营销技术及平台的研发与运用，抓住重要营销节点，围绕"众筹"、"全民营销"等开展多样化的促销手段，促进销售表现。以技术创新作为转型突破口，各品牌开发企业对其物业下的客户进行进一步深度挖掘，制定科学的营销策略，为实现精准营销、撬动新的商业价值奠定基础。房地产开发企业在围绕营销手段进行改进的同时，将更加关注"青年之家"及"中年成熟"两类群体，建立"刚需、改善"两大产品系列标准体系，并且围绕"高品质物业管理"、"社区留存资产经营"及"城市生活创新增值服务"三个核心为消费者提供高品质服务。

（三）保险企业以多种方式与房地产企业展开合作

2014 年，保险企业以多种方式同房地产企业展开了合作。12 月，安邦保险增持金地集团股份，持有股份比例为 20%，与生命人寿一并成为金地集团前两大股东。万科的三季报显示，安邦人寿旗下的稳健型投资组合产品于当季度增持万科 A 股，持股数量达到 2.35 亿股，占总股本比例为 2.13%，成为万科第四大股东。Wind 数据显示，2014 年以来，A 股与 H 股上市房地产企业的前十大股东名单中，出现了险资身影的地产公司共有 28 家。其中，中国人寿保险成为 8 家房地产企业前十大股东，中国人保寿险成为 5 家房地产企业前十大股东，为保险企业中进驻地产最多的两家。

2014 年下半年以来，平安不动产在多城市参与地块竞买获取资源。11 月，平安不动产旗下企业深圳联新投资 24.1 亿元获得广州华美牛奶厂两宗住宅用地；12 月，平安不动产联合金地、朗诗以 26.8 亿元获取上海宝山项目，进入上海市场。2015 年 1 月，平安不动产与华润、招商、永同昌联合体以 86.9 亿元获取北京丰台区亚林西两宗居住用地；同月，平安不动产与华润、首开组成联合体以总价 86.25 亿元获取北京丰台区白盆窑地块，刷新北京地王。

房地产是资金密集型企业，保险机构的优势恰恰是拥有庞大的低成本资金，两种行业的深度合作将是未来的趋势。值得注意的是，目前房地产企业与保险企业的合作更多是停留在财务投资层面，未来在项目开发层面尚存合作空间。

（四）房地产开发企业选择土地投资区域更加慎重，优质地块成为角逐重点

2014年下半年开始，品牌开发企业土地获取集中在一线及二线重点城市的优质地块资源。受降息、解除限购等利好信息影响，品牌开发企业投资热情得到有效提振，但是相比以往，整体土地投资态度更趋理性、谨慎。2014年9月底成交的北京石景山刘娘府项目，项目体量适中、低密规划，自然景观优越，吸引了8家开发企业及联合体报名竞买，经过80余轮的竞价得以成交，溢价率达到49.3%。2014年11月初，成交的广州华美牛奶厂七宗地，因低密度规划、地势起伏的优质条件，共吸引了8家开发企业参与竞买，溢价率最高的一宗地达到40.5%。

预计2015年房地产开发企业对于土地投资将更趋于理性，一线及二线重点城市优质地块的竞争将日趋激烈。除此之外，一些大型品牌开发企业把目光瞄向了印度、越南等具有发展潜力的国家，提前布局这些区域房地产市场。

（五）品牌开发企业谋求产业整合与变革，尝试投资非房地产业务

除投资房地产外，部分品牌开发企业尝试其他产业的投资。2014年9月，恒大粮油集团、恒大乳业集团、恒大畜牧集团相继成立，至此恒大集团投资业务覆盖地产、文化旅游、快销、农业、乳业、畜牧业及体育等领域。2015年1月，绿地集团投资600亿元建设南京、重庆地铁，这是继2014年12月投资徐州地铁后再次布局地铁建设。

还有一部分品牌房地产开发企业采取依托地产进军其他行业的策略。截至2014年末，万达院线依托万达广场在全国80余个城市拥有已开业的影院150家，2015年正式登陆A股，成为中国院线第一股。万通董事长冯仑曾表示，万通集团正把目光瞄准医疗地产，未来将尝试发展中高端医院。

随着房地产"黄金十年"的逝去，"白银时代"的到来，越来越多的品牌开发企业开始尝试其他行业的投资，为自身企业未来转型积累经验。

B.7
2014年住宅市场形势分析及
2015年预测

刘琳　任荣荣*

摘　要：　2014年住宅市场呈现全面调整态势。商品住宅施工面积增幅
减小，新开工面积负增长；商品住宅投资增速自年初明显回
落，创1998年以来的历史新低；商品住宅销售面积下降，
月度累计降幅呈扩大趋势；70大中城市新建住宅价格连续8
个月下降，降幅超过2008年和2011年的两次市场调整；各
季度居住用地价格均表现为环比上涨，4季度涨幅有所上升。
预计2015年住宅销售面积继续减少，住宅开发投资增速继
续下降，住宅价格呈现稳中有降的可能性较大。

关键词：　住宅市场　商品住宅

* 刘琳，国家发展与改革委员会投资研究所研究员，研究方向为房地产经济学；任荣荣，国家
发展与改革委员会投资研究所副研究员，研究方向为房地产经济学。

一　宏观背景

（一）2014年我国经济增速放缓，价格水平涨幅较低

金融危机后，我国经济增速自 2010 年第 1 季度开始持续回落，2010～2013 年 GDP 增长率分别为 10.4%、9.3%、7.7% 和 7.7%。初步核算，2014年国内生产总值636463 亿元，按可比价格计算，比上年增长 7.4%，增速下降0.3 个百分点。分季度看，1 季度同比增长 7.4%，2 季度增长 7.5%，3 季度增长 7.3%，4 季度增长 7.3%。伴随着经济增长放缓，城镇居民收入增幅减缓。2014 年城镇居民人均可支配收入 28844 元，比上年增长 9.0%，扣除价格因素实际增长 6.8%。分季度看，1～4 季度城镇居民人均可支配收入分别增长7.2%、7.1%、6.9% 和 6%。

价格水平涨幅较低。2014 年居民消费价格同比上涨 2%，1～4 季度 CPI 分别同比增长 2.3%、2.2%、2% 和 1.5%，物价涨幅较低。全年工业生产者出厂价格比上年下降 1.9%，已连续 33 个月同比下降。

（二）2014年宏观调控政策稳增长促改革，继续实施积极的财政政策和稳健的货币政策

2014 年政府工作报告提出，坚持稳中求进工作总基调，把改革创新贯穿于经济社会发展各个领域各个环节。继续实施积极的财政政策和稳健的货币政策。积极的财政政策致力于优化财政支出结构，进一步完善有利于结构调整的税收政策，切实防控财政风险。稳健的货币政策保持适度流动性，根据经济形势的变化，央行上半年两次定向降存准，并从 3 季度开始适度放松流动性，11月 22 日央行实施 30 多个月以来的首次非对称降息。

2014 年货币信贷增势平稳。12 月末，广义货币（M2）余额 122.84 万亿元，比上年末增长 12.2%，增速回落 1.4 个百分点。社会融资规模为 16.46 万亿元，比上年减少 8596 亿元；新增人民币贷款 9.78 万亿元，比上年多增 8900亿元，下半年新增人民币贷款增速高于上半年。

（三）2014年房地产调控政策去行政化，大力推进棚户区改造

2014 年 5 月以来，各地方政府逐步取消"限购"政策，目前仅一线城市和三亚还保留限购政策。9 月 30 日，央行发布《中国银行业监督管理委员会关于进一步做好住房金融服务工作的通知》（银发〔2014〕287 号），全面放松限贷。除此之外，部分省、市出台促进房地产市场持续健康发展的支持政策。

大力推进棚户区改造。2014 年 4 月国务院常务会议确定，由国家开发银行成立专门机构，实行单独核算，采取市场化方式发行住宅金融专项债券，向邮储等金融机构和其他投资者筹资，鼓励商业银行、社保基金、保险机构等积极参与，重点用于支持棚改及城市基础设施等相关工程建设。7 月，国开行成立住房金融事业部，央行为国开行增加棚改资金至 10000 亿元。8 月 4 日，国务院办公厅印发《关于进一步加强棚户区改造工作的通知》，部署有效解决棚户区改造中的困难和问题，改造约 1 亿人居住的城镇棚户区和城中村；力争超额完成 2014 年目标任务，并提前谋划 2015～2017 年棚户区改造工作。

二 2014年住宅市场运行状况

（一）商品住宅施工面积增幅减小，新开工面积负增长

1998～2013 年，商品住宅各项建设指标总体呈现较快的增加态势，施工、新开工和竣工面积的年均增幅分别为 18.9%、15.6% 和 12.1%。其中，商品住宅新开工面积在 2010 年出现 40% 的大幅增加，新开工量接近 13 亿平方米，2011～2013 年商品住宅年度新开工量均在 13 亿平方米以上。

2014 年全年，商品住宅施工面积、新开工面积和竣工面积分别为 51.51 亿平方米、12.49 亿平方米和 8.09 亿平方米，分别比上年增加 5.9%、−14.4% 和 2.7%。其中，施工面积增幅比上年减少 7.5 个百分点，增幅为 1998 年以来的最低水平；新开工面积由上年 11.6% 的增幅转为负增长，减幅高于 2012 年，为 1998 年以来的年度最大减幅；受上年商品住宅销售面积较快增长的影响，2014 年商品住宅竣工面积增幅比上年增加 3.1 个百分点。

从2014年商品住宅各项建设指标的月度变化来看，住宅施工面积增幅逐步回落，由年初的13.5%降至全年的5.9%，减少7.6个百分点；住宅新开面积持续负增长，减幅高位收窄，由年初的29.6%减少至14.4%，减幅处于历史同期最高水平；住宅竣工面积自2季度以来至年底持续同比增加。如图1所示。

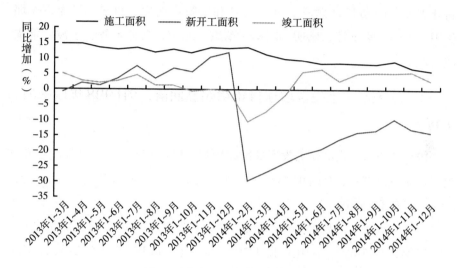

图1 商品住宅各项建设指标变化

数据来源：国家统计局。

东中西地区①住宅新开工面积均为负增长，中部和西部地区减幅较大。2014年，东部、中部和西部地区商品住宅新开工面积同比变化均由上年10%以上的增幅转为负增长，分别减少13.4%、15.3%和15.2%，中部和西部地区减幅较大。除天津、河北、山西、广西、四川、西藏6个地区外，其余地区商品住宅新开工面积均为负增长。

一、二、三四线城市②商品住宅新开工面积均为负增长，三四线城市减幅

---

① 东部地区：北京、天津、河北、辽宁、上海、江苏、浙江、福建、山东、广东、海南；中部地区：山西、吉林、黑龙江、安徽、江西、河南、湖北、湖南；西部地区：内蒙古、广西、重庆、四川、贵州、云南、西藏、陕西、甘肃、青海、宁夏、新疆。

② 一线城市为北京、上海、深圳、广州（4个）；二线城市为宁波、天津、南京、苏州、杭州、重庆、无锡、温州、济南、青岛、呼和浩特、沈阳、大连、厦门、武汉、长沙、成都、石家庄、太原、长春、哈尔滨、福州、郑州、南宁、昆明、西安（26个）；三四线城市为除上述一二线以外的其他城市。

最大。2014年，一线、二线和三四线城市商品住宅新开工面积分别由上年19.0%、12.8%和10.7%的增幅转为负增长，三四线城市减幅最大。

70%的重点城市商品住宅新开工面积负增长。2014年全年，40重点城市中，有28个城市商品住宅新开工面积同比负增长，其中，16个城市住宅新开工面积减幅超过20%，分别是呼和浩特、贵阳、西宁、三亚、深圳、沈阳、大连、哈尔滨、昆明、南昌、南京、北京、乌鲁木齐、宁波、重庆、厦门。

（二）商品住宅投资增速自年初明显回落，创1998年以来的历史新低

1998年以来，商品住宅投资额持续增加。1998～2013年，商品住宅年均投资增速约为25%，其间在2009年和2012年，投资增速出现明显下滑，分别降至14.2%和11.4%。

2014年以来，商品住宅投资增速自年初逐步回落，1～12月，商品住宅完成投资64352.15亿元，同比增长9.2%，增速比年初下降9.2个百分点，比上年同期下降10.2个百分点。2014年商品住宅投资增速为1998年以来的历史最低水平。如图2所示。

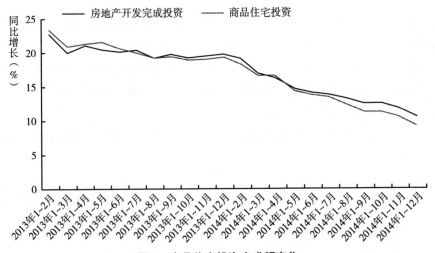

图2 商品住宅投资完成额变化

数据来源：国家统计局。

东中西地区商品住宅投资增速均明显回落，西部地区降幅最大。2014年，东部、中部和西部地区商品住宅投资分别为35477.24亿元、14551.87亿元、14323.04亿元，分别增长8.5%、9.7%、10.3%，增速分别比上年下降9.8个、10.2个和11.5个百分点，西部地区投资增速下降幅度最大。

一、二、三四线城市商品住宅投资增速均回落，三四线城市下降幅度最大。2014年，一线、二线和三四线城市商品住宅投资分别增长8.5%、10.2%和8.6%，增速分别比上年下降2.9个、8.0个和13.0个百分点。三四线城市投资增速下降幅度最大。2014年全年，40重点城市中，有5个城市商品住宅投资负增长，分别是长春（-17.5%）、大连（-15.4%）、哈尔滨（-15.4%）、沈阳（-10.0%）和贵阳（-0.1%）。

从商品住宅投资结构来看，2014年，90平方米及以下住房投资在商品住宅投资中所占比重为31.6%，比上年下降1.4个百分点，该比重自2012年以来连续三年下降。2014年，90平方米及以下住房投资增速为4.6%，比全部商品住宅投资增速低4.6个百分点。2014年保障性住房建设任务全面完成，全国完成700万套以上的保障性住房开工建设，其中各类棚户区470万套以上，基本建成保障性住房480万套。

（三）商品住宅销售面积下降，月度累计降幅呈扩大趋势

2006～2013年，商品住宅销售面积总体呈增加态势，年均增速为11.1%，其间，受全球金融危机的影响，2008年商品住宅销售面积出现15.5%的下降。2013年，商品住宅销售面积达到11.57亿平方米，比上年增长17.5%。

2014年，商品住宅销售面积出现继2008年之后的再次下降。全年商品住宅销售面积10.52亿平方米，比上年下降9.1%。其中，现房销售面积2.37亿平方米，比上年下降8.1%；期房销售面积8.15亿平方米，比上年下降9.4%。从月度变化来看，2014年商品住宅销售面积持续负增长，且降幅呈扩大趋势，由年初1.2%的降幅扩大至1～12月的9.1%。如图3所示。

东中西部地区商品住宅销售面积均下降，东部地区降幅最大。2014年，东部、中部和西部地区商品住宅销售面积分别为47487.61万平方米、29957.40万平方米和27736.77万平方米，分别比上年下降14.7%、5.1%和

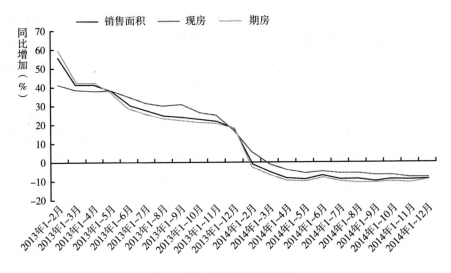

图3 商品住宅销售面积变化

数据来源：国家统计局。

2.6%，东部地区降幅最大。

一、二、三四线城市商品住宅销售面积均下降，一线城市降幅最大。2014年，一线、二线和三四线城市商品住宅销售面积分别比上年下降13.5%、7.8%和9.3%，一线城市降幅最大。从月度变化来看，一线城市9月份以来月度累计降幅持续收窄，二线城市月度累计降幅小幅收窄，三四线城市月度累计降幅呈扩大趋势。

近80%的重点城市住宅销售面积呈负增长。2014年全年，40重点城市中，有30个城市商品住宅销售面积比上年下降，其中，有6个城市降幅超过20%，分别是三亚（-45.1%）、大连（-39.2%）、沈阳（-33.5%）、贵阳（-31.1%）、福州（-26.1%）和哈尔滨（-25.0%）。

（四）70大中城市新建住宅价格连续8个月下降，降幅超过2008年和2011年的两次市场调整

以2010年为基期，2014年12月，70大中城市新建住宅价格平均上涨9.5%，其中，新建商品住宅价格平均上涨9.8%。从结构上看，90平方米及以下、90~144平方米、144平方米以上新建商品住宅价格分别上涨11.9%、

9.95%、7.1%，90平方米及以下住宅价格涨幅相对最高。

从价格的月度环比变化来看，70大中城市新建住宅价格自5月份以来持续下降，房价降幅明显超过2008年和2011年的两次市场调整，8月份价格单月下降幅度最大，9月份以来降幅收窄。从结构上看，1~12月，90平方米及以下、90~144平方米、144平方米以上新建商品住宅价格分别环比累计下降3.75%、4.09%、4.81%，144平方米以上住宅价格降幅最大。如图4所示。

从价格的月度同比变化来看，70大中城市新建住宅价格同比平均涨幅逐月回落，由1月份9.15%的涨幅回落至12月份4.25%的降幅，9月份以来房价同比持续下降。

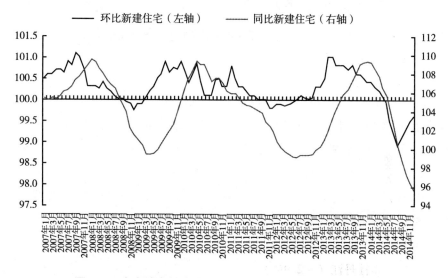

图4　70大中城市新建住宅与二手住宅价格环比、同比变化

数据来源：国家统计局。

三四线城市房价累计降幅最大。2014年5月份以来，一、二、三四线城市新建住宅价格环比变化均开始下降，价格降幅在8月份达到最大，9月份以来价格降幅收窄，一线城市收窄幅度大于二线和三四线城市。1~12月，一、二、三四线城市新建住宅价格环比累计降幅分别为3.10%、4.35%、4.41%，三四线城市房价累计降幅最大。如图5所示。

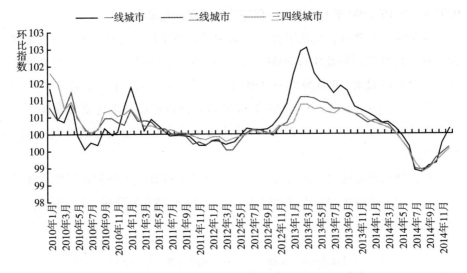

图5　一、二、三、四线城市新建住房价格环比变化

数据来源：国家统计局。

2014年1～12月，70个大中城市中，除厦门和郑州外，其余68个城市新建住宅价格均表现为环比累计下降，降幅最大的十个城市分别是杭州（-10.1%）、沈阳（-7.7%）、韶关（-7.5%）、桂林（-7.2%）、长沙（-6.6%）、泸州（-6.5%）、大连（-6.3%）、青岛（-6.3%）、丹东（-6.1%）和锦州（-5.9%）；价格降幅最小的十个城市分别是厦门（2.2%）、郑州（0.3%）、深圳（-1.3%）、合肥（-1.8%）、南京（-2.0%）、岳阳（-2.18%）、西宁（-2.3%）、贵阳（-2.6%）、北京（-2.7%）和牡丹江（-2.9%）。

（五）各季度居住用地价格均表现为环比上涨，4季度涨幅有所上升

2014年1～4季度，全国105个城市居住用地监测价格分别环比上涨2.11%、1.45%、0.42%、0.69%，4季度环比涨幅有所上升；分别同比上涨9.52%、9.14%、6.98%、4.85%，同比涨幅逐季回落，3季度地价涨幅回落幅度最大。如图6所示。

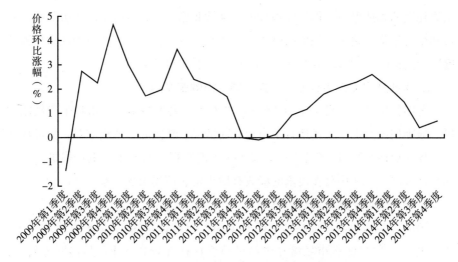

图6　全国105个城市居住用地价格环比涨幅变化

数据来源：国土资源部。

三　2015年住宅市场发展趋势

（一）主要影响因素

2015年商品住宅市场的发展趋势主要受宏观经济环境和住房市场存货消化情况的影响。

1. 经济增长仍处于减速周期

我国经济增长正在经历由高速向中高速换挡的过程，2014年1~4季度GDP增速分别为7.4%、7.5%、7.3%、7.3%，全年GDP增长7.4%，比上年低0.3个百分点。受周期性因素与结构性因素叠加的影响，预计2015年经济增长仍处于减速周期中。经济增长下行加大了住房市场复苏的难度。

2. 货币政策环境中性稳健

从当前的宏观环境来看，我国正处于前期政策消化期，有序"去杠杆"是宏观调控的一项重要内容，这预示着货币政策总体将保持中性稳健的环境。中央经济工作会议定调2015年"坚持宏观政策要稳、微观政策要活、社会政

策要托底的总体思路，保持宏观政策连续性和稳定性，继续实施积极的财政政策和稳健的货币政策。积极的财政政策要有力度，货币政策要更加注重松紧适度"。总体来看，2015 年货币政策环境不会比 2014 年收紧。

3. 房地产调控政策致力于保持市场平稳健康发展

全国住房城乡建设工作会议强调，"2015 年要保持房地产市场平稳健康发展。准确把握房地产市场运行中出现的新情况、新问题，积极应对，促进房地产市场平稳运行"。国务院常务会议将住房消费列为我国未来重点推进的六大消费领域之一，住房潜在需求的释放有助于防止市场出现大幅波动。

4. 市场仍处于库存消化过程中

2010 年以来，我国商品住宅新开工面积持续保持在 13 亿平方米的水平，使得 2011 年以来住房市场潜在供给量持续保持在较高水平。从国际比较看，我国城镇每千人住宅竣工量已处于较高水平，城镇住宅建设投资/GDP 已高于经验研究峰值。而从需求角度看，受人口结构的影响，中长期住房需求增长趋于放缓。这是 2014 年住房市场处于去库存调整的背景性原因。以北京、上海、广州、深圳、苏州、福州、泉州、惠州、南充、九江为代表的一线、二线和三四线城市，2014 年商品住宅可售面积均出现较大幅度增加，除北京外，其余城市可售面积均高于之前年份（2010～2013 年）的历史峰值。如图 7 所示。此外，上述城市以"年初商品住宅可售面积/过去两年商品住宅平均销售面积"衡量的 2015 年去库存时间均高于 2014 年。这表明 2015 年住房市场将仍处于库存消化过程中。

（二）发展趋势

综合上述影响因素，预计 2015 年商品住宅市场的发展趋势如下。

1. 住宅销售面积继续减少

在地方陆续放松限购、限贷调控政策以及降息等政策作用下，2014 年全年商品住宅销售面积仍出现 9.1% 的负增长，体现了住房需求增长的乏力。根据我们对中长期住房需求的分析，目前商品住宅销售面积仍高于均衡需求水平，在货币政策中性稳健的环境下，预计 2015 年住房销售面积将继续减少。

2. 住宅开发投资增速继续下降

2014 年房地产开发住宅投资同比增长 9.2%，增速比上年低 10.2 个百分

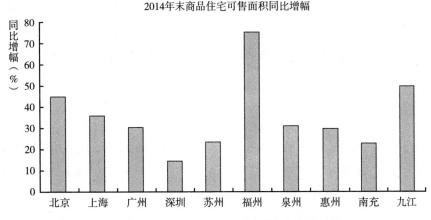

2014年末商品住宅可售面积同比增幅

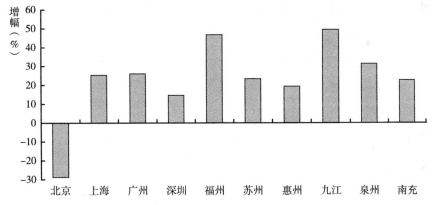

2014年末商品住宅可售面积比之前年份历史峰值的增幅

图7 代表城市商品住宅库存水平及变化

数据来源：CEIC 数据库。

点。这一增速得到2013年商品住宅销售面积较快增长和2014年棚户区改造力度较快增加的支撑。2014年商品住宅销售面积出现9.1%的负增长，2015年保障性安居工程建设任务与上年持平，这两大因素对投资增长的支撑作用消失。在去库存调整背景下，预计2015年住宅新开工面积将继续负增长，住宅开发投资增速将继续下降。

3. 住宅价格呈现稳中有降的可能性较大

综合市场供求两方面影响因素，在经济增长换挡放缓、住房市场去库存调整的背景下，预计2015年住宅价格呈现稳中有降的可能性较大。

B.8
2014年商业地产分析及2015年预测

李红玉　左娟娟*

摘　要：　相对于2013年商业地产回暖的发展趋势而言，2014年中国
商业地产的市场热度略有下降，表现出投资总额增速放缓、
开工面积增长率下滑、销售结构性差异加大、销售均价下
降、空置率较高等特征。空间发展方面，东中西部地区、各
省份之间商业地产发展不平衡。未来在面临社会总需求增速
放缓和电商冲击的大环境下，商业地产的发展依旧面临去存
量和同质化竞争等问题，而差异化、多业态经营将成为一种
新趋势。

关键词：　商业地产　多业态经营

近年，在楼市新政的影响下，部分资金陆续抽离住宅市场，流入商业地产
（"写字楼"和"商业营业用房"），商业地产投资增速高达30%左右；但2014
年在商业地产供大于求、电子商务快速发展的市场压力下，商业地产火热程度
明显降低，各项指标的增幅均表现出较为显著的降低态势。

一　2014年中国商业地产发展基本特征

近年来商业地产呈现快速发展的趋势，但是随着供求失衡状况的日益严

---

* 李红玉，中国社会科学院城市发展与环境研究所城市社会政策研究中心主任，副研究员；左
娟娟，北京交通大学经济管理学院硕士。

峻，2014 年商业地产市场热度显著降低，主要体现在投资总额增速减缓、新开工面积增长率大幅下降、销售结构性差异加大、商业地产均价转增为减、高空置率等五个方面。

（一）投资总额增速放缓

2014 年，中国商业地产投资额持续增长，商业地产投资总额达到 19987.44 亿元，其中商业营业用房投资额 14346.25 亿元，同比增长 20.1%，增速较上年放缓 7.2 个百分点；办公楼投资额 5641.19 亿元，同比增长 21.3%，增速较上年放缓 16.9 个百分点，但两者的增长率均远高于商品房投资额的平均增速（10.5%）。

商业营业用房投资方面，2003～2014 年经历了增长率急速下滑、增长速度大幅上升和波动性下降三个阶段。第一阶段为 2003～2006 年的急速下滑阶段，其间商业营业用房投资增长率从 39.5% 下落到 15.4%；第二阶段为 2006～2010 年商业营业用房的投资增长率快速上升阶段，由最低点 15.4% 提升至 35.1%；第三阶段为 2011 年至今，自 2011 年始，增长速度开始放缓，2012 年降至 25.4%，随后在 2013 年增长率出现了小幅上涨，但 2014 年商业营业用房的投资增长率并未延续 2013 年的上升趋势，反而转升为降，下降至 20.1%。

办公楼投资方面，在 2001～2007 年经历了增长率快速上升和波动性下降两个阶段后，自 2007 年开始，办公楼投资增长率进入快速上升阶段，由 2007 年的 11.5% 增至 2011 年的 41.6%，2012 年增长率又放缓为 31.6%；2013 年，办公楼投资增长率出现了较大幅度的上涨，升至 38.2%，但 2014 年增长率未延续 2013 年的上升趋势，下降至 21.3%。

通过与商品房整体投资增速进行比较，可将商业地产投资划分为三个阶段，分别是 2001～2003 年的商业地产投资增长率高于商品房投资增长率、2004～2009 年低于商品房投资增长率和 2009 年至今投资增长率高于商品房投资增长率。2009 年之后，受房地产政策调控影响，与住宅地产的投资受到抑制相比，商业地产的投资以相对较快的速度增长，其中办公楼投资增长率高于商业营业用房的增长率。

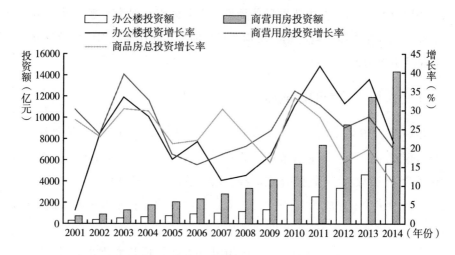

图1　商业地产完成投资情况（2001~2014）

资料来源：根据《中国统计年鉴（2014）》及国家统计局2014年相关数据整理。

（二）开工面积增长率大幅下降

商业地产新开工面积增长率经历了2013年的小幅度上升后，2014年又续接2012年的下降趋势。2014年，商业地产的新开工面积为32396.83万平方米，其中商业营业用房新开工面积25047.73万平方米，办公楼新开工面积7349.1万平方米，商业营业用房和办公楼的新开工面积增长率分别从2013年的17.7%、15.1%下降至2014年的–3.3%、6.7%，增长速度大幅下跌。

但是与房地产总体情况对比来看，商业地产的新开工情况依旧要好于商品房总体开工情况。图2显示，2014年，商品房总新开工面积快速下降，由2013年的13.5%下降为–10.7%，商业营业用房和办公楼的增长率均高于商品房新开工面积的增长率。

（三）销售结构差异性加大

继2013年办公楼和商业营业用房的销售面积和销售额增长率同比均出现了较大涨幅，商业地产销售情况结构性差异有所缓和之后，2014年商业地产的销售面积和销售额增长情况出现差异化，商业营业用房的销售较2013年呈

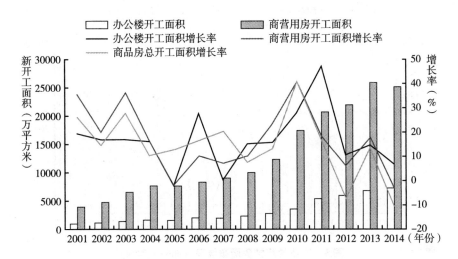

图2 商业地产新开工面积情况（2001~2014）

资料来源：根据《中国统计年鉴（2014）》及国家统计局2014年相关数据整理。

上升趋势，但办公楼的销售面积与销售额均出现下降。

从销售面积来看，2014年，商业营业用房销售面积有所增长，从2013年的8469.22万平方米增至2014年的9074.88万平方米，但同比增长率从2013年的9.2%下降到7.2%；相比而言，办公楼的销售面积则出现小幅下降，从2013年的2883.35万平方米降至2014年的2497.87万平方米，增长率也从2013年的28.0%下降到2014年的－13.4%。从与商品房总体的销售面积增长率对比来看，2014年商业营业用房销售面积的增长率高于商品房总体销售面积的增长率（－7.6%），而办公楼销售面积的增长率低于商品房总体销售面积的增长率。

从销售额来看，商业营业用房销售额从2013年的8280.48亿元上升至2014年的8905.9亿元，增长率为7.6%，其增速远低于2013年同比增长率（18.3%），但是高于同期商品房销售额平均同比增长率（－6.3%）；办公楼销售额由2013年的3747.35亿元下降至2014年的2944.22亿元，增长率为－21.4%，远低于2013年的同比增长率（35.12%），且低于同期商品房销售额平均同比增长率。

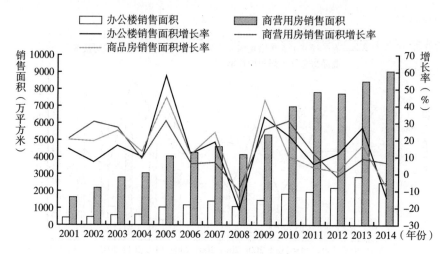

图3 商业地产销售面积情况（2001～2014）

资料来源：根据《中国统计年鉴（2014）》及国家统计局2014年相关数据整理。

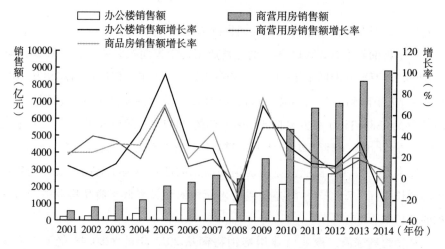

图4 商业地产销售额情况（2001～2014）

资料来源：根据《中国统计年鉴（2014）》及国家统计局2014年相关数据整理。

（四）销售均价转增为减

2014年，中国商业地产销售均价同比增长率下降。其中，商业营业用房平均销售价格从2013年的9777元/平方米上涨到2014年的9814元/平方米，同比增长 0.38%，远低于 2013 年 8.38% 的同比增长率，且低于 2014 年商品房整体销售均价的同比增长率（1.38%）。办公楼平均销售价格从 2013 年的 12997 元/平方米下降至 2014 年的 11787 元/平方米，同比增长率为 -9.31%。

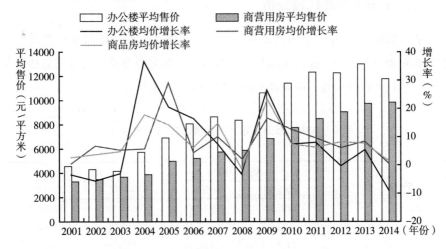

图 5　商业地产销售均价情况（2001~2014）

资料来源：根据《中国统计年鉴（2014）》及国家统计局 2014 年相关数据整理。

（五）供求失衡致使空置率较高

在政府对住宅市场执行了严格的调控政策之后，其发展空间逐年缩小，致使商业地产成为众多房地产企业的主要投资对象。尚未消化的存量和新增的供应量，使得中国商业地产供大于求的风险逐渐显现。此外，电子商务的迅猛发展再加之近年来我国社会消费的增长速度放慢，致使商业地产的客流量大幅下降，进而导致商业地产的高空置率。据统计，我国半数以上的大中城市人均商业面积已经处于饱和或过剩的状态。以长沙为例，戴德梁行提供的数据显示：2014 年长沙甲级写字楼的存量是 45.3 万平方米，空置率高达 36%。总而言之，去库存已经成为很多开发商需要解决的问题。

二　2014年中国商业地产发展的地区差异分析

本部分主要对中国商业地产在不同地区的发展情况进行比较分析，考察我

国商业地产发展的空间特征。通过比较分析各地区数据得出中国商业地产的区域特性：东中西部、省区、城市之间均表现出不同程度的差异性，集中度较高。

（一）东中西部比较分析

表1数据为2014年全国以及东、中、西部地区，办公楼和商业营业用房销售面积和竣工面积，这两项指标分别反映了各地区商业地产市场供给和需求情况。从表1数据来看，商业地产的空间特征主要表现在以下两方面。

表1 东中西部商业地产发展情况比较（2014年）

单位：万平方米

地区	销售面积		竣工面积	
	办公楼	商营用房	办公楼	商营用房
全国总计	2497.87	9074.88	3144.18	12084.08
增长率(%)	−13.37	7.15	12.72	11.35
东部地区总计	1415.71	3737.41	1993.36	5688.79
增长率(%)	−21.31	−6.51	3.15	12.91
占全国比重(%)	56.68	41.18	63.40	47.08
中部地区总计	501.96	2703.90	577.22	3353.05
增长率(%)	−14.89	12.81	25.69	3.42
占全国比重(%)	20.10	29.80	18.36	27.75
西部地区总计	580.20	2633.58	573.60	3042.23
增长率(%)	17.31	26.94	44.21	18.29
占全国比重(%)	23.23	29.02	18.24	25.18

资料来源：根据国家统计局2014年相关数据整理。

第一，就集中度而言，东部地区相对集中，尤其是办公楼的集中度更高。2014年东部地区办公楼销售面积、竣工面积分别占全国的56.68%和63.4%，与2013年的62.4%和69.28%相比，办公楼集中度有下降的趋势。2014年东部地区商业营业用房的销售面积和竣工面积分别占全国的41.18%和47.08%，2013年这两个指标是47.2%和46.43%。办公楼集中在东部地区、商业营业用房呈现分散化趋势，这与现代服务业在东部大城市集中以及中西部地区经济结构调整有密切关系。

第二，从增速来看，2014年东中西部地区商业地产的供求增长情况表现出较大差异。在办公楼方面，首先分析西部地区，2013 年西部地区办公楼销售面积同比增加 6.0%，竣工面积同比增加 10.03%，而 2014 年这两个指标的同比增长率分别为 17.31% 和 44.21%，增速大幅上升。其次，中部地区的形势与西部地区办公楼趋好的局面相反，出现了供给失衡。2014 年中部地区办公楼销售面积和竣工面积增长率分别为 −14.89% 和 25.69%，而 2013 年这两个指标分别为 40.9%、58.09%。最后，对东部地区办公楼供需形势进行分析，2014 年东部地区办公楼销售面积和竣工面积均出现大幅下跌，同比增长率分别为 −21.31% 和 3.15%，而 2013 年这两个指标的同比增长率分别为 31.4% 和 16.17%。

在商业营业用房方面，东部地区销售面积增长率转增为降，由 2013 年的 9.8% 下降为 2014 年的 −6.51%，竣工面积增长率由 2013 年的 −0.47% 增至 2014 年的 12.91%。中部地区 2014 年商业营业用房的销售面积增长率高于竣工面积增长率，这两个指标分别为 12.81% 和 3.42%。就西部地区而言，商业营业用房的发展状况比较平稳，趋势良好。其销售面积与竣工面积增长率由 2013 年的 24.5% 和 23.7% 变化为 2014 年的 29.02% 和 25.18%。整体来看，2014 年我国办公楼和商营用房的销售面积增长率均低于其竣工面积的增长率。

（二）省际比较分析

省际比较分析主要采用办公楼和商业营业用房 2014 年的销售面积和竣工面积两项指标反映各省商业地产市场供需情况。图 6 和图 7 分别显示了 2014 年我国各省区办公楼和商业营业用房的市场情况。

办公楼方面，广东、江苏、山东、浙江、河南的销售面积居前五位，其销售面积分别为 230.45 万、210.69 万、185.53 万、185.22 万、181.67 万平方米，集中度为 39.78%，销售面积增速较快的为海南、新疆、甘肃、青海、西藏等西部省份，增速分别为 163.46%、128.93%、120.34%、107.91%、106.49%，但其增速较高是因为 2013 年销售面积基数较小。供给方面，竣工面积排名前五的是北京、浙江、江苏、河南、广东，其竣工面积分别为 387.45 万、370.71 万、269.53 万、228.49 万、211.26 万平方米，集中度为 46.67%，竣工面积增长率较高的省份为海南、甘肃、宁夏、贵州、广西，但增速较高的原因与销售面积增速一样，均是基数较小。整体而言，2014 年大部分省份竣工面积大于销售面积，竣工面积增长率高于销售面积增长率，仅有

少数省份的销售面积增长率为正值。

商业营业用房方面，销售面积排名前五的省份为江苏、山东、安徽、四川与河南，销售面积分别为 688.25 万、674.69 万、647.96 万、561.42 万、554.60 万平方米，占全国销售面积的 34.46%，而青海、西藏、海南、贵州与重庆等省份的销售面积增长速度较快，分别为 291.24%、121.08%、89.51%、69.74%、42.8%。就竣工面积而言，位居前五的为江苏、山东、安徽、辽宁与浙江，依旧主要集中于东部，竣工面积分别为 1213.1 万、837.67 万、834.63 万、741.14 万、708.44 万平方米，占全国总竣工面积的 35.87%。与办公楼西部地区增长速度较快不同，商业营业用房竣工增速较快的省区趋于分散，前五位分别为贵州、宁夏、陕西、浙江和海南，增速分别为 66.54%、60.49%、59.72%、50.1% 和 49.34%。

整体而言，办公楼的集中度高于商业营业用房两项指标的集中度。这表现出现代高端服务业向经济发达地区集聚的特点，而商品零售、娱乐、餐饮等普通服务业在省级表现得相对分散。商业营业用房省际差距小于办公楼省际差距，这与商业营业用房与办公楼的用途有关。商业营业用房主要用于餐饮、娱乐、零售等普通服务业，办公楼则主要用于金融、保险、总部经济等高端服务业，前者与省份经济发达程度的关联度相对后者来说较弱。

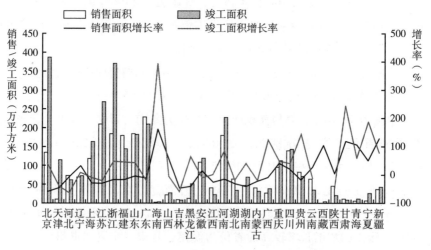

图6　2014 年各省区办公楼市场情况

资料来源：根据国家统计局 2014 年相关数据整理。

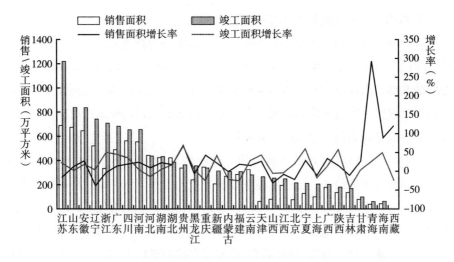

图7　2014年各省区商业营业用房市场情况

资料来源：根据国家统计局2014年相关数据整理。

三　2015年中国商业地产发展面临的形势

1. 机遇一：新型城镇化为商业地产持续发展提供保障

十六大以来，我国的城镇化水平大幅提高，城市空间扩大了两三倍，据统计，到2014年底，我国的城镇化率已经达到54.77%，但过高的城镇化率并不代表我国的城镇化质量水平很高，为引导城镇化的健康发展，政府提出了"中国特色新型城镇化"。新型城镇化的"新"重点在于更加注重追求城市的文化、公共服务等内涵的丰富，而非过去片面追求城市规模的扩大。真正做到使我们的城镇变为适宜人居住的高品质场所。

城镇化，特别是以人为本的新型城镇化，将成为拉动内需的最大驱动力。新型城镇化之所以能够促进商业地产发展，其原因在于新型城镇化会进一步促进人口向城镇集聚，提升消费需求。此外，提高城镇化的质量，有利于提高居民可支配收入，带来配套服务产业的飞速发展，从而进一步扩大内需。在未来10年，我国每年新增城镇人口约2000万，这将进一步拉动消费市场，促进商业营业用房的需求。新型城镇化有利于加快转变中国的经济发展方式、提高经济发展效率、提升经济发展质量，为商业地产的持续发展提供坚实的宏观经济支撑。

2. 机遇二：现代服务业助推商业地产发展

商业地产指作为商业用途的地产，其经营业态包括批发、零售、餐饮、娱乐、休闲、展示、生活配套服务等多种模式。商家的经营状态良好是商业地产发展的基础，而商家的经营潜力又取决于所在地区消费市场的规模大小。足够大的人口规模、潜力无限的居民消费水平、经济的稳定增长以及政府对经济发展的支持等是商业地产发展的重要保障。

目前，中国经济正处于"调结构，促转型"的关键期，产业结构正从工业经济转向服务型经济，这将促进现代服务业的发展，服务型经济必将成为未来经济发展的主流趋势。未来一段时间将是现代服务业大力发展的时期，无论是零售、休闲娱乐以及生活配套服务等生活性服务业，还是商务服务、科研等生产性服务业，都将对综合性购物中心和写字楼形成巨大的需求，从而带动商业地产发展。

3. 机遇三：互联网金融将转变商业地产融资格局

近年来，快速崛起的互联网金融对传统的金融业造成了极大的冲击，改写了金融行业的版图，而过度依赖融资的商业地产与金融休戚相关，金融格局的改变对商业地产的发展产生了很大的影响。

首先，商业地产具有可分割性差、资产流动较慢等特点，这些天然属性使得商业地产行业的进入门槛较高，退出难度较大，而新生的互联网金融，具有较强的流动性，克服了商业地产自身特点带来的融资弊端。其次，互联网金融的发展推动了利率的市场化，整体上降低了商业地产的融资成本。此外，互联网金融的便利性使得商业地产资金的供需双方信息交流更加顺畅，大大降低了由信息不对称所带来的风险，进一步促进了商业地产的投融资活动。

总而言之，全新的互联网金融模式能够提供更加符合商业地产投融资需求的金融产品和渠道，可以拓展商业地产投融资的领域和范围。

4. 挑战一：空置率居高不下，遭遇电商冲击

近年来，政府不断出台针对住宅市场的调控和限购政策，这促使众多的开发商将目光投向了商业地产。商业地产的大面积开发，致使现如今的地产商不得不面临地产泡沫与经营模式同质化的问题。世邦魏理仕调查发现，在发达国家，1.2 平方米的城市人均商业面积已为较高水平，而我国目前部分城市的人均商业面积已经达到 2 平方米，远高于发达国家的平均水平，商业地产的过度

供给引发了其较高的空置率。

一方面，房地产行业的供需失衡问题日益严重，商业地产的库存量不断创出历史新高，在未来，商业地产商将面临去库存的持久战。另一方面，电子商务的快速发展也不断给线下商业施加压力。在电商纷纷崛起的今天，大型零售企业的客流呈现明显的下降趋势。据统计，全国50家重点大型零售企业2014年第一季度的零售额同比增长率仅为0.1%，增速与上年同期相比，放缓了9.1个百分点，是2009年以来的最低增速。电子商务的快速发展，使我国商业地产面临需求降低的严峻考验。

5. 挑战二：商业地产同质化竞争激烈

近年来的楼市调控政策，从中央到地方，从"限价"到"限购"，住宅市场均是主要的调控对象，地产开发企业和非地产企业纷纷转向投资商业地产，然而，商业地产在局部地区已经出现饱和。在我国二三线城市，同一个地域范围内存在多个功能类似的商业项目已成为普遍现象。过多过密的城市综合体直接导致了商业发展模式的同质化。究其原因是我国二三线市场居住人口的消费能力较低，无法支撑大量的同类商业地产。如何应对项目经营模式的同质化，是商业地产健康可持续发展必须解决的问题。

四 2015年中国商业地产发展趋势分析

（一）商业地产在房地产业中的比重略有下降

面临电子商务的巨大冲击，加之供应量大增带来的同业竞争加剧，中国商业地产将步入转型期。2014年的统计数据显示，商业地产占房地产的比重呈现下降趋势。

2014年商业地产的投资总额、销售总额占房地产业的比重略有下降，办公楼的投资较为乐观。商业地产的销售趋势止升为降是因为商业地产环境的改变，使得其粗放型发展的模式已经成为过去。商业地产作为目前房地产行业最具发展空间的领域，地产商应抓住机遇，不断尝试各种新颖的经营手段以保障企业的可持续发展。

（二）二三线城市去存量与同质竞争压力并存

目前，政府对住宅市场不断进行调控，使得商业地产成为开发商和消费者规避调控政策的投资热土，商业地产开发的盲目性和同质性问题逐渐显现。目前，我国二三线城市的消费者在消费能力和意愿上略显不足，再加上电子商务的冲击，使得城市商业地产的供给与当地商业发展规模和消费需求相脱离，因此，商业地产的存量屡创新高。此外，各地产项目之间在运营方式、营销手段等方面相互模仿，创新不足也致使同质化竞争日趋激烈。虽然二三线城市的商业地产供给过剩和同质竞争问题凸显，但伴随着二三线城市逐步替代一线城市成为城镇化发展最快的地区，商业和商务活动的国际化水平和区域外向度的不断提高，二三线城市商业地产的发展潜力仍然不可小觑。

（三）体验式业态成为新趋势

改革开放以来我国的经济高速发展，令世界惊叹。但伴随着经济的飞速发展、收入分配不平等、环境污染、人口老龄化等一系列问题逐渐凸显。2014年中国 GDP 增速放缓、产业结构进一步优化，与过去以两位数高速增长不同，我国经济进入提质增效的新阶段，侧重于"质"的经济发展也促使商业地产领域进入一个新常态。

当下，互联网迅猛发展，电商对于线下商业的冲击日益明显。对于商业地产来讲，新常态意味着其聚集人气的方式由购物向构建消费体验转变。体验式业态将成为商业地产可持续发展的重要新引擎。体验式业态具有以下几个特征：首先，体验式的服务无法被电商所冲击，它能让消费者感受到互联网消费所体验不到的乐趣，提高消费者对实体商场的依赖度，这是它最大的优点；其次，体验式业态的吸引能够延长消费者的滞留时间，进而带动其他业态的消费，能为商业地产带来较大的人流量。

面对电商的冲击与同业直接的激烈竞争，多种多样的以体验为核心的业态成为目前地产商关注的重点，多业态、体验性消费也成为未来商业地产发展的核心。

（四）商业地产"自持"比例上升

商业地产在成功开发之后，分割进行出售是目前我国开发商采取的一般赢利手段，但分割出售致使项目的经营管理权比较分散，不利于统一管理，由此引发一系列的经营问题。出售的主要收益是销售收入，与出售不同的另外一种赢利模式是自持，物业自持的模式给予开发商充分的经营和管理权，避免了管理不统一的问题，而且租金和资产升值也能为地产商带来可观的收益。未来，物业自持是商业地产发展的一大趋势。

近几年来，住宅市场受政策调控，大量资金撤离进而涌入商业地产，致使商业地产总量已趋向饱和，商业地产已经进入过剩的阶段。在这种背景下，商业地产将不断优胜劣汰、更新换代。房企需要不断打造精品，创新模式来增强新形势下自身的竞争力，以谋取更好的发展。具体而言，一线城市的高端购物中心以及社区型购物中心将呈现小而精的主题化、细分化方向，办公楼将向绿色、宜居等体验式方向发展，二三线城市则向大而全的区域性购物中心和新城型购物中心方向发展。

（五）社区商业地产、O2O模式将成为新趋势

近年来，在政策的引导下，中国城市化进程快速前进，城市功能向多元化方向发展，大体量、复合型的商业地产适应了城镇化发展的需求。社区商业地产的发展将成为新的热点。社区商业地产是对住宅地产的补充，以住宅地产为依托，因此将随着住宅地产的发展而发展，同时对既有小区的改造升级也会为社区地产提供新的发展空间。此外，社区商业地产具有经营风险低、投资回收期较短、管理成本可控等优势。在商业地产结构性过剩的背景下，社区商业地产将成为未来城市商业地产开发的重点。

2014年，我国电子商务依旧保持快速发展势头，上半年我国电子商务的交易额约为5.66万亿元，同比增长30.1%。互联网带来的高效率和良好的用户体验有目共睹，但其对商业地产的冲击也日益明显。目前，为应对电子商务的冲击，许多传统百货公司，如王府井银泰百货等均研发了线上网购平台，推出了APP软件、微信等。同时商业地产企业也在拥抱大数据和移动互联网，万达电商定位大会员、大数据，称力争3年内会员过亿，真正做到线上线下结合。未来商业地产与电商的融合发展将成为楼市的常规格局。

五 中国商业地产发展对策建议

（一）创新商业模式，实现差异化发展

目前，中国的商业地产出现了严重供过于求的局面，再加之电商冲击，同质化竞争问题日趋明显，在此背景下各地产商应探寻新模式，高度细分市场，实现差异化发展。

具体发展路径如下，不同的项目应根据其所处的区位、服务的对象来选择相应的商业模式。若处于城市的核心区则应选择以休闲娱乐型为主的商业模式，与之相邻的商业地产项目则应该细分为各自侧重购物、餐饮等不同的商业模式，使每一个商业地产项目都有其独特的经营品类，为顾客提供更具针对性的服务方式。在细分市场的同时，商业地产的开发也应更多地与旅游休闲、商务、金融等现代服务业相结合，将文化、艺术、科技等新兴元素注入行业内，积极营造、创新购物环境与氛围。此外，商业地产应加强利用互联网渠道。如：大数据、移动互联、线上APP等技术。商业地产应充分利用信息技术手段推动传统商业的革新，更好地满足消费需求的变化。

激烈竞争的当下，丰富与完善各种不同商业地产项目的业态布局、谋求创新和突破，将是各地产商努力的方向，与互联网之间的复合也是未来创新的趋势之一。

（二）商业地产项目应向"重运营"模式转变

商业地产市场的发展链条包括地产开发商、运营商、零售商、消费者等众多参与者。对于商业地产来讲，前期建设和后期运营都非常重要。商业地产的运营重点是在招商后，对不同开发规模和多种业态的商业项目进行有效的经营管理。目前，我国商业地产商运营管理水平参差不齐，加之商业地产运营要求较高，很多房地产企业偏向于商业地产的销售，却忽视了后期的运营。而商业地产项目能否达到规划目标，很大程度上取决于后期的管理和运营，因此地产商需要有综合服务商的概念，即为商户提供一切有利于其发展的服务，包括金融服务、营销服务等。

随着商业地产发展的逐渐成熟，未来商业地产项目会进入优胜劣汰的过程，这样必然促使开发商更注重商业地产的运营，这也是项目成功的关键因素。

（三）拓宽商业地产的融资渠道

商业地产项目资金投入巨大、投资回收期长，致使大宗资产变现所需时间较长、产生资本的沉淀，因此不断拓宽项目融资渠道、实现多元化的融资是商业地产成功的前提。目前，尽管互联网金融的发展在一定程度上缓冲了商业地产融资难的问题，但我国商业地产的融资仍以银行贷款为主，融资渠道有限是制约商业地产发展的核心问题。随着金融市场的逐渐放开，我们可以从以下几个方面拓宽商业地产的融资渠道：大力推动房地产上市融资、鼓励公司债券的发行、吸引国外资金等。

多元的融资渠道会缓解开发商资金需求与还贷的矛盾，进而保证商业地产的健康发展。开拓融资的新模式，是商业地产企业的重要任务。

（四）注重培养商业地产专业人才

与住宅的开发模式不同，商业地产是集开发、经营与管理等多功能于一体的综合体。其涉及的调研选址、定位策划、设计建造、招商运营等一系列环节需要专业团队来实现。目前，我国精通商业和地产的复合型人才十分稀缺，许多商业地产开发企业的管理层，相关商业经验不足、综合素质普遍偏低，决策模式比较单一、不够科学，所以应加大商业地产人才的培养力度。

中国商业地产第一品牌万达十分注重人才培养，其培养模式堪称业内典范。万达于2011年建立了一所万达学院，万达集团高中层管理人员每年都会在此接受系统培训。除此之外，万达还拥有商业规划研究院、连锁商业管理公司、全国性的商业地产建设团队等，这些研究院和公司构成了万达完整的商业地产产业链。专业的人才是一个商业项目成功的关键。随着房地产行业的发展，商业地产的开发模式由过去的粗放型开发逐渐转向精耕细作型开发，未来对于专业人才的需求会更大，因此各地产商应注重专业人才培养，提升商业地产项目的品质。

参考文献

中国房地产业协会商业和旅游地产专业委员会编《中国商业地产蓝皮书（2012～2013）》，中国建筑工业出版社，2013。

国家发展和改革委员会编《〈中华人民共和国国民经济和社会发展第十二个五年规划纲要〉辅导读本》，人民出版社，2011。

黄国雄：《未来十年中国商业地产进入转型升级期》，《房地产导刊》2014年第1期。

成立、袁开红：《中国商业地产的业态特征与市场趋势》，《城乡建设》2015年第1期。

2014年养老地产市场分析
及2015年发展预测

郭蓉 郑铎 丁兴桥 费云威*

摘　要： 2014年是养老地产运营元年，项目由开发进入实际运营阶段，养老地产的发展不仅仅追求项目规模的扩大，从政府到经营企业更加注重项目的运营阶段。中国的养老地产还处在起步发展阶段，中国养老观念的特殊性和项目赢利模式的不清晰，加之项目前期定位不准、投入过大、融资过难、回报周期过长、相关人才缺乏等各种问题，严重制约着养老地产的发展。在过去的一年里，养老地产的发展速度放缓，已进入与准备进入养老地产的企业在决策上也更加趋于理性。随着国家对住宅房地产的一系列打压政策出台，国内房地产市场出现疲软，众多国内地产商急于寻找新的利益突破口，实现企业的转型升级。房产环境、老龄化市场背景及政策环境将养老地产推向了发展高潮，使之成为市场上最热的领域之一。

关键词： 养老地产　老龄化　转型升级

一　我国未备先老，加速推动养老地产发展

国际上国家或地区进入老龄化的标准，通常是60岁以上的人口占总人口

---

* 郭蓉，北京北控老年产业投资管理有限公司战略市场部；郑铎，北京北控老年产业投资管理有限公司副总经理，兼北京光熙国际养老服务有限公司董事长；丁兴桥，江苏景枫投资控股集团有限公司总裁秘书；费云威，北京北控老年产业投资管理有限公司战略市场部经理。

比例达到 10%，或 65 岁以上人口占总人口的比重达到 7%。中国在 1999 年就已经步入老龄社会，同时也迎来了人口老龄化的快速发展。中国已成为发展中国家人口老龄化最为严峻的国家之一。现阶段，我国人口老龄化发展迅速，未来将更加突出。在我国老龄化诸多问题背景下，养老地产发展机会势不可挡。

老龄化人口规模大且发展进程迅速，我国未备先老，养老地产亟待加速

根据国家统计局发布的 2014 年国民经济数据，2014 年末，中国大陆总人口（包括 31 个省、自治区、直辖市和中国人民解放军现役军人，不包括香港、澳门特别行政区和台湾省以及海外华侨人数）136782 万人，比上年末增加 710 万人，其中 60 周岁及以上人口 21242 万人，占总人口的 15.5%，比上年增加 0.6 个百分点，65 周岁及以上人口 13755 万人，占总人口的 10.1%，比上年增加 0.4 个百分点。

当前我国人口老龄化水平已经达到 15.5%，预计到 2020 年将超 17%，而后我国将步入人口老龄化的加速发展阶段，到 2050 年人口老龄化水平将高达 30% 以上，中国将进入重度老龄化的稳定期，同时也将成为世界人口老龄化水平最高的国家之一。从发展速度上看，人口老龄化水平从 10% 提高到 30%，我国预计用时约 40 年，而英、法和美等西方发达国家用了近 100 年的时间，甚至更长。中国的老龄化速度在人口大国发展史上仅次于日本。

我国之前对老龄化的认识程度不高，在资金储备和制度等养老的各方面准备不足，养老保障制度不完善，养老服务体系发展滞后，养老市场供给缺口巨大。民政部公布的数据显示，2014 年每千名老年人拥有养老床位不足 26 张，2015 年计划实现每千名老年人拥有养老床位达到 30 张，这与西方国家每千名老年人平均拥有养老床位达到 50~70 张还有一定距离，政府积极探索符合中国国情的养老发展方向并提出了"9073"养老模式，即 90% 居家养老，7% 社区养老，3% 机构养老，以居家养老为基础、社区服务为依托、机构养老为补充的养老服务体系，逐步完善养老政策法规，倡导鼓励养老地产的发展。

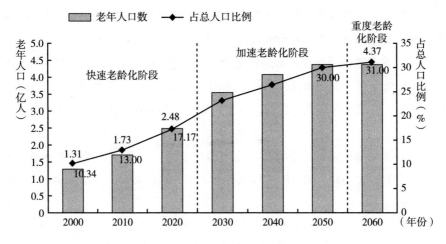

图1　中国老龄化人口发展趋势

数据来源:《2014年中国人口老龄化发展趋势预测研究报告》。

二　养老地产发展特点及模式

（一）养老地产发展特点

中国养老市场化基本可分做三个阶段:第一阶段,2010年之前,主要是个人办的小规模机构,几乎是政府福利院的翻版。第二阶段,从2011年开始到目前,逐步涌现很多不同领域、不同性质的企业,从地产商、保险公司、风投、医药制造业到国外养老管理公司,从民办私企、国有企业到海外背景企业,都积极踊跃地涉足养老市场,希冀从中分得一杯羹。国家政策不清晰,估计这个阶段还要持续10年的发展时间。第三阶段,形成养老行业专业化和标准化的公司和服务。目前中国养老地产正处在发展的第二阶段。

养老地产在中国的发展主要有以下特点:

（1）养老地产与社会保障、养老保险等息息相关,因此具有一定的社会福利性质,与政府关系密切,且依赖政策支持较强;

（2）养老地产的土地性质各不相同,以自身持有经营为主,大都不可进行销售,非一锤子买卖;

（3）养老涉及的产业链较长,配套设施的完善与服务业密切联系,养老

147

地产开发及运营并非单一行为，资源整合能力决定养老项目的发展，目前国内养老地产的经营模式暂没有形成规范化，仍然在摸索阶段；

（4）养老地产对开发企业的资金筹措能力要求较高，养老项目前期投入资金大，整个开发周期较长，因养老地产项目需要3～5年市场培育期、资金回笼较慢、经营利润率低等特点，开发企业必须具备足够的资金实力和抗风险能力；

（5）养老地产强调养老配套和后期养老服务，因我国涉足养老企业大都不具备养老运营经验，运营能力较低甚至缺失，这就对开发企业的资源整合能力要求较高；

（6）营销面对的客户群是老年群体，其对产品的诉求及所追求的目的有一定特殊性。

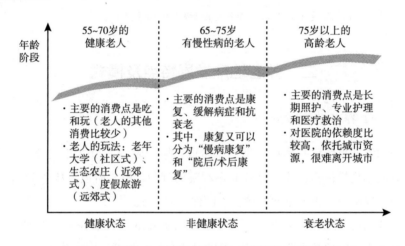

图2　中国老年人不同年龄段身体特征和消费需求

资料来源：世联咨询顾问平台。

（二）养老地产发展主要模式

1. 按建设经营者划分

（1）政府福利型，主要由政府组织开发和经营管理的社会福利性老年机构。

（2）政府收益型，主要是由政府相关部门发起，联合组织开发和经营，以出租的形式收取一定费用的老年住宅形式。

（3）企业赢利型，由企业投资开发建设及运营的综合型养老社区，如：北京东方太阳城、上海亲和源等。

2. 按开发模式划分

（1）综合性养老社区。如：北京东方太阳城。

（2）多代亲情社区，形式为商品房社区＋养老住区＋相应服务设施。如在社区中配建老年人居住组团、老年公寓、老少户套型等。这种开发模式使老人能够居住于"混龄"社区，甚至可与自己的子女相邻居住、互相照顾，既可与外界及自己家人没有分离，又能享受到有质量的养老生活。如：北京东方太阳城、杭州良渚文化村等。

（3）度假型（迁徙型）养老社区，依托休闲旅游资源或养老养生资源开发。这类社区通常自身具备优质的特色资源，配备相应的养生、娱乐项目，例如旅游环境、温泉水疗等。

（4）医养综合体（医养机构）。这种模式主要根据老人的身体素质，如为高龄老人、有某些疾病或者病后待康复的老人而设计。这类养老地产项目，要求医和养并驱齐驾，相互融合。如北京太申祥和山庄、北京北控光熙国际老年公寓、北京双井乐成恭和苑老年公寓等。

（5）此外，医疗投资小镇是养老地产界新兴还未有成功实践运营的开发模式。这种开发模式引进或积聚当地丰富的医疗设施资源，提供条件吸引老人看病就医，并为之提供暂时性居住服务。设计交易模式多以租赁为主，主要面向对特定的医疗资源有需求的客户群。

3. 按赢利模式划分

（1）倒按揭。又叫住房反向抵押，在国外兴起时间不长，仅一二十年，其中美国发展最成熟。即人们把房产抵押给某金融机构，按月领钱用于养老，辞世后住房由金融或保险机构收回。倒按揭模式，对于老年客户不仅解决养老资金来源问题，减轻子女养老压力，而且避免高额遗产税、改善生活质量，对于金融机构则从中获取抵押房屋的产权和房产的增值收益；倒按揭模式在国内有所尝试，但进展缓慢，不仅受我国房屋产权使用期限 70 年，以及与中国房产留给子女的传统观念相矛盾的影响，而且在实际操作过程中面临诸多困难，如房屋质量参差不齐、房市风险较大等。

（2）会员制。由俱乐部会员模式演变而来，用入会方式提高入住门槛，

是目前国内中高档老年公寓主要的营运模式之一。目前会员制养老方式可多样化，开发商和入住老人均有多种选择，且开发商前期能快速回现，为国内颐养型养老机构普遍采用。

（3）押金＋月费。在这种模式下，一般是由开发商与专门的经营公司或物业公司合作开发，将既得利润作为按股分红的经营模式。其特点是投资回收期长、租期分散、非一次性付清，在国内传统养老院、敬老院采用较多。主要形式：高押金＋低租金，低押金＋低租金。

（4）互换使用权。老人对已有住房通过价格评估，确定自有房屋的租赁价格，房屋交由开发商租赁运作。主要针对有房老人，通过互换使用权，老年人以原房屋的使用权价值获取老年公寓的使用权，优势为降低入住门槛，劣势为操作复杂，市场知晓度不高，国内较少运用。

（5）转让使用权。若项目不能进行产权销售，企业为追求资金的快速回笼，可根据买卖不破租赁原则，采取转让固定年限使用权，实现项目运营。

（6）投资返本。能实现房屋价值的最大化，让开发商短时间内筹集到大量资金。优势为开发商短时间内可以筹集到大笔资金，劣势为对入住老人经济能力要求高，同时开发商的经营状况也存有变数，国内较少养老机构采用。

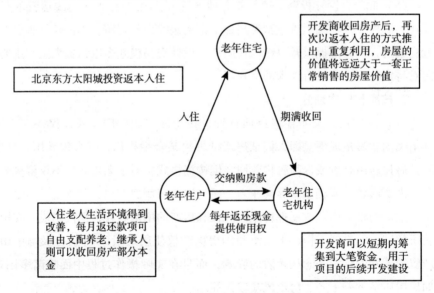

图3　投资返本养老地产模式示意

三 养老地产发展现状

从年龄看，关注养老地产的大多是老年人，全社会的老龄意识和"提早备老"理念尚未形成；从区域看，西部地区养老地产发展滞后于东部发达地区；从城乡看，养老地产项目几乎都位于城镇。

（一）国家政策层面

各地陆续出台养老政策，保障养老地产的快速发展和政策落地

2014年4月，国土资源部出台《养老服务设施用地指导意见》，北京市定调养老设施用地供应方案，以盘活存量为主，北京市国土局则在年度供地计划中单独列项100公顷养老设施用地供地计划；山东《关于加快发展养老服务业的意见》提出，强化财税支持，明确各类补贴，保障养老设施用地的供应和推进医养结合等一系列实施细则。

（二）市场供应层面

1. 2014年养老地产开启住宅、养老混合配建的创新模式

在"9073"养老总体规划思路下，我国开始探索"混合配建模式，即以住宅用地、养老设施用地、限价商住房用地混合配建"的养老地产发展模式。2014年下半年，万科、花样年等企业推出了"住宅小区配建养老社区"模式，并迅速获得市场认可。对政府而言，既满足了养老土地供应的政治指标，也保护了地价。对企业来说，通过可销售物业的快速现金回流缓解养老前期投资压力，平衡资金。

2. 市场供应逐步释放，迎来2014运营新元年

2000年养老地产项目在国内还是空白。2013年，可以说是真正意义上的中国养老地产发展元年。2013年，从中央到地方、从政府到企业、从金融保险到房地产……无不关注养老地产。随着政策的不断倾斜和落地，众多大投资项目上马，投资地域也从北上广等一线城市扩展到二三线城市，养老地产爆发式增长，项目遍地开花。据不完全统计，2013年第三季度，

全国各地新增养老项目 25 个，其中不乏 160 亿～200 亿元的巨额投资项目。2014 年是养老地产运营元年，项目由开发进入实际运营阶段，养老地产的发展不仅仅追求项目规模的扩大，从政府到经营企业更加注重项目的运营阶段。

3. 涉足企业类型多

在政策引导下，众多房地产企业、保险企业和产业资本进入养老产业，部分政府和外资也有所涉猎。据不完全统计，截至 2014 年年底，至少有 32 家上市公司宣布进军养老产业，而房企系、央企系、保险系三大资本成为主流。

表 1　各类企业介入养老地产情况

企业性质	企业	项目信息	运营模式
地产商	万科地产	作为全国布局的房地产开发企业，其开发项目中均有设计养老产品，如中粮万科长阳半岛、五矿万科、北京欢庆城等项目。其中，位于北京房山的万科幸福汇作为万科进军养老地产的首个项目，目前已竣工，其定位活跃、高知、长者的服务公寓，又被称做活跃长者之家；另外，位于杭州万科良渚文化村的老年公寓随园嘉树已经正式运营，广东清远北部万科城项目养老地产组团的前期规划正在进行中	产品适老化设计、自持部分配套物业，主要以销售为主，面向活跃长者，服务商引入专业养老服务机构亲和源、水博克等
产业资本	亲和源股份有限公司	在上海浦东新区康桥镇投资近 6 亿元，建成中国第一个会员制形式的养老社区——亲和源。社区占地面积 8.4 公顷，建筑面积 10 万平方米。以会员招募形式出售使用权回笼资金，2008 年开业，3 年内招募到 800 多会员，被视为中国会员制养老的学习对象，目前尝试对外输出服务	土地性质为政府划拨，定位高端养老社区，出售会员资格回笼资金，依靠长期运营获得收益，但无法实现快速复制
	乐成养老	乐成恭和苑是乐成养老直营的连锁养老品牌，遵循贴近医疗资源、贴近子女亲朋、贴近成熟社区的"三贴近"原则，已经覆盖北京、浙江、海南等地区，其中北京双井恭和苑、海南海口恭和苑已经投入运营，目前入住率已达 50% 以上，还有浙江等另外 4 个项目正在筹备中	招拍挂获得土地，具有城市核心、医养结合等特色，采用较高押金＋月费＋服务费的运营模式

续表

企业性质	企业	项目信息	运营模式
保险公司	泰康人寿	是将养老产品包装成保险产品在中国最早的实践者,2009年11月第一个获得保监会批准投资养老社区建设,成为保险业浮出水面的首例养老地产项目,随后出资40亿元购置小汤山温泉乡2000亩地,建造第一家泰康养老社区(已建成)。2012年初在崇明岛圈地用于建设高级养老社区,在三亚亦有项目	嫁接养老保险产品,计划全国连锁式的养老社区
	合众人寿	2010年4月,武汉市蔡甸区区政府与合众人寿签订100亿元合众人寿健康社区项目,总建筑规模达160万平方米,另外在北京、广州等地均有布局	—
政府、国外投资机构	中国红十字基金会与哈工大集团	在深圳市龙岗区葵涌镇土洋海边选择了一块15.6万平方米的项目用地,用于建设高端养老机构。前期,哈工大集团丁香俱乐部公司已投入近8000万元用于填海平整土地	—
	中国老龄产业协会、扶绥县政府、五行创展	中国乐养城项目总投资30亿元,属三方合作共建。项目规划打造专属老年人、规模60万平方米的养生养老社区,包括特色老年养生公寓、乐养中心(老年大学及文化创意园)、老年特色商业、乐养服务中心及园林景观和综合配套;探视及五星级旅游假日酒店、康体康复中心、老年专科医院等约15万平方米	—

资料来源:《2014年中国养老地产运行情况分析报告》。

(三)市场需求层面

1. 市场对养老地产需求还停留在刚性养老阶段

近60%的老人考虑入住养老公寓是因慢性病或身体不能自理,养老刚性需求的客户愿意为真正专业的服务、医疗支付更高的价格,但对运营企业的服务要求也更高。

2. 老年客户对养老的需求注重实实在在的生活体验和服务

产品因素:老人对居住的便利性、公共的休息空间、图书馆和娱乐室的需求较大,相对而言,对房间的面积、厨房的设置以及设施和装修的档次并不是很在意。入住养老公寓的关注因素为服务、专业医疗和费用。

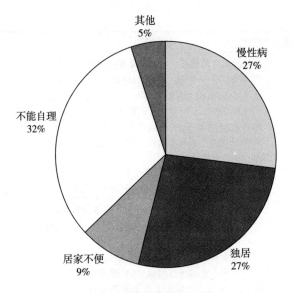

图4　中高端养老需求调研

说明：围绕北京市中央部委、医院系统、公园系统、垄断企业住宅小区、高校系统、高端商业小区，针对60岁以上的中高端老年群体进行了问卷式调研，总调研量544人份，有效调研451人份，近60%的老人因慢性病或身体不能自理才选择养老公寓。

资料来源：世联咨询顾问数据平台。

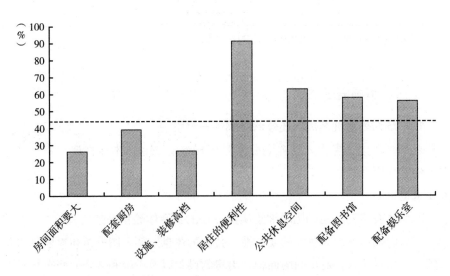

图5　北京市养老需求调研——养老产品内容

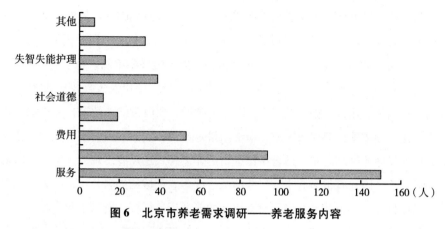

图6　北京市养老需求调研——养老服务内容

资料来源：世联咨询顾问数据平台。

四　发展过程中存在的问题

尽管养老地产被称为"朝阳产业"，并认为其发展前景一片大好，但对目前已经涉足养老地产的房企、险资等各类企业来讲，中国养老事业发展尚属起步阶段，国家政策不清晰，管理和运营的市场规范还未形成，养老市场目前处于比较混乱的状态，养老地产蓬勃式发展并形成一定规模，尚需时日。

1. 养老观念守旧

中国传统的居家养老概念目前还没有根本改变，市场化的机构养老还处在培育阶段。

2. 行业政策与规范亟待完善

对于养老产业的支持政策，目前还处在研究和摸索实践阶段。对于正处在加速发展阶段的养老行业来说，企业在前期取地、开发建设与后期运营全链条的操作过程中，都缺乏相关政策的支持与保障，企业的发展举步维艰，从而限制了养老行业的快速发展。

3. 缺乏标准和规范

一些专家认为，缺乏设计、建设、定位、服务、收费等多个环节的行业标准和规范，是制约养老地产发展的瓶颈。目前市场上很多养老项目规划和设计水平参差不齐，在项目开发建设前没有做好充分的工作准备，缺乏精准的市场定位和项目定位，导致项目难以满足养老需求，运营阶段身陷囹圄。另外，出现一些表面上打着养老地产旗号，实则暗中"圈地"的项目，扰乱了行业正常发展。

4. 企业的管理、运营模式不清晰，自身发展定位模糊不清，急于下手为强

企业积极投身养老事业固然好，但往往对自身的定位及发展模式都没有考虑清楚；脑袋一热，一拍脑门先干，拿地的拿地，要政策的要政策，要资源的要资源，往往导致项目落地很困难，最终结果是时间和资源的白白浪费。中国在养老领域的发展才刚刚起步，适合中国国情的养老模式还没有出现，大家都在摸索和探讨阶段。国外有很多有丰富经验的医疗或养老领域的知名公司，因为没有中国养老项目经验，也就是在中国没有成功的养老项目标杆，所以望而却步。

5. 养老是一个长线低利的行业，实现"3 - 70，100 - 8"目标，还有很长的路要走

根据养老行业规律，当 3 年达到入住率 70% 时，项目基本实现收支平衡点，而当入住率达到 100% 时，项目的利润率实现 8% ~ 12%，就会被业内认为是一个成功的养老项目。这也就意味着在项目运营前 3 年，开发企业都要承担一直亏损的负资产，入不敷出，对于开发企业而言这个风险还是很大的。开发养老地产，要求开发企业除了要有巨大的决心之外，还要有强大的经济实力作为支撑。相比于开发商销售普通商品住宅，其资金回笼只需要 2 ~ 3 年，养老产业是一个投入大、回收周期长、利润产出时间长的产业，绝对不会像其他

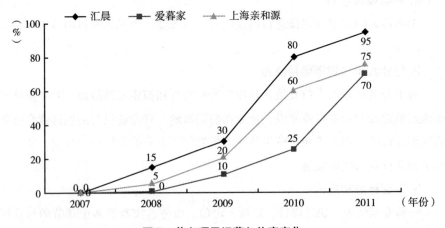

图 7 养老项目运营入住率变化

数据来源：世联咨询顾问平台。

房地产项目那样有高利润率和高周转率。以上特征使养老地产项目面临融资难问题，深陷长期投资与短期回报之困。

6. 专业经营管理团队缺乏

目前国内的养老地产缺少真正能落地开展实操的专业服务公司，国外的服务团队无法在国内的养老市场落地生根，国内养老市场还未形成规范的服务标准，没有形成固定的服务模式，从而无法有效地抓住客户群，缺乏成本控制，带来更大的亏损效应。

五　2015年养老地产发展预测

（一）政策层面

国家政策逐步向养老地产倾斜，养老供地模式更趋灵活，一系列养老优惠政策陆续出台。2013年发布的《关于加快发展养老服务业的若干意见》，将养老服务体系建设纳入国家战略；2014年专门针对养老地产的政策开始落地，4月国土部出台《养老服务设施用地指导意见》，规定对于营利性养老服务设施用地，应当以租赁为主，并约定出让或者租赁建设用地使用权可以设定抵押权，重点调度盘活、利用存量建设用地推进养老设施用地的计划。养老地产土地政策的落地实施，标志着国家为发展养老地产的一系列优惠政策会陆续出台。

（二）市场层面

1. 2015年仍是养老地产运营实践年，赢利模式将逐步明朗

养老地产面临市场化严重不足、市场操作不够规范、资源利用不充分等一系列实际问题，真正能成功运营的仅为少数。在我国倡导的"9073（90%居家养老、7%社区养老、3%机构养老）养老模式"外，走在养老前列的企业也在积极探索中国式的赢利模式，并取得一定成绩，例如上海亲和源的"社区化养老"、北京北控的"医养结合式养老"、绿城的"学院式养老"、保利的"三位一体养老（以居家养老为核心，发展社区养老和机构养老，建立统一的服务标准）"、万科的"邻里式养老"等。2015年，将会有更多企业对养老地产赢利模式进行创新和更加深入的研究，赢利模式将趋于多元化，也会更加成熟。

2. 养老市场细分更趋于明显，精准的市场定位和专业化的养老服务是养老地产成功运营的核心

中国养老地产市场的发展阶段分为粗放—细分—个性化，养老客户真正为之埋单的核心诉求体现在提供服务的价值上，体现在满足老年群体在不同年龄阶段的养老需求上，而非豪华气派的装修装饰，如身体刚需的养老客户核心关注为专业的护理院、康复医院等。现阶段，中国养老市场的细分已经开始显现，如针对养老刚性需求的医养结合养老项目的不断涌现等，针对自理养老的城郊环境优美的养老地产项目更是数不胜数。市场调研充分证明，针对不同阶段客户的养老需求进行精准项目定位，随着养老地产市场的进一步细分和发展成熟，专业化公司和项目会逐步出现，不同的养老需求也会出现相应的分化。

3. 医疗资源在养老地产的发展中得到有效利用

养老地产的核心是服务，而服务的核心是医疗和长期照料。不同身体素质阶段的老人，从健康活力老人到半失能、完全失能老人，都对医疗、护理、生活照料和心理慰藉等特殊服务资源有刚性需求，只是需求和依赖程度不同而已。《国务院关于加快发展养老服务业的若干意见》提出，要"探索医疗机构与养老机构合作新模式"，"医养结合"作为养老地产发展的重要命题，将使医院资源得到更有效的利用。

4. 以轻资产的方式重点发展养老服务正逐步成为市场关注的焦点

采取自建、改建等方式，将城市中心城区原有不良资产进行适老化改造，满足养老地产的发展需求，政府鼓励社会力量介入养老地产，积极探索"公建民营"、"民建民营"、"政府购买服务"、"社会代养"等社会化改革路径，充分挖掘现有供养设施的利用空间，鼓励社会资源参与我国养老服务体系标准搭建和机构设施建设。如依托项目运营较为成熟的太阳城和亲和源的向外延伸，进行品牌和管理输出，对其他项目提供指导、咨询、运营服务和冠名收益等，也是发展轻资产的一种形式。

六 养老地产政策建议

养老地产可促进我国大力倡导的居家养老、社区养老与机构养老同步共荣发展。为此，政府应尽快出台相关政策法规，规范、完善养老地产发展政策，激励更多有实力有能力的开发企业进入养老地产业，促进养老地产的发展。

1. 建立统一的市场准入标准

设定养老地产项目的准入门槛，严格核查开发企业的投资能力，控制建设规模和建设强度，从而提高养老地产项目品质，促进养老市场良性发展。

2. 机动灵活的供地政策

将养老地产的发展规划纳入城市经济社会发展、城乡建设和土地利用总体规划，落实经营服务性养老地产的建设用地政策，改变单一的养老设施用地的供应模式，采取将住宅用地、机构养老设施用地等多种类型用地模式混合配建的供地模式。

3. 积极倡导创新运营模式，满足市场不同的养老需求

目前适合中国国情的养老运营模式还在探索，为保证养老服务机构的持续发展，政府必须大力倡导创新的运营模式，积极为开发企业与金融机构牵线搭桥，推动围绕养老相关产品的开发，一方面满足市场上的多种养老需求，另一方面有助于养老项目实现可持续发展。

4. 规范统一的规划配套标准

真正完善养老功能和养老服务，如规定项目选址、建设规模、配套内容、投资标准，标准更高的公共活动空间，更人性化、实操性强的无障碍通行标准，安全快捷的智能化控制、呼叫及响应系统，根据项目规划的建设规模及定位配备相应资质等级的服务体系，如医疗、专业护理、社区服务、家政服务、商业服务、康复康体、文化娱乐等配套设施和机构服务体系。

5. 加大建设补贴、税收、金融及医保等政策支持

第一，加大养老地产开发项目的建设补贴或提供政府用房进行相应改建，保障养老地产项目的顺利落地和运营；第二，对项目运营进行一定税费减免，如实行经营性养老服务机构免征营业税、减免企业所得税，对养老服务设施、城市基础设施配套费给予政府补贴，对养老服务用房、用地，免征房产税、城镇土地使用税等；第三，针对经营性养老项目，在银行信贷方面，要适当增强资金支持，加大优惠力度，对特定养老地产项目，可以财政贴息方式进行贷款支持；第四，通过倾斜性的优惠政策吸引更多的社会资金进入，从而为养老地产提供发展条件。

B.10
2014年北京存量房市场分析
及2015年展望

靳瑞欣*

摘　要： 2014年房地产行业正在经历着一场革命，各项宏观指标均高位回落，开发商融资成本上升叠加经济下行，新房交易持续低迷。二手房市场在限购和信贷收紧影响下，2014年成交大幅萎缩，跌至近6年最低水平，仅高于2008年经济危机爆发那年。房地产目前仍作为我国经济的支柱性产业，受宏观经济下行持续压力影响，2014年启动四轮救市、政策托市，房地产市场在四季度趋好发展。2014年8月，全国大部分城市开始限购松绑，政策风向开始出现转机，由此开启第一轮救市。第二轮救市始于"9·30新政"，房地产刺激政策达到高潮，二手网签迎来小高峰。而10月9日全国公积金政策放松以及各地方刺激政策出台，开始第三轮微调政策。市场成交量在10月冲高后，在11月略显回落，房价止跌平稳。而年末降息重磅政策，是第四轮救市政策，使得市场预期再次好转。四季度在"9·30新政"叠加降息利好影响下，房价平稳，年末交易创小高峰。由于销售市场回落，租赁市场也失去了持续上涨的动力。租赁房源持续增加，租赁需求保持稳定，2014年租金涨幅创近5年来新低。

关键词： 北京　存量房　二手房

---

* 靳瑞欣，北京中原地产研究部经理。

一 政策——开启四轮救市，政策托市市场趋好

受宏观经济大环境影响，2014年各项宏观指标均高位回落，房地产市场持续低迷，上半年政策一直趋紧发展，一直到2014年8月全国大部分城市开始限购松绑，政策风向开始出现转机，再到"9·30新政"，房地产刺激政策达到高潮，随之市场成交量创下年内新高。10月9日出台政策，全国诸多城市对住房公积金政策做出调整，第三波刺激政策来袭，但市场成交量在10月冲高后，在11月略显回落，房价止跌平稳，而年内土地成交金额创下历史新高，开发商对北京等一线城市土地开发仍有极大信心，优质地块处于竞争白热化状态。紧接着第四轮救市政策来袭，11月22日央行时隔两年半再度降息，并且年底又将公积金贷款额度上调至120万元，信贷环境持续改善，楼市政策环境持续向好发展。

（一）第一轮全国大部分城市限购松绑

2014年8~9月，全国限购松绑屡掀高潮，至今仅剩北上广深及三亚5个城市仍然坚守。回顾2014年，各地限购政策的放开，经历了一个从个别城市试探到多个城市效仿跟进，从局部对象取消到全面放开限购，从执行层面先行松绑到官方明确发文表态的过程。已执行三年多的住宅"限购令"，终于适时地退出历史舞台。

（二）第二轮"9·30新政"，二手网签迎来小高峰

2014年9月30日，央行通知对首套房实行"认贷不认房"政策，即首套房还清贷款后，再买房可享受首套房的各项优惠政策；贷款利率最低可在基准利率基础上打7折。

政策出台后一个多月，首套房还清再购买二套房的购房者，多数银行对其首付可以三成，但7折利率未实现，目前银行对于优质客户最低可以做到9折利率。

限贷的松绑切实解决了改善型客户的实际问题，对于市场交易量的回涨起

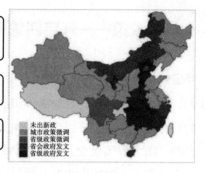

图1　2014年全国住宅限购松绑情况

图例说明：

"未出新政"指2014年未对房地产市场出台相关刺激性政策；

"城市政策微调"指省内部分城市对房地产市场出台相关刺激性政策，如当地公积金政策调整放松、购房补贴等；

"省级政策微调"指省级政府就某些方面对房地产市场出台相关刺激性政策，例如四川拟对金融机构发放符合条件的住房贷款给予财政补助；

"省会政府发文"指省会城市出台综合性托市文件，例如浙江省杭州市发布《关于进一步促进房地产市场稳定健康发展的通知》；

"省级政府发文"指省级政府出台综合性托市文件，例如福建省发布《关于促进房地产市场平稳健康发展的若干意见》。

资料来源：中原集团研究中心。

到重要作用。二手房价止跌上涨，网签迎来小高峰，北京中原市场研究部监测的样本楼盘数据显示：2014年11月北京中高档二手商品房成交均价为33785元/平方米，二手商品房买卖领先指数为366点，环比上涨0.64%，同比下降2.66%，11月二手房价已现止跌上涨。

受利好政策9月30日中国人民银行新政，以及11月22日央行降息影响，消费者购房积极性高涨，有部分客户恐惧房价未来再次出现大幅上涨，普遍以积极心态看房、选房、购房，二手房市场持续回暖。从实际成交量来看，2014年购房观望累积人群在10月得到大量集中释放，直接导致10月二手房成交量达到高峰，进入11月交易量环比10月高峰期有所下滑，但同2014年其他月份相比仍处于快速回暖状态。由于网签数据相对成交数据要滞后15天以上，所以10月下旬成交量在11月网签数据中有所体现，由此导致从网签数据上看，11月网签量11180套，环比上涨26.4%。

（三）第三轮全国公积金政策放松以及各地方刺激政策出台

10月9日，住房和城乡建设部、财政部、中国人民银行联合印发《关于发展住房公积金个人住房贷款业务的通知》规定，职工连续足额缴存住房公积金6个月（含）以上，可申请住房公积金个人住房贷款，缴纳期限可异地合并计算；同时取消多项公积金贷款费用。此后，各地针对公积金贷款多有政策调整，如武汉规定二套房公积金首付由六成调整至三成。另外，各地方根据自身的市场特点，适时推出刺激政策，如天津在取消限购基础上又降低契税和二手房营业税。全国公积金政策调整，虽然对市场的直接影响有限，但对购房者的心理影响非常大，其释放出的积极信号能有效提振市场信心。

（四）第四轮时隔两年半再降息，楼市预期再现好转

在整体融资成本走高的情况下，时隔两年，央行11月22日再度宣布降息。虽然降息并非专门针对房地产业，但随之带来的信贷环境变化对房地产市场的影响举足轻重，因为房贷的松紧与住房销售的荣衰休戚相关。房贷利率下限自2008年10月起调整为基准利率的0.7倍，实际利率折扣维持了一年多的较低水平后逐步走高。上一轮（2012年6月、7月）降息后，实际利率折扣回落到0.85倍左右。2014年初起至第三季度，市场实际利率达到基准利率1.06倍的高位水平。11月的降息通道启动后，房贷实际利率有望从阶段性高位逐步回落。

从历史数据可以看到，房贷利率高低与市场成交量呈现较为明显的负相关关系。过往两次集中降息降准的周期，均对房地产市场成交带来了明显的拉升作用。上一轮降息开启后，市场从2012年3月起逐步回暖，且成交高位延续至整个2013年。从本轮市场表现来看，虽然2014年起市场明显回落，但随着央行"9·30新政"的出台，10月，40个重点城市新建住宅成交量已恢复至上年高位水平。而此次降息将进一步增强短期市场的信心，对房地产市场带来明显利好作用。但不容忽视的是，市场回调后劲依然取决于多方因素综合作用，不应过分奢望信贷放松以及降息利好的刺激效果。

二 市场——政策刺激，市场起伏前行

（一）全年成交低迷，政策利好年末现交易小高峰

2014年二手房住宅网签10.51万套，同比2013年下滑了35.4%。自2007年至2014年的8年间，2014年二手房成交量仅高于2008年经济危机爆发那年，出现8年间的成交量第二低年。究其原因，限购、信贷政策收紧是重要原因，另外经济的持续不景气也是抑制房地产发展的一大因素。房地产当下仍作为支柱产业，为了促进经济的平稳增长，在2014年也相继出台系列刺激政策，在政策刺激下，年内二手房市场也出现小起伏，经历了上半年的低迷，三季度新房以价换量、二手房呈现复苏，四季度在叠加政策刺激下的放量成交，楼市处于进一步回暖趋势中。

（二）上半年二手住宅量价下降，报价指数低走不容乐观

2014年上半年北京二手住宅市场不容乐观，成交量为44590套，同比下降53.18%，环比下降33.89%，成交均价为28953元/平方米，同比上涨5.07%，环比上涨0.41%，二手住宅成交量下滑，房价滞涨。不少二手房房源均价相比2014年年初最高点，跌幅已超过15%，部分房源甚至超过20%。在信贷政策并无松动的前提下，消费者购房观望氛围浓厚，二手住宅市场下行压力大。

从中原地产进行的报价指数统计分析中可以看出，上半年一路走低，6月报价指数为18%，较上月上涨2个百分点，报价指数连续3个月下滑后小幅回涨，但依然保持历史低位。从区域看，中心城区平均降幅依然在3%以内，而通州、大兴、昌平等郊区平均降幅减少，平均降幅在3%以内，业主对后市信心不明朗，普遍表现观望。

（三）三季度新房以价换量，二手房成交呈现复苏

开发商在业绩压力、资金压力下，三季度普遍采取以价换量策略，新房价格下降，成交量有所上浮，由此传导到二手房市场，二手房由于其良好的地理

位置仍得到众多消费者青睐，二手房房价波动下降，消费者观望呈现松动，购房窗口期渐现。除了新房市场的带动外，从政策层面，市场也有放松信号，给消费者带来购房信心。

北京中原市场研究部监测的样本楼盘数据显示：2014年9月北京二手商品房成交均价为28277元/平方米，环比降0.45%，同比降1.82%。房价同比、环比继8月同时下降后，9月继续双降。

进入7月以来，全国限购城市中除一线城市外，其余限购城市都在试探放松限购，给市场传递放松信号，恢复消费者购房信心。7月，北京放款时间明显提速，对于首套贷款利率，针对资质优良客户部分银行可有优惠，消费者观望氛围弱化，房价确实比年初降了一些，7月开始有客户加入购房行列，8月消费观望氛围有进一步松动的迹象，但一直到9月北京信贷未有实质性松动。但在房价下降情况下，对于一些具有区域优势的二手房来说，开始有消费者积极看房，加快入市步伐，虽未出现金九的火爆局面，但成交量仍处于进一步复苏的态势。

由于信贷未现明显放松，放款额度、首套房利率方面也没有出现过多实惠。现阶段二手房市场成交主要是改善人群及急切购房的刚需人群。高首付和高月供仍把大量刚需人群挤出市场之外，导致二手房成交量呈小幅上涨状态，但若回到2013年交易量水平仍需时日。

（四）四季度受刺激政策影响，房价平稳交易创年内新高

受利好政策9月30日中国人民银行新政，以及11月22日央行降息影响，消费者购房积极性高涨，有部分客户恐惧房价未来再次出现大幅上涨，普遍以积极心态看房、选房、购房，二手房市场持续回暖，购房者对市场预期明显向好，房价环比已现平稳上涨态势，购房信心持续恢复中，12月网签量创2014年新高。

从实际成交量来看，2014年购房观望累积人群在10月得到大量集中释放，直接导致10月二手房成交量达到高峰，进入11月交易量环比10月高峰期有所下滑，12月交易量环比11月有所下滑，但同2014年其他月份相比仍处于快速回暖状态。

12月成交量有所下滑，但由于网签数据相对成交数据要滞后15天以上，

由此导致从网签数据上看，12 月网签量预计超 1.4 万套，实现 2014 年月度网签量最高的纪录。

从中原地产进行的报价指数统计分析中可以看出，12 月报价指数持续上涨为 36.5%，较上月上涨 2 个百分点，报价指数连续 7 个月出现回涨。下调房源量持续减少，业主预期持续向好，买卖双方博弈的情况将持续。

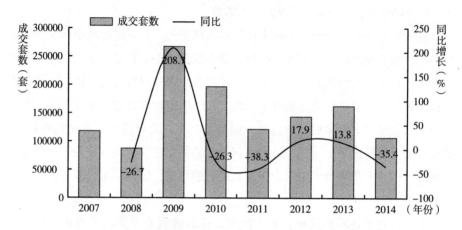

图 2 2007～2014 年二手住宅成交套数走势

资料来源：北京中原市场研究部。

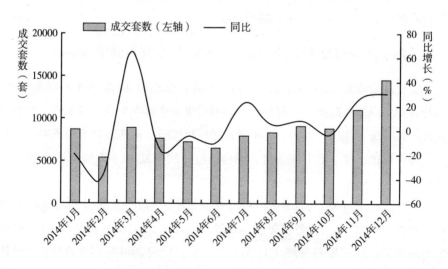

图 3 2014 年 1～12 月二手住宅成交套数走势

资料来源：北京中原市场研究部。

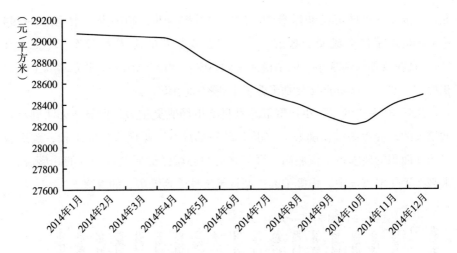

图4 2014 年 1～12 月二手住宅成交价格走势

资料来源：北京中原市场研究部。

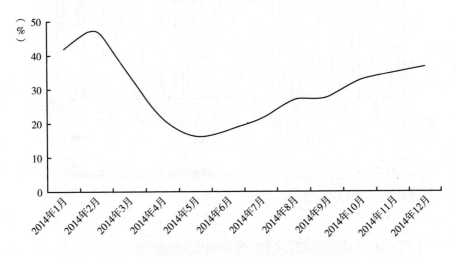

图5 2014 年 1～12 月二手住宅报价指数走势

资料来源：中原集团研究中心。

（五）改善性需求释放，中等偏大户型受青睐

得益于"9·30 新政"对首套房认定标准的放宽以及降息的双重利好，未来二手房成交结构里中等偏大户型的比重逐步增加。回顾近三年的户型分布，

北京、成都两个城市已初露端倪。据中原数据监测，2014 年，北京 90 ~ 144 平方米的二手住宅成交套数占二手住宅总成交套的比例为 32%，环比上升 4%，且在改善性需求中，以小换大占到 50% ~ 60%；在 144 平方米以上的面积段中，北京、成都环比分别上升了 1.3%、5.6%。

虽然 90 平方米以下小户型依然是目前市场成交主力，但显然无法满足日益增长的改善性需求。随着"二胎"政策的放开，家庭人口数增长，购房者对居住面积的要求也水涨船高。再加之对中心城区优质教育资源的旺盛需求，未来二手住宅市场中，中等偏大户型将越来越受到购房者的青睐。

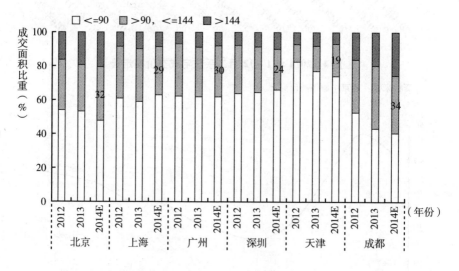

图6　六大主要城市二手住宅成交面积结构变化（2012 ~ 2014 年）

资料来源：中原集团研究中心。

（六）租赁持续平稳，租金涨幅创近5年最低

由于销售市场回落，租赁市场也失去了持续上涨的动力。但由于租赁需求相对稳定，租金依然呈波动上涨的态势。中原领先指数系统显示，2014 年前 11 个月，仅成都二手住宅租金指数出现下滑，累计下跌 4.59%；其他五城市租金指数波动上扬，累计涨幅在 1.29% ~ 15.11% 之间。其中，深圳的累计涨幅最高为 15.11%；沪津次之，累计涨幅在 5% 左右；京粤的租金指数累计涨幅较小，低于 2%。

2014 年北京市住房租金价格涨幅创近 5 年最低。一是 2014 年租赁房源持续增加，是租金稳定的一大重要原因；二是从宏观经济层面看，国内经济增长下行压力大，居民消费价格指数上涨放缓，居住价格拉动影响力下降；三是北京定位发展为高端化、服务化、集聚化、融合化、低碳化城市，在经济结构和产业结构调整的同时，控制人口增长目标，2014 年北京市常住人口比上年少增加约 10 万人，未来将持续影响住房租赁总量的预期；四是从住房保障机制看，公租房等安居型保障房产业化进程加快，投入使用逐渐增多，其未来将成为稳定房价和租金的重要机制。

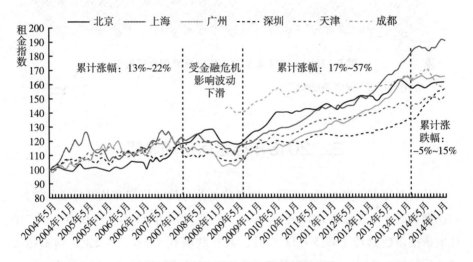

图7　CLI 二手住宅租金指数月度走势

资料来源：中原集团研究中心。

（七）租金回报率7年最低，全年仅为2.4%

2014 年租金相对平稳且房价滞涨，令租金回报率依然在低位徘徊。

自 2008 年以来，租金回报率起伏变化，主要与房价涨跌幅度有关，因为从历年来看，租金变化幅度不是太多。2008 年、2009 年和 2012 年都是房价涨跌幅度较大的时期，2013 年、2014 年明显特征是租金涨幅创新低，房价在年内出现滞涨，这直接导致租金回报在低位徘徊。在北京购二手房租金回报率很低，投资者更多看重的是未来房价的上涨空间。

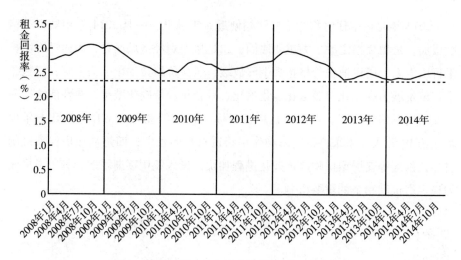

图8 2008～2014年北京市住宅月度租金回报率

资料来源：北京中原市场研究部。

三 2015年存量房市场展望

从历次楼市调整的情况来看，楼市的复苏有赖于信贷和政策环境的放松。本次调整最先由北京自2013年12月始。截至2014年11月，六城市中原二手住宅价格指数累计下跌5～11个月，累计跌幅在1.1%～9.2%，均未超过10%。随着9月底以来首套房认定放宽以及降息的双重刺激，改善性需求得以释放，成交量大幅反弹，价格亦止跌回升。与前两次楼市调整相比，无论是下跌周期，还是下跌幅度都较低，本次二手房市场受影响幅度均有限。

2015年3月5日《政府工作报告》提出：稳健的货币政策要松紧适度，支持居民自住和改善住房需求，促进房地产市场平稳健康发展。从2015年政策和信贷环境来看，政府稳定楼市消费意图明显。对存量房而言，其作为反映业主放盘预期的领先指标，中原报价指数亦触底反弹，预示未来2～4个月价格回升将是大概率事件。然而，鉴于经济放缓及政府分类调控的指导思想，即使二手房价格见底，我们认为也不会出现前两年那样大幅反弹局面，企稳盘整的可能性更大。此时，二手房业主应及时把握良机，加大议价空间，尽快促成交易。

表1 CLI中原二手住宅价格指数历次下调幅度及周期对比

城市	2005 年	2007~2008 年	2011~2012 年	本次(截至 2014 年 11 月)
北京	—	-11.5%(9 个月)	-10.5%(12 个月)	-3.3%(11 个月)
上海	-17.4%(9 个月)	-12.8%(7 个月)	-6.5%(5 个月)	-4.3%(9 个月)
广州	—	-14.4%(13 个月)	-2.8(3 个月)	-9.2%(7 个月)
深圳	—	-25.8%(18 个月)	-11.7%(9 个月)	-2.8%(5 个月)
天津	—	-12.3%(9 个月)	-5.1%(4 个月)	-1.1%(5 个月)
成都	—	-17.0%(10 个月)	-4.4%(4 个月)	-5.5%(6 个月)

资料来源：中原集团研究中心。

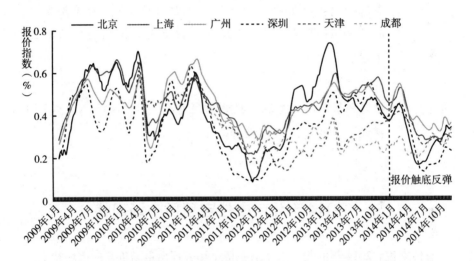

图9 CLI中原二手住宅报价指数走势（2009 年第 1 周至 2014 年第 48 周）

资料来源：中原集团研究中心。

尽管央行"9·30新政"中明确指出房贷最低可达7折优惠，然而从中原调研情况来看，大多数银行房贷利率并无变化，仅有个别银行推出95折优惠。当政策刺激效应衰减，则难以维持成交量持续回升，市场可能重陷胶着。因此，对于2015年的二手房市场整体应该是谨慎乐观，量价止跌回稳。

B.11
北京住房租赁市场现状、问题与对策

胡景晖　宋金泽　宋辉　孔丹*

摘　要： 2014年北京的住宅租赁市场呈现量增价稳的特征，但是租金过高、供需不平衡、难以规范化管理的问题仍然存在，因此本文提出了以房地产投资信托基金（REITs）为原型延伸出的"类REITs模式"，这或许是解决上述问题的较为有效的手段。

关键词： 住宅租赁市场　房地产投资信托基金（REITs）　"类REITs模式"　租赁规模化经营

一　2014年北京市住宅租赁市场现状

总体来说，2014年的北京市住宅租赁市场表现出量增价稳的市场特征。

据伟业我爱我家市场研究院统计，2014年北京市全年住宅租金均价为3840元/套，比2013年上涨3.1%，涨幅比上年收窄3.9个百分点，租金涨幅连续5年出现回落，同时也创下2010年以来年度涨幅新低。

在市场成交量方面，据伟业我爱我家市场研究院监测，2014年北京市租赁市场成交量比上年出现了7.9%的涨幅，住宅租赁市场规模仍然呈扩大趋势。

在经历了过去几年租金水平的快速上涨之后，2014年住宅租赁市场之所以呈现价格涨幅趋缓、市场规模进一步扩大的特征，主要有两方面原因：一是

---

* 胡景晖、宋金泽、宋辉、孔丹，伟业我爱我家集团市场研究院。

172

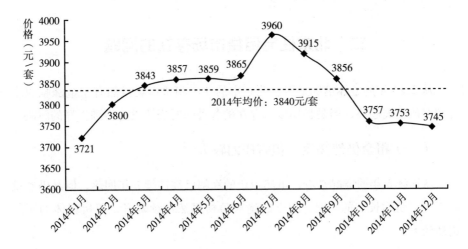

图1 2014年北京住宅租赁市场价格变化

过去几年租金价格的显著上涨，吸引了越来越多的业主将自有房屋出租，促使租赁市场房源进一步增加。同时，随着轨道交通建设和新公交路线的不断开通，位于城市近、远郊的诸多新增房屋也被纳入租赁市场，增加了市场房源供应。在房源增多的情况下，市场规模进一步扩大，促使租金涨幅的放缓。二是随着宏观经济增速的放缓、央行货币政策的相对稳定，居民消费价格指数（CPI）涨幅也显著收窄，在通货膨胀速度放缓的情况下，住宅租赁市场价格也上涨乏力。

在这样的情况下，预计2015年北京市住宅租赁市场将延续2014年涨幅收窄、整体平稳的市场特征，年度租金涨幅仍将维持在3%左右。

另外，据伟业我爱我家市场研究院监测，2014年以来，北京市住宅租赁市场在微观方面还表现出两个较为明显的特征：一是旺季租金月度环比收窄（最高为1月的3.19%，其次为7月的2.46%），全年振幅也收窄（最高月和最低月变动差5.76个百分点，比2013年收窄0.47个百分点）。二是3月之后，市场价格往年会出现的4月、5月的小幅回落，并未出现。春、夏租赁旺季之间的相对成交低谷中，价格并未出现显著降低。这是由于2014年的租金水平比过去几年整体水平都要高，较高的租金促使越来越多的租赁市场需求选择在淡季租房或换租，在分流往年旺季需求集中程度的同时，也使得市场旺季之间的波谷被填平。

二 北京住宅租赁市场存在的问题

从 2014 年的整体情况来看，北京市的住宅租赁市场虽然有租金涨幅收窄等利好的发展趋势，但是长期以来存在的各种问题仍然没有得到很好的解决。

（一）租金仍然高企，租客压力较大

从连续 6 年的情况来看，虽然租金的涨幅已经连续五年回落，但是仍然没有出现"负增长"的状况，租金的绝对价格仍然持续攀升，租房群体的压力仍然较大。

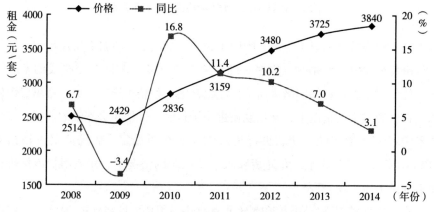

图 2　2008～2014 年北京市住宅租赁市场年度租金变化情况

（二）供需矛盾突出，短期难以缓解

从供求关系来看，北京的租赁市场始终处于供小于求的不平衡中，即使在租赁淡季的第四季度，客房比也超过了 3，这意味着一套房源要供 3 位以上的客户选择，即使将合租因素考虑进来，这样的客房比也仅仅是刚好达到供需平衡的状态。

（三）缺乏统一管理，租赁市场规范性差

目前北京市乃至全国的租赁经营模式，仍然以"业主直接面对客户"和

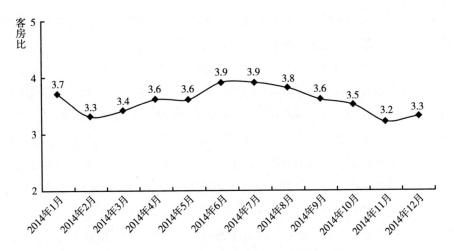

图3　2014年北京市房屋租赁市场供需情况

"房屋托管"两种形式为主，而"青年公寓"模式尚处于起步阶段。其中主流的两种经营模式都有着一定的弊端。

"业主直接面对客户模式"即业主和客户直接签订租赁合同，租赁关系存续期间出现问题，由业主和客户协商解决。这是较为传统和普遍的租赁模式。在这种模式下，业主与客户之间极易发生纠纷，业主单方面毁约的情况时有发生，客户为不法分子的案例也屡见不鲜，业主和客户的合法权益、人身财产安全都难以保障。同时，此类出租屋十分分散，也不便于政府的监管。

"房屋托管模式"是指业主将房产委托给经纪机构，由经纪机构出租管理，客户和经纪机构签订合同，有任何问题都由经纪机构进行解决。在这种模式下，经纪机构会通过大量收房、统一装修、统一管理，将其做成租赁产品。但是由于房源过于分散，经纪机构的收房成本增加，标准化、规范化的难度加大；同时，房源所有权属于个人，难以签订长期（如10年以上）的委托合同，致使租客无法稳定下来，短租情况过多，总体空置期过长，经纪机构难以赢利。

三　以"类 REITs 模式"推进租赁规模化经营，解决住宅租赁市场存在的问题

从政府的角度来说，既要保障普通市民的居住权利，解决租赁市场供需不

平衡、租金过高的矛盾，又要推进租赁市场的规范化经营，就需要探索一种新的市场手段，来解决这些问题。

2015年年初，住建部向各省区市的住建主管部门下发了《关于加快培育和发展住房租赁市场的指导意见（建房〔2015〕4号）》（以下简称"意见"）。意见提出"发挥市场在资源配置中的决定性作用和更好发挥政府作用，积极推进租赁服务平台建设，大力发展住房租赁经营机构，完善公共租赁住房制度，拓宽融资渠道，推动房地产开发企业转型升级，用3年时间，基本形成渠道多元、总量平衡、结构合理、服务规范、制度健全的住房租赁市场"的总要求，并提出"建立住房租赁信息政府服务平台；积极培育经营住房租赁的机构；支持房地产开发企业将其持有房源向社会出租；积极推进房地产投资信托基金（REITs）试点；支持从租赁市场筹集公共租赁房房源"等5项举措。基于此，REITs模式成为租赁规模化经营的重要手段之一。

（一）REITs模式介绍

从国际上看，REITs（房地产投资信托基金）是一种以发行收益凭证的方式汇集特定多数投资者的资金，由专门投资机构进行房地产投资经营管理，并将投资综合收益按比例分配给投资者的一种信托基金。与我国信托纯粹属于私募性质所不同的是，国际意义上的REITs在性质上等同于基金，少数属于私募，但绝大多数属于公募。REITs既可以封闭运行，也可以上市交易流通，类似于我国的开放式基金与封闭式基金。REITs就是基于优质物业发行的"股票"，由于REITs的高分红及房地产市场普遍稳定上涨的趋势，REITs的收益较股票更为高效、稳健。

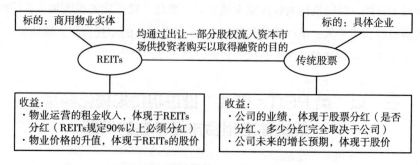

图4　REITs运行模式与传统股票的差异

（二）"类 REITs 模式"设计

依据国外 REITs 模式，可以设计出一套适用于北京楼市的定向放开限购及租赁规模化经营模式（简称"类 REITs 模式"），并与目前的新房销售相结合，将房产的销售与运营结合起来：在销售阶段，让一部分有能力购买但不具备购房资质的购房人，间接参与到房产购买中来，扩大楼市的购买客户群，盘活房地产市场；在租赁运营阶段，可提供大量符合客户需求的优质租赁房源，缓解住房需求。

定向购买及租赁规模化经营模式具有如下的优势。

对政府而言

• 在一定程度上盘活房地产市场，缓解房产企业的库存压力，同时可避免住宅的投机炒作，有效平抑房价；

• 可作为北京市的公租房/廉租房的有益补充，降低政府的投入成本和执行成本；

• 可提供大量优质租赁房源，可以有效平抑租金，缓解住房需求不断上涨的压力；

• 有利于住房租赁市场的统一化、规范化，利于政府的监管；

• 只需要在税收、财政补贴等项目上提供协助，行政成本很小。

对购房者而言

• 可获得购买资格，并获得买卖时的让利收益、租金及房价上涨带来的预期收益；

• 房产可交由大型中介机构运营，收益稳定，风险较小。

对租房者而言

• 可降低租房者的租房成本（找房成本＋房租支付成本）；

• 获得安全可靠、规范化的租赁服务。

（三）"类 REITs 模式"运营流程及各阶段需细化的政策

第一阶段：将有潜力的滞销楼盘销售给特定人群。

此阶段需要细化的政策：

（1）购房者若购买此模式下的房产，应按照首次置业的标准给予政策优惠

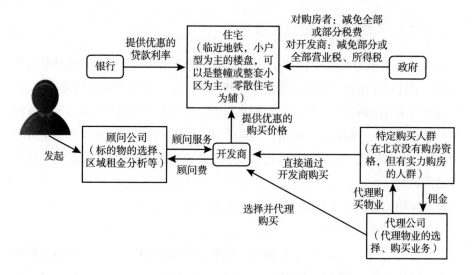

图 5 "类 REITs 模式"第一阶段运作流程

（首付、贷款等），并且不占用名下已购房产名额，不影响以后其他房产的购买。

（2）减免开发商的营业税和所得税，减轻开发商对购房者的让利压力。

第二阶段：购买房产后 5 年内，购房者并不能直接拥有房产，只能通过从事租赁业务的经纪公司出租，赚取租金收益。

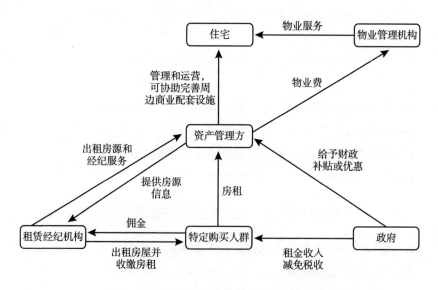

图 6 "类 REITs 模式"第二阶段运作流程

此阶段需要细化的政策：

（1）对购房者：出租所得收入减免税费。

（2）对资产管理方：政府可对资产管理方在该项目的运营上提供营业税优惠，甚至一定的财政补贴，以维持其管理和运营。此外，资产管理方也可参与到楼盘周边配套设施建设、底商出租运营等环节中去，政府可提供适当优惠或减免费用。

需要注意的是，此阶段资产管理方对住宅的运营模式是一种类REITs化的运营，它是分权的规模化集中运营，而不是份额的集中运营。

（3）对承租人：此模式下的住宅可作为政府公租房/廉租房的有益补充，政府可对符合公租房/廉租房政策的租房群体给予一定的租金补贴。

（4）对租金价格需设定合理区间：租赁经纪机构要密切监测周边地区租金变化，设定一个合理的租金上涨区间（可参考德国关于限制性租赁的相关政策规定），以平衡购房者和承租人双方的利益。若该地区租金价格出现异动，政府可提供补贴。

第三阶段：持有房产5年后，购房者可自住，可出售，可交由REITs管理及运营。

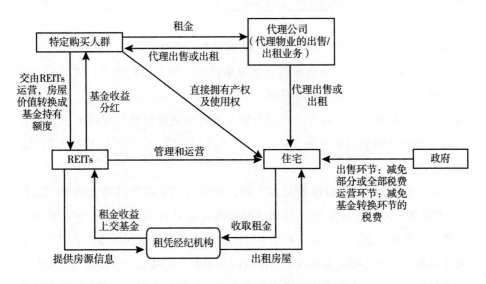

图7　"类REITs模式"第三阶段运作流程

此阶段需要细化的政策：

（1）对定向放开限购的购房者：若出售房产，按"满五唯一"的标准出售，政府减免全部或部分税费。若继续出租住宅，则按市场化租赁执行，不再提供任何优惠。若转换为 REITs 基金份额，则政府减免全部或部分转换税费。

（2）对 REITs 运营方，政府可对其提供税收优惠或政策倾斜，以保障基金的维持和运营。

（四）"类 REITs 模式"的主要参与主体及其职责

表1 "类 REITs 模式"的关键主体及其职责

关键主体	职责
发起人/委托人	选定待售楼盘,同时负责向该楼盘开发商请求提供优惠购买价格、向政府请求减免相关契税、向银行申请优惠贷款利率等。
开发商	提供待售楼盘及优惠购买价格。
政府	提供税费的优惠和减免,提供财政补贴,监督项目执行;明确政策细则。
银行	提供优惠的贷款利率。
房地产经纪公司	提供待售楼盘资产管理、物业管理、租赁及后续的再次出售等经纪服务等。
REITs/资产管理方	基金运作,房产管理及运营。

当然，在推行"类 REITs 模式"的过程中可能遇到以下一些障碍。

（1）购房者的接受程度较低：此方案作为一种全新的模式，在我国房地产市场长期单一的投资渠道和环境下，让普通购房者认识并认可，还需要一段时间的宣传和讲解。此外，大部分购房者可能更愿意接受承诺好了的固定收益（如保证租金每年上涨5%），对于不确定性的、浮动的收益不太愿意冒险。

（2）政策问题：REITs 模式在中国，目前尚不能以公募基金的形式运行（主要是基金的公开募集与二级市场转让等环节牵涉问题较多，不宜放开），只能以私募基金的形式，以一种类 REITs 的形式发起和运行。该模式若以私募基金的形式运行，则需明确两个方面的政策细则：①基金份额持有与不动产登记之间的关系：当住宅折算成基金份额后，该住宅的所有人是基金资产管理方还是原业主？②基金运营中，所涉及的税收问题：国税和地税之间具体如何减免，减免额度是多少，需要政府确定。

要想以"类 REITs 模式"来推进租赁规模化经营，必须先解决上述问题。

参考文献

李健飞：《美国房地产信托基金研究及对我国的启示》，《国际金融研究》2005 年第 1 期。

傅玲娜：《REITs 设立的比较研究与借鉴》，《东方企业文化·金融分析》2010 年第 10 期。

李静静、杜静：《REITs 在保障性住房融资中的运用》，《中国房地产》2011 年第 3 期。

雷蕙宇、罗华：《关于 REITs 在廉租房融资运用中的探讨》，《市场论坛》2008 年第 12 期。

庄冶磊：《基于 REITs 的公租房融资模式研究》，重庆大学建设管理与房地产学院，2011。

刘晓霞、刘志杰：《公共租赁住房 REITs 融资模式及其盈利能力研究》，《工程管理学报》2013 年第 4 期。

方叶乔：《我国发展房地产投资基金（REITS）可行性模式的探讨》，《经济论坛》2011 年第 2 期。

刘方强、李世荣：《REITs 在我国公共租赁房建设中的应用》，《建筑经济》2010 年第 12 期。

王文适、孙剑：《基于 REITs 的公共租赁住房租赁模式探究》，《商业时代》2012 年第 3 期。

管理篇

Management

B.12
2014年中国物业管理回顾
与2015年预测

叶天泉　叶　宁*

摘　要：　2014年是中国物业管理喜忧参半的一年。令人欣喜的是，中国人民银行个人住房贷款新规的出台，不仅让低迷的房地产市场看到了回暖的曙光，也给物业管理带来新的发展希望；中国物业管理协会提出了物业管理转型升级的路线图和时间表，行业向现代服务业转型升级全面启动；彩生活服务集团有限公司在香港挂牌上市，标志着我国物业企业进军资本市场的帷幕正式拉开。令人担忧的是，住宅区燃气事故、内涝灾害和广场舞纠纷频发，已经成为焦点问题，亟待法律的规范、制度的完善和实

---

* 叶天泉，辽宁省房地产行业协会副会长，物业专业委员会主任；叶宁，辽宁城市建设职业技术学院。

践的破解。

关键词：　物业管理　转型升级　制度完善

一　2014年中国物业管理的发展和进步

（一）中国物业管理协会成功换届

2014年10月28日，中国物业管理协会（以下简称中物协）第四次会员代表大会（以下简称代表大会）在北京召开，住房和城乡建设部（以下简称住建部）副部长齐骥等有关领导和来自全国各地的近1100名会员代表参加了大会。会上，齐骥副部长做了讲话，对中物协第三届理事会的工作以及物业管理行业在过去几年中所取得的突出成就给予了充分肯定，对协会下一步工作提出了新的更高要求，为推动物业管理行业发展和转型升级指明了方向。谢家瑾会长代表第三届中物协做了工作总结。新当选的中物协会长沈建忠做了题为《继续发扬中物协好作风，努力为行业转型升级再做新贡献》的工作报告，充分肯定了第三届中物协为行业改革发展和进步做出的卓有成效的工作，深刻分析了行业面临的形势和特点，并提出了新一届理事会工作的构想。这次会议是中国物业管理发展史上一次承前启后、继往开来、开拓创新的盛会，标志着我国物业管理进入一个新的发展时期。

（二）"物业管理向现代服务业转型升级的研究"课题验收会在京举行

2014年5月28日，受住建部建筑节能与科技司委托，由住建部房地产市场监管司组织召开了"物业管理向现代服务业转型升级的研究"课题验收会。会上，验收专家审阅了课题报告，听取了课题组的汇报，经过咨询、讨论和审议，认为课题报告结构合理、数据翔实、分析到位、措施得当，达到国内物业管理行业研究领先水平，对于促进物业管理向现代服务业转型升级具有重要价值，在物业管理实践中具有重要的指导作用。与会专家一致同意通过课题验收。

（三）2014年中国物业服务百强企业研究报告出炉

2014年6月，中国指数研究院发布了2014年中国物业服务百强企业研究报告。在2014年中国物业服务百强企业榜单中，名列前十名的为万科物业发展有限公司、绿城物业服务集团有限公司、长城物业集团股份有限公司、保利物业管理有限公司、金地物业管理集团有限公司、北京首开鸿城实业有限公司、北京均豪物业股份有限公司、彩生活服务集团有限公司、广东中奥物业管理有限公司和广东康景物业服务有限公司。

（四）内地首家物业服务企业在香港挂牌上市

2014年6月30日，彩生活服务集团有限公司在香港挂牌上市，成为中国内地首家上市的物业服务企业。彩生活服务集团有限公司的成功上市，标志着我国物业服务企业进军资本市场的帷幕正式拉开。

（五）住建部出台《物业管理师继续教育暂行办法》

2014年1月14日，住建部下发了《物业管理师继续教育暂行办法》。《办法》的颁布实施，对于规范物业管理师继续教育工作，提高物业管理师的专业素质、执业能力和职业道德水平，适应时代变革和行业发展需要必将发挥重要的作用。

（六）国际商业物业运营与管理论坛在深圳举办

2014年11月7日，由英国特许房屋经济学会亚太分会主办，世邦魏理仕承办的"国际商业物业运营与管理论坛"在深圳举办。会上，来自英国、韩国、澳大利亚等6个国家和地区的10位国际资深专业人士，介绍了他们在商业物业经营与管理方面的成功经验和做法。中物协会长沈建忠，澳门物业管理商会副会长郑就垣、理事长崔铭文等行业领导及中国大陆、港澳台的500余位业内同行出席了论坛。

二 2014年中国物业管理焦点问题剖析

（一）广场舞纠纷

据《新闻晨报》报道，2014年7月8日晚8时许，上海市闵行区碧江路、东川路的市民文化广场上，两名男子因跳广场舞发生争执，77岁的严某突然拔出一把水果刀刺向57岁的赵某，赵某因伤势严重不治身亡。

近年来，广场舞越来越流行，大街旁、小区里、广场上，每到傍晚一群群的大妈都会跟着音乐翩翩起舞。而因广场舞噪音扰民等引发的矛盾不断见诸报端。肢体冲突、伤人事件、诉讼法院对簿公堂的也并非鲜见，有的甚至让人胆战心惊。

2013年8月30日晚，北京市昌平区水泥厂旁一个篮球场上，56岁的史某，因不堪忍受跳广场舞所放声音太大，持双筒猎枪朝天鸣枪，并放出所养的3只藏獒，驱赶跳舞人群。

2014年5月，杨某驾车路过福建省连城县某一步行街道，因魏某等人跳广场舞挡住去路，双方发生争吵，杨某将魏某等人跳舞用的音响砸坏，并打了魏某一巴掌。魏某要求杨某赔偿损失，并占据副驾驶位置不肯离去，杨某见状又朝魏某鼻子打一拳，魏某将杨某告上了法庭。同年8月27日，连城县法院公开审理此案，该法院以杨某犯故意伤害罪判处其有期徒刑8个月，缓刑1年。

2014年7月27日晚，江苏省昆山市千灯镇善景园小区广场上，一群开着音响跳广场舞的大妈，因吵到喝醉酒住在该小区的顾某，顾某出面去制止跳舞者，跳舞者认为顾某无理取闹，对其置之不理。一气之下，顾某捡起一块砖头把音响砸坏，致使双方发生了肢体冲突。

2014年8月，湖北省武汉市京汉大道某小区，一群大妈正在小区楼下跳广场舞，突然从旁边楼上飞来一大堆粪便，跳舞者被弄得狼狈不堪。

这些因跳广场舞引发的冲突和过激行为，为城市政府及有关部门敲响了警钟，广场舞已经到了非解决不可的程度。如果城市政府及有关部门再不采取切实可行的措施加以解决，广场舞可能成为社会不和谐的因素。

其实，广场舞和居民和平相处并不繁杂，一是别挡路，二是别影响他人的休息。但目前在我国城市生活空间狭小、可供健身娱乐的场所及设施太少的现状下，要从根本上平衡居民健身权和免受干扰权，是一个系统工程。从长远看，地方政府应当在城市规划建设中，配备必要的公共娱乐和文化广场等公共设施，给群众提供更加便利的活动场所，既保障跳舞者健身娱乐的权利，又使居民不被噪音干扰的权利受到尊重。现阶段，城市政府应当采取多措并举、多

管齐下等办法，从法律和道德两个层面对广场舞进行规范和加强引导，同时需要全社会的共同努力。

一要加快地方立法。1996年10月29日，全国人大通过《中华人民共和国环境噪音污染防治法》（以下简称《噪声防治法》）；2008年8月19日，环境保护部、国家质量监督检查检疫总局联合发布《声环境质量标准》（以下简称《环境标准》），对在城市市区街道、广场、公园等公共场所组织娱乐、集会等活动，使用音响器材的音量以及不同时间、不同区域环境场所的标准做了规定。各省市应当根据《噪声防治法》、《环境标准》的相关规定，结合本地实际，抓紧制定出台责权明确、操作性强的地方性法规或规章。对跳广场舞的时间、地点、音响设备的音量分贝，相关部门的职责及法律责任等做出明确规定。把广场舞等娱乐活动尽快纳入法制化轨道，用法律法规平衡双方的利益关系。

令人欣喜的是，深圳市人大早在2011年10月就修订了《深圳经济特区环境噪声污染防治条例》，对类似广场舞等活动排放噪声及噪声防护措施等做了明确的规定。2014年，沈阳市政府、邯郸市政府也对广场舞出台了相应的规章。此外，广州市、合肥市人大正在制定有关广场舞的地方性法规，这些都为各地对广场舞立法带了好头。

二要加大执法力度。各地政府和环境保护、公安机关等部门，要按照《噪声防治法》、《环境标准》等法律法规和规章的规定，认真履职尽责，切实做好广场舞的引导、规范、教育和惩戒等工作。对于违反限制、挑战其他居民生活环境底线的行为，要敢于坚持原则，严格执法。同时对于检举、控告噪声污染的行为，一经查实，要及时处理，确保人民群众生活环境的质量，切实担负起维护噪声污染防治监督管理的职责。

三要加大舆论宣传。新闻媒体要利用多种形式，大力宣传《噪声防治法》等法律法规，向群众普及噪声知识，引导市民提高法律和道德意识，使舞者自觉做到既达到锻炼身体、老有所乐的目的，又不影响他人的学习和休息，切实承担起舆论监督的职责。

四要物业企业尽职尽责。物业服务企业要配合有关部门，向业主宣传《噪声防治法》等法律法规和社会公德，组织业主在《管理规约》中对广场舞进行约定，规范广场舞的行为。当管理区域内因跳广场舞发生纠纷时，要引导业主换位思考，协商让渡。对管理区域内发生违反环境噪声管理法律法规的行为，要进行劝阻、制止，劝阻、制止无效的，要及时向依法行使环境噪声监督管理职责的部门报告，切实担负起维护园区公共秩序的责任。

五要业主严格自律。跳广场舞的业主要自觉遵守国家法律法规、社会公德和管理规约，提高依法健身娱乐的意识，切实做到文明健身，依规娱乐，既行使好健身的权利，也承担起不扰民的义务。树立起法治社会，权利和义务对等的理念，自觉维护社区秩序，共同营造和谐家园。

由此看来，要防止和减少广场舞的矛盾和纠纷，只要切实做到有法可依、有章可循，城市政府重视到位、监管到位，相关部门管理到位、执法到位，新闻媒体宣传到位、监督到位，物业企业配合到位、落实到位，广大业主认识到位、自律到位，广场舞纠纷多发的势头就一定能够得到缓解。

（二）住宅区防燃气事故

2014年8月17日1时30分许，山西省长治市高新区景山花园一住户家中发生燃气爆炸，事故造成7人死亡，4人受伤。

近年来，住宅区因燃气泄漏等引发的燃气中毒、燃气爆炸以及火灾等事故偶有发生，仅2014年因燃气事故致人死亡的悲剧就发生多起。

2月15日，辽宁省大连市香炉礁街道香炉街7－3号楼5楼发生了一起惨剧，5人因燃气中毒殒命。3月30日，大连市双兴街283号楼5楼，一住户的燃气胶皮管脱落，造成1人燃气中毒身亡。4月20日，同样在283号楼3楼，发生燃气中毒事故，造成3死1伤。4月8日，辽宁省鞍山市铁西区一居民楼发生燃气爆炸，造成3人死亡、4人受伤。9月19日，福建省厦门市湖里区嘉禾路福园公寓1楼一小吃店发生燃气爆炸，造成5人死亡、18人受伤。

燃气事故频发的原因有如下几个方面：一是思想认识不到位。有的城市政府、燃气管理部门对燃气安全的重要性认识不足，重视程度不够，存在麻痹思想，致使燃气安全隐患得不到有效的解决。二是责任落实不到位。个别城市政府、燃气管理部门及相关部门责任意识不强，燃气安全管理制度没有得到有效发挥，存在责任不明确、制度不完善、应急机制不健全、安全执法不严格、督查检查不到位等问题，没有形成各司其职、各负其责的工作合力。三是工作措施不到位。有的城市政府、燃气管理部门对燃气安全隐患缺少必要的解决措施，一些燃气管线老化、年久失修，不能及时、定期进行维修和更换，工作措施得不到有效的落实，造成一些隐患长期得不到解决。四是投入不到位。《2013年中国城市建设统计年鉴》统计结果显示，当年用于城市基础设施建设的财政性资金为16349.79亿元，其中投入燃气系统建设和改造的资金为425.68亿元，仅占当年投资总额的2.6%。由于投入不足，城市新建燃气管线的需要得不到满足，严重占压和老化的燃气管线也不能得到改造。五是安全防范意识不到位。个别住户燃气安全意识缺乏，擅自移动燃气设施和管线，擅自安装、使用不合格的燃气器具或气瓶，甚至擅自安装、改装、拆除户内燃气设施和燃气计量装置，以及个别住户使用明令淘汰的燃气热水器、出门忘记关闭燃气阀门等，这些都为燃气事故的发生埋下了隐患。此外，因家庭纠纷等气头之下释放燃气、实施自杀，以及利用燃气实施纵火、杀人灭口等刑事案件也时有所闻。

面对燃气事故多发的严峻形势，各级政府、燃气管理部门和相关部门，应当牢固树立燃气安全"责任重于泰山"的思想，坚持标本兼治、重在治本的原则，以坚决有力的措施遏制燃气事故的发生。

一要强化监管。各级政府要充分认识做好燃气安全工作的重要性，牢固树立安全发展的理念，坚持把人的生命放在首位，严格履行监管职责，切实增强做好燃气安全工作的责任感和紧迫感。要采取切实有效的措施，坚持源头预防与应急处置相结合，专项治理与整体防控相结合，集中整治与日常管理相结合，切实加大对燃气安全的投入，确保人民群众生命、财产的安全。

二要强化执法。各级燃气管理部门要发扬科学严谨、求真务实的工作作风，深入基层、深入住户，广泛开展明察暗访，深查隐蔽致灾隐患，对安全隐患要一查到底，不留死角。对重大安全隐患，要挂牌督办，限期整改，直至达到安全标准，确保燃气使用安全。

三要强化宣传。新闻单位要通过多种形式和手段，广泛宣传《城镇燃气管理条例》等法规和燃气安全使用知识，增强业主的安全意识和燃气安全常识，做到家喻户晓、人人皆知、警钟长鸣，努力营造全社会共同关注、积极支持燃气安全的良好氛围。

四要强化配合。物业服务企业要密切配合相关部门，对业主进行燃气安全知识常识的普及，全面提升燃气安全使用意识和防范安全事故的能力，杜绝燃气事故的发生。广大业主要增强燃气使用安全意识，正确使用燃气，经常对燃气炉具、管线等进行检查，发现安全隐患要立即向燃气管理部门报告，最大限度地减少燃气事故的发生。

五要建立长效机制。要从根本上杜绝燃气事故的发生，必须坚持源头治理，在治本上下功夫。建议国家燃气管理部门对《室内燃气设计规范》进行修订，增加"凡新建住宅使用燃气的，必须在建设的同时安装燃气泄漏报警装置，并实行联网；凡未安装燃气泄漏报警装置的住宅项目，不得竣工验收和交付使用"。对既有住宅要限期进行改造，分期分批安装燃气泄漏报警装置，从源头上遏制燃气事故的发生。

（三）住宅区防水灾

近几年来，因受台风和极端天气的影响，许多城市都遭遇了严重的内涝。其中一些城市住宅区地下车库遭水淹的事件屡屡发生，给业主财产造成了严重的损失。

2010年5月7日，广州市遭遇百年一遇的暴雨，城区有35个地下停车场、1409台机动车受到不同程度的水淹，其中天河区地下车库受淹严重，有24个停车场、1139台车辆被雨水浸泡受损。

2011年6月8日，武汉市遭遇1998年以来最大暴雨，使市区82处路段不同程度渍水，导致新世纪花园等小区地下车库被淹。

2012年7月21日，北京市遭遇61年来最强暴雨，导致全市1.6万平方公里162.2万人口受灾。处于重灾区的房山区碧桂园小区因雨水倒灌，造成地下车库300多台车辆"全军覆没"。

2013年10月8日清晨，上海市遭遇大暴雨，许多地势低的地下车库被淹，其中嘉定区城市岸泊小区被淹严重，3号车库85辆私家车遭遇"灭顶之灾"。

2014年5月11日，深圳市遭遇2008年以来最强暴雨，局部出现特大暴雨并大范围严重积涝，导致该市出现300多处道路积水，50处片区发生内涝，2500多台车辆被淹。

分析城市频繁发生内涝灾害的原因：一是重地上建设、轻地下建设。近些年来，城市地上建设发展迅猛，而地下建设，特别是地下排水设施建设远跟不上城市的高速发展。尤其是一些地方政府对城市基础设施缺乏整体规划，重地上建设、轻地下建设，重应急处置、轻平时预防，建设不配套、标准偏低，城

市排涝能力建设严重滞后于城市规模的快速扩张，致使城市排涝基础设施落后，暴雨内涝灾害频发。二是投入不足。《2013 年中国城市建设统计年鉴》统计数字显示，当年用于城市市政基础设施的财政性资金，仅有 4.76% 投入排水系统的建设维护中。由于投资不到位，难以按标准规定进行建设和定期养护，致使城市市政排水管网覆盖率低，设施排涝能力差。三是极端天气多发。近几年来极端天气频发，降水量大，降雨时间长，使一些城市内涝发生范围广，积水深度大，滞水时间长，也是造成严重损失的重要原因。住建部 2010年对国内 351 个城市排涝能力的专项调研显示，2008 ~ 2010 年间，有 62% 的城市发生过不同程度的内涝，其中内涝灾害超过 3 次的城市有 137 个，在发生过内涝的城市中，有 57 个城市最长积水时间超过 12 小时。另据《人民日报》2013 年 1月 7 日报道，2012 年全国有 184 个县级以上城市受淹，特别是一些大城市洪涝损失严重。四是按设计规范下限设计。住建部 2011 年出台的《室外排水设计规范》规定，城市一般地区排水的设计暴雨重现期为 1 ~ 3 年，重点地区重现期为 3 ~ 5年。但在实施过程中，大部分城市普遍采用标准规范下限。

令人欣慰的是，城市严重内涝问题已经受到国务院及有关部门的高度重视，自 2013 年以来，国家顶层设计部门密集出台了一系列治理城市内涝的法规、规章和规范性文件。2013 年 3 月 25 日，国务院办公厅印发了《关于做好城市排水防涝设施建设工作的通知》；同年 9 月 6 日国务院下发了《关于加强城市基础设施建设的意见》；同年 10 月 2 日国务院公布了《城市排水与污水处理条例》；2014 年 6 月 14 日，国务院办公厅又下发了《关于加强城市地下管线建设管理的指导意见》。2013 年 6 月 18 日，住建部出台了《城市排水（雨水）防涝综合规划编制大纲》；2014 年 10 月 22 日，住建部又出台了《海绵城市建设技术指南——低影响开发雨水系统构建（试行）》；同年 12 月 14 日住建部等五部门联合下发了《关于开展城市地下管线普查工作的通知》。

这些法规、规章和规范性文件的颁布实施，对于规范城市排水防涝管理，保障城市排水防涝安全运行，防治城市内涝灾害，保障人民群众生命、财产安全和公共安全将发挥重要的作用。

面对城市内涝灾害频发，各地政府应当引起足够的重视，抓住国家顶层设计规划治理城市内涝的有利时机，把城市排水防涝作为重大的国计民生工程，摆到更加突出的位置来抓，在城市规划建设中更多地考虑抗风险因素，切实提升城市应对内涝等极端天气灾害的能力。

城市排水防涝主管部门及相关部门，要在对城市地下排水管网普查的基础上，根据城市降水规律、暴雨内涝风险等因素，编制《城市排水设施建设与内涝防治专项规划》，在《规划》中确定城市市政基础设施建设与内涝防治的目标、标准和完成时限等，并纳入城市国民经济和社会发展规划。要编制应急预案，建立内涝防治预警、会商联动机制，明确职责分工，严格防治责任，形成工作合力，切实担负起消除城市内涝隐患、确保人民群众生命财产安全的职责。

物业服务企业要规避住宅区地下车库被淹的风险，就要建立完善的应急管理机制，加强危机管理和抗风险能力建设，提升对水灾等自然灾害突发事件的风险管理水平，把水灾预警、应急管理纳入日常管理，作为物业管理的重要组成部分，建立住宅区防水灾应急预案，并有针对性地开展实战演练。建立信息畅通、反应敏捷、协调有力、运转高效的应急管理协调机制，切实提高应对水灾等突发事件的能力。这可能是现阶段城市政府应对水灾突发事件、物业服务企业减轻风险责任的最佳途径。

三 2015年中国物业管理发展走势

2015年是落实中物协代表大会精神的第一年，也是物业管理行业全面启动转型升级的开局之年。展望新的一年，行业将凸显以下发展态势。

（一）落实中物协代表大会精神将成为行业共同奋斗目标

2014年10月28日召开的中物协代表大会，提出了今后一段时期我国物业管理发展的工作目标、任务和措施，确定了"力争用五年时间，基本形成行业转型升级的运作和赢利模式；用十年时间，初步实现转型升级的基本目标"。这是一个鼓舞人心、催人奋进的目标，也是一个需要经过全行业艰苦努力和不懈奋斗才有望实现的目标。要实现代表大会提出的任务和目标，必须着力做好以下工作。

一是认真学习、深刻领会代表大会精神。各地物业管理行政主管部门、行业协会和物业服务企业（以下简称各地物业管理单位），当前首要的任务就是

要深入学习、全面领会代表大会的精神实质，准确把握代表大会提出的各项工作部署、任务和目标，进一步增强贯彻落实代表大会精神的责任感和使命感，为落实会议精神打下坚实基础，努力使代表大会确定的任务和目标得以贯彻执行。

二是联系实际贯彻落实代表大会确定的任务和目标。各地物业管理单位要充分认识贯彻落实代表大会确定的任务和目标，难度大、任务重、要求高，必须结合本单位的实际，制定贯彻落实会议精神的实施方案。做到任务、目标、措施、完成时限具体，责任分工明确，针对性、操作性强，切实可行，这是落实会议精神的关键。只有各地物业管理单位制定的任务、目标扎扎实实落到实处，实现代表大会确定的任务和目标才有基础和保障。

三是千方百计实现代表大会确定的任务和目标。目前行业距代表大会提出的任务和目标还有很大的差距，不仅有相当多的工作要做，而且有很多的困难和问题需要克服和解决。各地物业管理单位要增强落实会议精神的紧迫感，进一步加大工作力度，找准影响实现代表大会任务和目标的短板和差距。开拓创新、求真务实、真抓实干、攻坚克难，切实做到一分部署、九分落实，充分发挥卓越的执行力和落实力，代表大会规划的美好蓝图就一定能够成为现实。

（二）创新管理模式将成为行业发展的当务之急

我国物业管理经过30多年的创新和实践，已经探索和创造出街道办事处管理模式，封闭式管理模式，自建自管模式，委托管理模式，专业化、市场化、社会化管理模式，一体化管理模式，专业化管理模式，区域化管理模式，三位一体管理模式等。应当肯定地说，上述管理模式在我国物业管理的不同发展阶段，对推动全国或区域物业管理的发展发挥了不可低估的作用。

目前我国物业管理已经到了转型升级的关键时期，特别是随着物联网、移动互联网等现代先进信息技术在物业管理和服务中的广泛应用，原有的管理模式已经不能满足和适应物业管理发展的需要，亟待进行改革和创新。要对物业管理模式进行创新，就应当把管理模式创新摆到更加突出的位置来抓，就要用创新的思想理念和科学的思想方法，在既有创新成果的基础上，坚持在继承中创新。一方面需要对国际国内物业管理模式进行梳理，在比较中结合我国物业管理的特点和实践，创新和发展适应我国物业管理的模式；另一方面要对30

多年来，我国物业管理模式的探索和实践进行系统总结，从中找出带有普遍性、规律性的东西，并充分利用互联网等技术，在物业管理商业模式创新等方面，结合物业管理的实际进行更多的探索和实践。根据物业的不同性质、业主的不同需求，特别是物业管理多元化发展的需要，不断创新符合行业发展实际，既适应可增长性新兴产业发展需求，又适应我国国情和不同地域特色的物业管理模式，为我国物业管理又好又快发展提供更加科学适用的管理模式。

（三）履行社会责任将成为物业企业可持续发展的内在需求

企业是社会的细胞，履行社会责任是企业的重要内容，是企业经营活动的本质要求，也是企业可持续发展的内在需求。物业服务企业履行社会责任，对于提高企业社会影响力和市场竞争力，树立企业的良好形象，增强业主和社会各界对物业管理行业的认可度、信誉度，促进行业的发展具有重要的意义。

经过多年的努力，我国物业管理行业已经涌现出一批认真履行社会责任的物业服务企业。但是，从总体上看，行业在履行社会责任方面尚存在一些物业服务企业法律意识淡薄、社会责任意识缺失、履行社会责任缺位的现象。有的企业不兑现《物业服务合同》承诺的服务内容、服务标准和服务质量，导致管理服务不到位，引发企业与业主之间的矛盾多发；有的企业无视甚至侵犯职工的合法权益，导致劳动争议案件屡有发生。不仅严重影响了企业与业主之间、职工之间的关系，而且直接侵害了业主、企业职工的合法权益。

物业服务企业履行社会责任，应当加强以下工作：一要依法经营。自觉遵守《物权法》、《物业管理条例》等法律法规，认真履行职责、权利和义务，严格依法办事，依法纳税，维护业主和物业使用人的合法权益。

二要诚实守信。认真履行物业管理行业职业道德标准、行业规范和服务守则，树立重承诺、守信用的职业道德，做到服务内容具体化、服务程序标准化、服务收费透明化、服务行为规范化、服务质量精细化。

三要认真履责。自觉履行《物业服务合同》约定的服务内容、服务标准、服务质量和收费标准，兑现服务承诺。定期向业主公开物业服务费收支情况，接受其监督。为业主和物业使用人营造优美整洁、文明安全、舒适便捷、健康和谐的生活和工作环境。

四要履行社会责任。积极参与社会公益事业，在发生重大自然灾害时，积

极伸出援助之手，所在灾区的职工要坚守岗位，坚守对业主的承诺，同灾区业主共渡难关。

五要维护职工合法权益。遵守《劳动合同法》等法律法规，依法与职工签订并履行劳动合同，按规定足额缴纳社会保险，尊重职工人格与合法权益。加强职工教育培训，创造平等发展机遇。关心职工生活，为职工排忧解难。同时，物业服务企业要不断增强履行社会责任的意识，建立履行社会责任的体制机制，建立履行社会责任的发布制度、评价体系和评价制度。只有这样，物业服务企业才能在履行社会责任方面取得实质性的进展和突破。

值得一提的是，2013年12月，深圳市物业管理协会在全国率先发布了《2012年度深圳市物业管理行业社会责任报告》，为各省市物业管理行业起到了示范作用。各地物业管理行政主管部门或行业协会，应当尽快建立起行业履行社会责任情况发布制度。可以相信，在各地物业管理单位的不懈努力下，行业在履行社会责任方面一定会越做越好，越做越出色。这不仅是社会进步和发展的必然要求，也是物业管理行业的必然发展趋势。

. 13

2014年中国房地产中介行业现状
与2015年发展趋势分析

程敏敏　张杨杨*

摘　要： 在我国，房地产中介行业主要指房地产估价和经纪行业。2014年，房地产估价行业平稳发展，房地产估价队伍和估价业务依旧持续高速增长，估价收费放开，市场调节作用正在加强；房地产经纪行业风起云涌，互联网联手线下，传统企业大力并购，新模式汹涌而来，企业加强跨界融合，促使行业升级转型。本文回顾了2014年房地产估价和经纪行业的若干重要事件，在简要分析近些年发展实际情况的基础上，对这两个行业在2015年的走势做出预测。

关键词： 房地产估价　房地产经纪

　　房地产中介是房地产业的重要组成部分，包括房地产估价、房地产经纪和房地产咨询行业。目前在我国，房地产中介行业主要指房地产估价和经纪行业。本文主要分为两大部分，分别介绍房地产估价行业2014年现状及2015年走势和房地产经纪行业2014年现状及2015年走势。

---

* 程敏敏，硕士，中国房地产估价师与房地产经纪人学会房地产估价师，主要研究房地产经纪等；张杨杨，硕士，中国房地产估价师与房地产经纪人学会，主要研究房地产估价等。

一 2014年中国房地产估价行业现状及2015年走势分析

（一）2014年中国房地产估价行业现状

1. 2014年中国房地产估价行业重大事件

（1）两大估价行业协会共同召开资产评估法研讨会。资产评估法起草始于 2006 年 5 月，由全国人大财经委牵头。全国人大常委会分别于 2012 年 2 月、2013 年 8 月对该法进行了一审和二审，均公开向社会征求意见，反馈意见近 20 万条。鉴于此，两家全国性估价行业组织——中国房地产估价师与房地产经纪人学会（以下简称中房学）、中国土地估价师协会于 2014 年 4 月 24 日上午在北京联合举办资产评估法研讨会，主要就立法的必要性、境外资产评估立法情况、资产评估法的名称是否科学公平、资产评估的本质属性等问题展开研讨。国际测量师联合会、北京大学、清华大学、中国人民大学、中山大学、首都经济贸易大学等高等院校以及估价行业专家学者和专业人士参加会议。

（2）2014 年国际房地产估价论坛在北京举行。世界估价组织协会、中房学、新加坡测量师与估价师学会、香港测量师学会共同举办的 2014 年国际房地产估价论坛于 2014 年 10 月 23～24 日在北京举行。本次论坛以"全球房地产估价进展——方法、标准及最佳实践"为主题。来自美国、德国、印度、韩国、新加坡等国家以及我国香港和台湾地区的房地产估价行业代表、大陆知名房地产估价专家学者和估价机构负责人，分别介绍了本国家或地区估价标准和方法的进展。本次论坛针对房地产估价行业关注的热点和前沿问题，设置了房地产报酬率和资本化率测定、房地产证券化对估价的需要和要求、特殊房地产估价及估价实践探讨、房地产信息化与估价数据标准四个专题论坛。论坛以此为主题，旨在加强国内外房地产估价行业的交流与了解，共同促进房地产估价行业的健康持续发展。

（3）国家税务总局财产和行为税司于 12 月 8 日组织有关专家召开评审会，对中房学承担完成的国家税务总局课题"非居住房产批量估价成本手册研究"

成果进行了结题评审。评审专家一致同意该课题结题。"非居住房产批量估价成本手册研究"的成果为将来开展房地产税评估提供了进一步的技术支撑。

（4）国家发展改革委12月1日发布《关于放开部分服务价格的通知》（发改价格〔2014〕2732号），决定放开房地产价格评估、土地价格评估费用，由原来的政府指导价调整为市场调节价。这标志着今后房地产估价服务费用不再实行政府指导价，而是由房地产估价机构和付费人自行约定。

2. 2014年中国房地产估价行业发展状况

2014年，房地产估价师考试的报名人数为21808人，其中14517人参加了考试，有2678人考试合格，取得房地产估价师资格证书。截至2014年底，全国取得房地产估价师资格证书的人数已达51344人（其中含1993年、1994年资格认定的346人，2004年、2011年资格互认的196人）。有43家二级资质房地产估价机构取得一级资质。截至2014年底，全国共有一级资质房地产估价机构342家（见图1）。

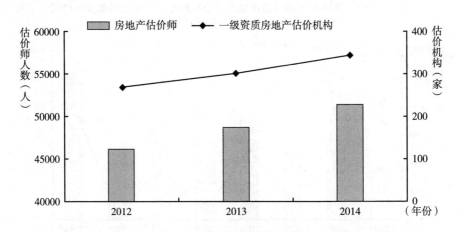

图1　2012～2014年房地产估价师和一级资质房地产估价机构变化情况

受房地产市场形势的影响，2014年全国房地产估价机构各领域的业务量有不同程度的变化，但主要呈上涨趋势。根据房地产估价信用档案的统计，全国342家一级资质房地产估价机构开展的项目中，房地产抵押估价项目有46万宗、评估价值合计6万亿元，同比分别增长14.8%、24.6%。房屋征收估价项目1.1万余宗、评估价值合计903亿元，同比分别增长122.9%、51.8%。

房地产司法鉴定估价达 8000 余宗、评估价值合计 752 亿元，同比分别增长 59.3%、84.2%。2007～2014 年，全国一级资质房地产估价机构抵押估价、征收估价和司法鉴定估价业务的变化情况见图 2、图 3、图 4。

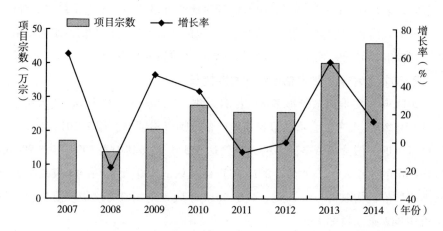

图 2 2007～2014 年一级资质房地产估价机构抵押估价业务量变化情况

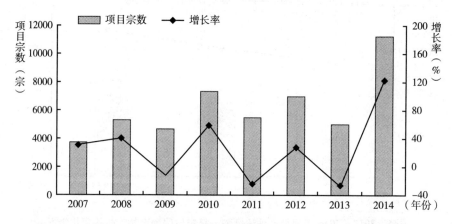

图 3 2007～2014 年一级资质房地产估价机构房屋征收估价业务量变化情况

营业收入全国前 10 名的房地产估价机构，2014 年与 2013 年相比，有两家新入，两家退出，具体顺序也发生变动（见表 1、表 2）。从 2014 年营业收入全国前 10 名的房地产估价机构分布地域来看，主要在经济发达的城市，其中总部在深圳的最多，有 4 家；在北京的，有 3 家；总部在上海、重庆、南京的，各有 1 家。

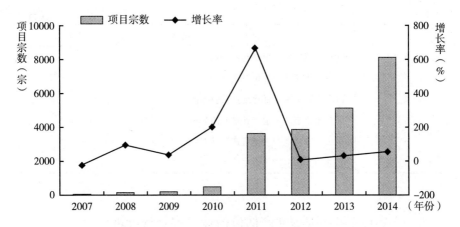

图4 2007~2014年一级资质房地产估价机构房地产司法鉴定估价业务量变化情况

表1 2013年营业收入全国前10名房地产估价机构

序号	机构名称
1	深圳市世联土地房地产评估有限公司
2	深圳市戴德梁行土地房地产评估有限公司
3	深圳市同致诚土地房地产估价顾问有限公司
4	深圳市国策房地产土地估价有限公司
5	北京仁达房地产评估有限公司
6	北京康正宏基房地产评估有限公司
7	北京首佳房地产评估有限公司
8	上海城市房地产估价有限公司
9	北京市金利安房地产咨询评估有限责任公司
10	深圳市天健国众联资产评估土地房地产估价有限公司

表2 2014年营业收入全国前10名房地产估价机构

序号	机构名称
1	深圳市世联土地房地产评估有限公司
2	深圳市戴德梁行土地房地产评估有限公司
3	深圳市国策房地产土地估价有限公司
4	北京仁达房地产评估有限公司

续表

序号	机构名称
5	北京首佳房地产评估有限公司
6	上海城市房地产估价有限公司
7	深圳市同致诚土地房地产估价顾问有限公司
8	北京康正宏基房地产评估有限公司
9	重庆汇丰房地产土地资产评估有限责任公司
10	江苏博文房地产土地造价咨询评估有限公司

（二）2015年中国房地产估价行业发展趋势分析

宏观经济的运行情况决定着房地产业的发展，而房地产估价行业又依赖于房地产业的发展。十八届三中全会以来，我国各项改革稳步推进。2015年中央经济工作会议强调"坚持稳中求进工作总基调，坚持以提高经济发展质量和效益为中心，主动适应经济发展新常态，保持经济运行在合理区间，把转方式调结构放到更加重要位置"。房地产调控逐渐回归市场化，限购、限贷等调控手段逐渐退出，不动产统一登记已经施行，房地产税立法、土地制度改革等长效调控机制正在逐步建立，这些都影响着房地产业的发展，进而决定着房地产估价行业的发展趋势。

基于这样的判断，我们对2015年房地产估价行业走势的判断如下。

1. 各类房地产估价业务比重将趋于平稳

目前，房地产估价业务主要包括房地产抵押估价、房屋征收估价、房地产税收估价、房地产司法鉴定估价、房地产咨询业务等。2015年各类房地产估价业务发展前景较2014年不会有太大变化，比重将趋于平稳。

抵押估价业务是房地产估价机构的传统支柱业务，主要受房地产市场和资本市场的活跃程度影响。房地产市场不会出现较大的波动，货币政策有可能适度放松，预计2015年房地产抵押估价业务量将保持平稳上升。

征收估价业务主要受国家建设、城市改造、整顿市容和环境保护等影响。2015年是全国棚户区改造的攻坚之年，改造规模不低于2014年，为征收估价业务提供了保障。但在目前房地产市场状况不佳、以去库存为基调的情况下，开发商买地积极性下降。预计2015年，征收估价项目的数量会继续增长，但难以出现2014年翻番式增长的局面。

房地产税收估价是服务于房地产税的。从税的角度而言，《不动产登记暂行条例》的出台，为包括住宅在内的不动产提供了征税依据。从实践来看，评估是征税的必要步骤，并且体量会很大。虽然在2015年不会开征房地产税，该项业务也不会有太大的变化，但毕竟这是一个趋势，并且在将来可能成为一些房地产估价机构的支柱业务。

2015年房地产司法鉴定估价业务应当会继续快速成长。随着信息化的发展，房地产估价机构积累了大量的数据，预计2015年房地产咨询业务会持续快速发展。

2. 估价机构继续加强信息化建设，拓展业务领域

随着计算机技术、网络技术和通信技术的发展和应用，企业信息化已成为品牌实现可持续化发展和提高市场竞争力的重要保障。从近几年的发展来看，最先开展信息化建设的房地产估价机构已经迅速成长起来，成为行业的领头羊。信息化的发展，为搜集大数据、建立大数据库奠定了基础，这些大型房地产估价机构组成专门的研发团队，开拓业务领域，降低成本并提高了效率。

前几年，部分房地产估价机构由于业务种类比较单一，承受风险的能力较低，如一些依赖征收估价的估价机构在拆迁变少的时候业务量骤减。依据经济学原理"不要把所有的鸡蛋都放在一个篮子里，但也不要放在太多的篮子里"，未来的几年里，房地产估价机构应充分利用信息化建设的成果，开拓咨询、策划营销等服务领域，在做好主营业务的基础上，拓展新的业务，谋求更大的发展。

二 2014年中国房地产经纪行业现状及2015年走势分析

（一）2014年中国房地产经纪行业现状

1. 2014年房地产经纪行业重大事件

（1）中介联盟抵制安居客、搜房端口涨价。2014年3~5月，因端口费上

涨，安居客、搜房等房地产网络平台公司遭受链家地产、我爱我家、中原地产、麦田房产、21 世纪不动产等房地产中介联盟抵制。

（2）中房学召开 2014 年房地产经纪年会。近年来，随着我国房地产市场特别是二手房市场快速发展，房地产经纪行业迅速发展壮大，成长起一批有品牌、管理好的房地产经纪机构，形成了各具特色的企业管理经验。为总结、分享这些经验，引导广大房地产经纪机构提高管理水平和服务质量，为消费者提供放心、省心的房地产经纪服务，中房学于 2014 年 6 月 26～27 日在北京举办了 2014 年房地产经纪年会，来自全国各地的房地产经纪机构和行业组织负责人，以及港澳台地区、世界不动产联盟的专业人士，共 400 余人参加。

（3）搜房与世联行、合富辉煌合作，布局线下。2014 年 7 月，房地产网络媒体平台——搜房控股有限公司与房地产代理公司世联行、合富辉煌达成协议，前者斥资近 10 亿元人民币入股两家代理公司，成为这两家公司的第二大股东。搜房网在遭遇中介联盟抵制之后开始战略转型，设立交易服务中心招聘房地产经纪人员，采取直客模式涉足房地产交易。

（4）房地产经纪人职业资格由准入类调整为水平评价类。2014 年 7 月 22 日，国务院发布《国务院关于取消和调整一批行政审批项目等事项的决定》（国发〔2014〕27 号），将房地产经纪人等一批准入类职业资格调整为水平评价类。为切实落实国务院决定，搞好政策衔接和平稳过渡，维护专业技术人才的合法权益，人力资源和社会保障部于 2014 年 8 月 13 日发布了《人力资源和社会保障部关于减少职业资格许可和认定有关问题的通知》（人社部发〔2014〕53 号）和《人力资源和社会保障部关于做好国务院取消部分准入类职业资格相关后续工作的通知》（人社部函〔2014〕144 号）两个文件。

（5）"兴麟系"房地产中介倒闭。2014 年 8 月底以来，辽宁、吉林、陕西、内蒙古、河南、河北、云南、甘肃等地 50 余城市，相继发生以吴秉麟为法人代表的"兴麟系"房地产经纪公司"关门"事件，涉案金额巨大，引发社会广泛关注。

（6）房地产经纪服务收费放开。2014 年 6 月 13 日，国家发展改革委、住房和城乡建设部下发《关于放开房地产咨询收费和下放房地产经纪收费管理的通知》（发改价格〔2014〕1289号），下放房地产经纪服务收费定价权限，由省级人民政府价格、住房和城乡建设行政主管部门管理，各地可根据当地市场发育实际情况，决定实行政府指导价或市场调节价管理。2014年12月27日，国家发改委发布《国家发展改革委关于放开服务价格意见的通知》（发改价格〔2014〕2755号），将房地产经纪服务、律师服务等7项服务价格放开，由市场决定收费价格。

（7）Q房网推出"合伙经纪人"模式。2014年9月29日，Q房网召开"O2O模式2.0版"发布会，并推出"合伙经纪人"模式，宣称6年内将投资30亿元至O2O。Q房网推出了两大平台共建策略：一是注入合伙经纪人模式；二是资本助力，实现加盟公司升级和跨越式发展。合伙经纪人模式将最大化让利经纪人，把企业变成平台。在管理上，Q房的合伙经纪人分为培养期、预备合伙人、合伙人、超级合伙人四级。在分配体制上，提成比例高达55%~85%。

（8）"链家网"上线。11月1日，链家地产房产门户网站由"链家在线"改名"链家网"，域名也由www.homelink.com.cn更改为www.lianjia.com.cn，由企业门户网站向行业平台网站转型。12月2日，链家地产宣布，建立开放性平台，以链家网为依托，线下推行加盟，对经纪人的提成比例最高提高至70%。

（9）我爱我家推出"全员持股"，打造3O模式（Online + Offline + Owner）。2014年12月5日，伟业我爱我家集团总裁杜勇宣布，我爱我家推出"全员持股"的"金钥匙计划"，从经纪人到职能员工都有机会成为公司股东。并为此推行3O模式（Online + Offline + Owner）（线上 + 线下 + 全员持股），将打造入口级的房地产综合服务平台和客户超级体验平台，推出中国房产经纪的"星巴克 + 苹果"模式。

2. 2014年房地产经纪行业发展情况

2014年，房地产经纪从业人员超过100万。拥有全国房地产经纪人资格共51852人[1]，其中29943人申请过注册执业，目前在注册期内的房地产经纪

---

[1] 2014年度房地产经纪人职业资格考试未举行，因此取得全国房地产经纪人资格的数量与2013年一样。

人 9840 人。从地域分布来看，上海和北京是房地产经纪人、注册房地产经纪人最为集中的地区。

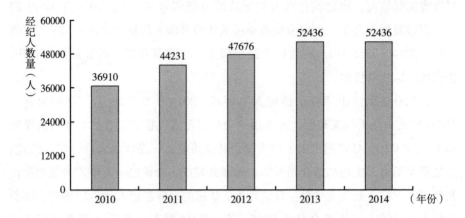

图5　2010～2014 年房地产经纪人数量情况

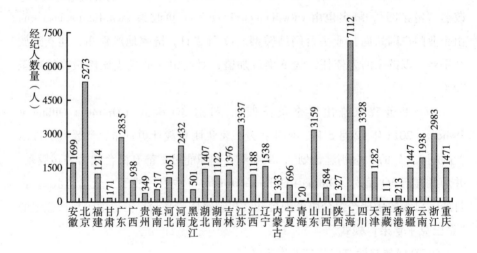

图6　2014 年房地产经纪人全国分布情况

2014 年，全国房地产经纪机构约有 10 万家，其中江苏、上海两地机构数量逾万，分别达到 2 万家、1.1 万家。从备案情况来看，新疆、湖北、重庆等地的备案率较高，都在 80% 以上。

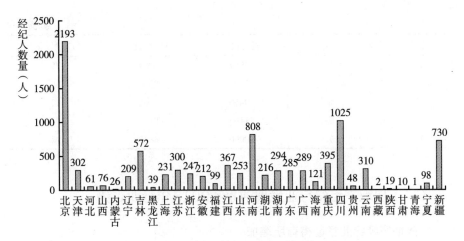

图7　2014年注册房地产经纪人全国分布情况

表3　全国房地产经纪机构数量及备案情况

序号	省市	机构数量(家)	其中已备案(家)	备案率(%)
1	青海	157	71	45
2	贵州	248	185	75
3	新疆	375	375	100
4	江西	480	278	58
5	海南	483	78	16
6	宁夏	612	394	64
7	山西	721	213	30
8	甘肃	770	311	40
9	湖南	1040	341	33
10	重庆	1175	956	81
11	天津	1333	782	59
12	湖北	1617	1538	95
13	河北	1715	927	54
14	吉林	2064	115	6
15	安徽	2279	667	29
16	陕西	2344	1076	46
17	河南	2524	754	30
18	福建	2976	1499	50
19	云南	2985	640	21
20	辽宁	3919	978	25

续表

序号	省市	机构数量	其中已备案	备案率（%）
21	四川	4987	3961	79
22	浙江	7426	2966	40
23	山东	9450	1100	12
24	上海	11164	8139	73
25	江苏	20000	4835	24

（二）房地产经纪行业发展前景和2015年行业走势

1. 房地产经纪业务量将有所增加

受国家宏观经济大背景影响，2014年我国大部分城市的房地产市场出现了明显降温，房地产投资、商品房销售量价、居民购房意愿等各项指标均下滑。但下半年尤其是第四季度以来，房地产市场出现回暖迹象，商品房销售量有所回升，商品房价格止跌回稳。预计2015年房地产市场有所回暖，但不会出现大幅度反弹。从政策情况来看，受限购取消、按揭贷款首付比率下降、按揭利率下调等房地产市场的利好政策刺激，以及年底央行下调人民币存贷款基准利率，拉开了降准降息周期序幕等宽松货币政策的影响，购房者信心开始提升，房地产市场销售量价将出现上行趋势，但同时，宏观经济走弱，房地产市场自身上涨空间限制，加上反腐、不动产登记、房产税预期等各种因素的综合作用，房价难以出现2009年、2013年的那种大幅上涨，市场大幅反弹的局面应不会出现。

房地产经纪行业发展景气状况与房地产市场繁荣程度息息相关，基于上述2015年房地产市场形势有所复苏但不会大幅反弹的分析，笔者认为与2014年相比，房地产经纪业务量将逐渐增加。

2. 企业跨界融合，行业升级转型

随着互联网对传统房地产经纪行业深入渗透，2014年传统房地产经纪行业与互联网线上经纪行业对抗明显，相继出现平安好房与传统中介的对抗，全国房地产经纪机构联合对抗搜房、安居客等线上企业，部分地区阻止"全民经纪人"，叫停房地产经纪人参与电商等。但传统房地产经纪行业受线上企业冲击的同时，也逐渐认识到线上互联网的优势所在，线上房地产经纪企业也认

清线下的不可替代性，跨界逐渐出现，如搜房与世联、合富辉煌合作；链家地产推行"链家网"，打算打造大平台；我爱我家推出3O模式，即（Online + Offline + Owner）（线上＋线下＋全员持股）等。

在互联网对传统行业的冲击、跨界与融合的大背景下，笔者认为2015年房地产经纪行业将出现以下几种发展模式：（1）房地产经纪机构战略上升级转型。互联网的介入对传统房地产经纪机构的影响显而易见，为实现可持续发展，传统房地产经纪机构将改变"低佣金人才争夺战"，而逐渐从解决问题根源出发，推出新的发展战略，实现升级转型，部分经纪机构或脱颖而出，成为行业的领头羊。（2）传统线下与互联网线上相互跨界。在充分认识线上与线下资源优劣势的基础上，越来越多的机构或企业在既有平台的基础上，向线上或线下进一步跨界。（3）线上线下合作共赢。为实现各自更好发展，部分线下机构与线上企业将改变对抗局面，寻求能实现共赢的合作方式。总之，相比2014年"纷纭乱世"、"分庭抗礼"的局面，2015年房地产经纪如何发展将逐渐趋于明朗。

3. 经纪人员水平评价工作将逐渐开展

2014年，房地产经纪人职业资格考试改为水平评价类，是否具有房地产经纪人职业资格不再成为从事房地产经纪行业的必要条件。在此背景下，加上互联网平台的建设，房地产经纪人员资信评价成为可能，各地将从对房地产经纪人员评价上加强对房地产经纪人员的管理。一是取得房地产经纪人员职业资格的信息将在统一平台上能够方便快捷地查询到；二是从业人员上岗会佩戴印有二维码等标识的胸牌或者信息卡，消费者可以通过扫描二维码辨识经纪人员的身份和资格；三是房地产经纪机构及消费者将来会在统一平台上查询到违法违规从业人员的"黑名单"；四是消费者会逐渐培养起先查询经纪人员资信情况和职业水平再委托业务的习惯。

B.14

2014年广州市房地产市场分析与 2015年预测

廖俊平 田亚玲 朱嘉蕾 李晓洁*

摘　要：　2014 年广州市房地产市场交易比 2013 年平淡了很多，库存高企是住宅、商业及写字楼市场的主要特征。经过 2014 年调整后，我国经济发展结构将逐渐转变，房地产市场将面临更多的挑战，广州市房地产市场也将进入新时期，告别高速赢利的时代。

关键词：　广州　房地产市场　库存高企

---

* 廖俊平，中山大学岭南学院房地产咨询研究中心主任，教授；田亚玲，时为广州市广房中协房地产发展研究中心研究员；朱嘉蕾，广州市广房中协房地产发展研究中心研究员；李晓洁，广州市房地产中介协会研究部部长。

一 2014年广州市房地产业发展的环境分析

（一）相关政策分析

"十八大"以后，"市场在资源配置中起决定性作用"被确定为改革的基调，2014年政府对房地产市场的态度基本体现了这个基调，中央政府不再以"一刀切"的方式管理全国楼市，而是采取"分类调控"的方式。

与中央政府一样，广州市政府在2014年也并未专门出台针对房地产业发展的政策文件。不过影响房地产市场发展的因素是多方面的，虽没有专门政策条例出台，但一些其他的相关政策或多或少也对其发展产生影响。

1. 行政区划调整

2014年初，国务院同意调整广州市的行政区划分，将黄埔区与萝岗区合并为新的黄埔区，增城从化市撤市并区，使广州成为拥有11个行政区、占地7434平方公里的"超级城市"，并对区域房地产业发展产生影响。原黄埔区虽紧挨天河区，具有一定的地理优势，但其吸引人口流入的能力不强，房地产业的发展一直未见突破。而萝岗区新兴产业发展旺盛，合并后将给新黄埔区房地产业发展带来利好。广州中心城区的人口越来越多，可建设土地越来越少，无法满足住房需求，而外围区域须通过完善基础配套设施，例如交通、商场、学校等为中心城区分担人口密集的重担，这些设施建设都需要旺盛的房地产投资去支撑。

2. 新型城镇化规划

2014年全国"两会"之后，国务院总理李克强在《政府工作报告》中指出，今后将着重解决好现有"三个1亿人"问题：促进约1亿农业转移人口落户城镇，改造约1亿人居住的城镇棚户区和城中村，引导约1亿人在中西部地区就近城镇化。推进农业人口城镇化，将给城市发展带来一定的人口红利，并使得住房需求上升，为房地产业发展带来利好。对于广州这个城中村众多的城市来说，改造城中村会对用地格局产生较大影响。

3. 保障性住房建设

为了做好低收入人群的住房保障工作，广州市政府多年来积极规划保障性住房建设，确保每年解决一部分住房困难人群的居住问题。据统计，截至

2014年11月25日，广州市新开工保障性住房13787套，包括：市级新开工4499套，为火车南站东新高速以东（三期）、佳兆业逸灏苑、佳兆业盛世广场、荔湾窖口拆迁安置房配建项目和天御配建项目等4个项目，其中新建公租房3714套，拆迁安置房785套；区（县级市）新开工8760套；广州市珠江华侨农场危房改造528套。

4. 公积金新政出台

为了使现有的公积金政策更符合目前的市场发展，2014年10月，住建部、财政部、人民银行联合印发《关于发展住房公积金个人住房贷款业务的通知》，要求实现住房公积金缴存异地互认、转移接续，并推进异地贷款业务。职工连缴6个月可向户籍地申请公积金房贷。该政策的出台，为那些无力在工作地购房或欲回原籍购房的异地工作者提供了保障。但这对于广州房地产市场来说，或将减少部分购房需求，尤其是来自广州周边城市的人员住房需求，例如清远、佛山等。如果公积金异地贷款政策落实，这些人群很有可能回原籍买房。住房需求的转移，在一定程度上可缓解广州住房公积金贷款额度紧张的难题，同时也可缓解一二线城市人满为患、三四线城市人口偏少的问题。

5. 首套房认定调整

2014年9月30日，央行调整首套房认定政策，规定只要消费者还清房贷后再次购买住宅，仍可享受首套房贷款优惠。该政策的出台，对于改善性买家来说是利好消息，房地产市场成交亦确实有回暖现象，但是由于市场上库存仍属高位，开发商不敢贸然上调价格，故价格在短期内没有出现明显增长。此外，虽然央行推行房贷利率最低七折优惠的政策，但在目前银行业间竞争压力较大、银行吸储成本升高，再加上一些银行的不良贷款率骤升的背景下，实行贷款利率七折优惠并未实现。

6. 存贷款利率下调

2014年11月22日，央行宣布下调金融机构人民币存款和贷款基准利率：金融机构一年期贷款基准利率下调0.4个百分点至5.6%，一年期存款基准利率下调0.25个百分点至2.75%。同时将金融机构存款利率浮动区间的上限由存款基准利率的1.1倍调整为1.2倍。

央行此次下调贷款利率，对企业贷款、贷款买房的消费者以及政府债务来说都是利好，消费者入市意愿也有所加强。不过，央行降息以及上调浮动区间后，不少银行纷纷宣布存款利息上调，可见银行对资金的需求仍是比较大的。虽然央行下调了贷款利率，可鉴于银行对吸纳存款的需求并不低，其对住房的放贷量及速度未必会加快。

（二）宏观经济分析

国家统计局发布数据显示，我国2014年第一至第四季度的GDP同比增速分别为7.4%、7.5%、7.3%、7.3%，第三季度增速创下近六年来新低，GDP下滑的主因是工业增速大幅放缓和房地产市场全面下滑。楼市不景气，对经济发展确实有着一定程度的影响，但需要认识到的是，我国的经济依然在增长，只是较以前有所放慢而已，且我国多年来的经济高速增长是建立在"高污染，高能耗，高成本"基础上的，想打破这种经济发展结构，就必须寻找新的经济增长点，例如增加就业、科技创新等。这些新的经济增长点，不一定能够像"三高"一样带来经济高速增长，却能逐渐把我国经济发展引向健康的发展道路。近两年来，我国服务业增加值比重已超过第二产业，这是符合第一、二、三产业在经济发展中的角色更替进程的，说明我国经济发展正在逐渐告别以工业等为主的耗能时代，体现着我国经济发展改革取得的有效成就。

广州市经济发展数据分析

从生产方面看，自2002年开始，广州市房地产业增加值增长率基本高于地区生产总值增长率，在2004年房地产业增加值较2003年更是翻了一番，随后广州市房地产业进入了高速发展时期。但从历年数据可看出，在广州市房地产业高速发展的十年里，尽管每年产业增加值始终保持两位数的增长，却也显示出了疲态，增速整体表现为逐渐放缓。不过，在2013年广州市房地产市场全面火热的态势下，其产业增加值增速达到2006年以来最高，在房地产业结束高速发展前上演了翘尾态势。2014年广州市地区生产总值增长率与房地产业增加值增长率出现双双下滑，减缓至2001年以来最低值，这与2014年广州楼市不景气有着直接关系。

从投资方面看，广州市历年全社会固定资产投资与房地产开发投资增速时高时低，其中房地产开发投资增速表现得更加明显。由于各时期的发展机遇不同，自2000年以来，房地产开发投资增速最高可达33%，最低仅有－2%，不过总体仍是保持增长态势，可见多年来广州市的房地产业发展均处于进步状态。广州市 2013 年房地产开发投资额已高达 1579.7 亿元，占全社会固定资产投资额的 35%，2014 年较其增长了 15%，与 2013 年保持同样的增速。可见，虽然 2014 年房企在销售上遇到一定困难，但并未大幅减少对广州市房地产的开发投资，因为不少开发商均认为广州市仍然拥有庞大的住房需求，未来的发展依然可观。

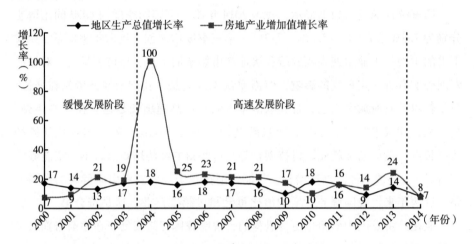

图 1　广州市经济和房地产发展态势

数据来源：广州市统计局。

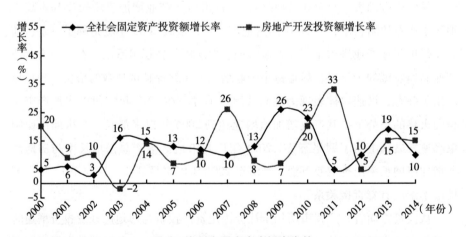

图 2　广州市固定资产投资走势

数据来源：广州市统计局。

二 2014年广州市房地产市场交易情况分析

（一）土地市场分析

1. 计划供给与实际成交情况

2014年广州市政府计划供给土地共297宗、2145万平方米，较2013年分别增加了20宗和81万平方米。其中，工业用地计划供给大幅减少，商品住宅用地计划供给有小幅增加。

从成交情况看，2014年广州市土地市场成交可谓高开低走，虽然成交量还算可观，价格相比2013年却要大打折扣。年初时，荔湾区的广钢新城地块成交创下价格新纪录，给2014年房地产市场走势带来一片利好。可好景不长，当其他城市降价风波不断蔓延时，广州市房屋买卖市场也逐渐变脸，消费者观望心态逐渐加重，房地产开发商资金回收变得缓慢，库存逐渐增加，对土地储备变得相对谨慎。虽然2014年广州市土地市场不再火热，可其价格并未因此降低，出现此现象的原因有二：其一，地方政府对土地财政的依赖性较大，不会轻易减低土地交易价格；其二，虽然2014年房地产市场不如2013年，但行业内许多人士认为这只是一次短暂的调整，故多数开发商的降价幅度也不明显。地方政府也抱着同样的心态，希望可以坚挺地度过这段市场调整期，不愿降低土地价格。

从各区域成交看，商品住宅土地交易属天河区最多，达94.52万平方米，最突出的交易应为11月华美牛奶厂地块，政府挂牌8宗土地，最终成交7宗居住用地，流拍1宗商业用地，成交面积高达52.60万平方米；荔湾区位列第二，全年主要成交为广钢新城地块；黄埔区（新）凭借原黄埔区与萝岗区的合体，在2014年商品住宅成交上有了大幅提高；南沙区凭借"自贸区"规划利好，使得住房投资性需求增加；其余各区商品住宅用地成交甚少，越秀区、从化区、增城区甚至全年零成交。商服用地方面，花都区领先成交，可见政府未来将加强对花都区的商业改造。工业用地方面，在广州工业企业分布较多的几个区域均有成交，其中番禺区成交最多，黄埔区紧

随其后，这也是得益于黄埔区的地理位置相对便利以及原黄埔区与萝岗区的合并利好。

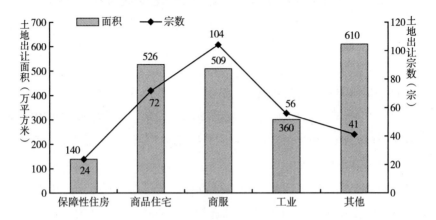

图 3　广州市 2014 年土地出让计划

数据来源：广州市国土资源与房屋管理局。

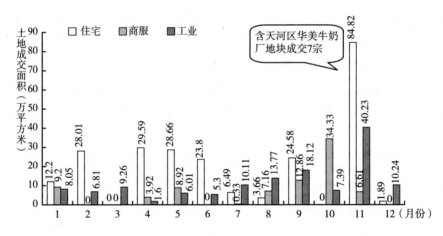

图 4　广州市 2014 年土地成交数据

数据来源：广州市国土资源与房屋管理局。

2. 广钢新城土地拍卖转冷

2014 年 2 月 21 日，荔湾区的广钢新城 5 宗地块分别被中海、华发、金融控股抢拍成功，共拍得 155.0939 亿元，创造荔湾区新地王，以致出现"面粉"

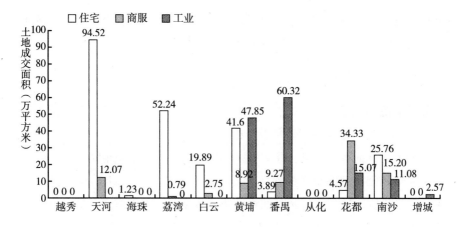

图5　广州市2014年土地成交分区数据

数据来源：广州市国土资源与房屋管理局。

贵过"面包"的现象。根据此轮竞拍结果预计，未来广钢新城板块房价至少需达到4万元/平方米房企才能赢利，因此导致周边楼盘借势涨价。在广州楼市经历了大半年平淡之后，在9月29日市政府第二次出让6宗广钢新城地块。然而此次的土地拍卖现场远不及第一次火爆，虽然当天拍卖现场吸引了万科、越秀、方兴、保利等21家房企参与，却未出现激烈竞价的局面。最终广钢新城6宗地虽全部顺利卖出，但均未达到最高限制价，其中一块地更是以底价成交。前后两次土地拍卖出现如此反差，与楼市盛衰不无关系。在经历2013年广州楼市量价齐飞的盛世后，行业内对2014年的楼市走势也很是看好，可始料未及的是二三线城市由于库存过大引发危机，并不断蔓延至全国，而银行放贷缓慢对广州楼市来说更是雪上加霜。在此背景下，消费者和开发商陷入"对峙"状态，使得开发商资金回笼缓慢，不愿意花高价储备土地，提高开发成本。

3. 多地块挂牌出让后被中止

随着"降价"风波的不断蔓延，广州土地市场出现"转冷"的局面。政府中止多个地块的拍卖。值得一提的是海珠区橡胶新村东部地块被中止拍卖事件。该地块是2014年广州市老城区难得一见的计划拍卖的住宅及商业用地，临近地铁8号线宝岗大道站，周边更有光大花园、中海锦榕湾等楼盘，人气较旺，社区成熟，所以吸引了不少房企的关注。可其高达12000元/平方米的楼面价，使不少房企望而却步，在报名时间即将结束前，报名竞拍该地块的企业极少。政府看

不到可观的收益，最终不得不中止拍卖。除了橡胶新村东部地块外，政府又相继中止了科学城 KXC – I4 – 5 地块、KXC – P7 – 1 等地块的出让。

（二）商品住宅市场分析

1. 新建商品住宅

（1）历年广州市房屋建设情况分析

从表1的数据可以看出，除2014年的竣工面积显得额外偏少外，近8年来与房屋建筑相关的四个指标整体保持了增长态势。2013年广州市房屋交易价格、开发投资增速、房屋施工面积可谓节节高升，屡创新高，给房地产企业也带来很大的信心。

2014年房地产市场没有了2013年的火热，导致房屋（住宅）施工面积相比2013年没有过大增长，但也没有出现大幅减少的情况。在竣工方面，2014年的房屋竣工面积与住宅竣工面积却显得很薄弱，大幅少于往年。可以看出，在经济下行和楼市萎靡导致库存高企的环境下，多数房地产企业放缓了建楼速度。受2013年利好影响，年初时开发商投入过大是导致2014年房屋施工面积与2013年基本持平的原因之一，彼时广州市房地产市场仍处于2013年的余温中，开发商看好市场预期自然加大了施工力度。

表1　广州市房屋建设情况（2007～2014年）

年份	2007	2008	2009	2010	2011	2012	2013	2014
房屋施工面积（万平方米）	5185	5500	5506	6464	7704	7846	8939	9049
同比累计增长（％）	6.9	6.1	– 0.7	16.4	19.2	2.0	13.9	12.8
住宅施工面积（万平方米）	3595	3660	3420	3984	4848	4918	5474	5592
同比累计增长（％）	4.9	1.8	– 7.3	15.4	21.7	1.7	11.3	13.7
房屋竣工面积（万平方米）	854	944	961	1095	1263	1291	1141	638
同比累计增长（％）	– 13.4	7.0	– 9.1	1.5	15.4	– 0.1	– 11.6	– 8.1
住宅竣工面积（万平方米）	675	674	716	775	832	801	710	430
同比累计增长（％）	– 12.4	– 3.9	– 5.2	– 2.4	7.4	– 5.1	– 11.4	– 6.2

数据来源：广州市统计局。

（2）广州市新建商品住宅交易情况

2014年广州市新建商品住宅批准预售面积与新建商品住宅交易登记面积

分别为 931 万平方米、605 万平方米，市场吸纳率为 65.0%，自 2006 年来创历史新低。

2014 年广州市房地产业一手市场行情总体不如 2013 年，单月同比降幅最高达到 52%。全国房地产一手市场都是在开发商与消费者心理战争中度过的，广州也不例外。在消费者看低市场预期时，房地产企业库存逐渐高企，为了回笼资金，房企不得不大打价格战，可碍于开发成本过高及期望政府出手救市，房企的价格战往往只是雷声大雨点小。面对房企的降价，部分消费者积极入市，但仍有一大部分消费者对房企的微弱优惠表现出强硬态度，选择继续观望市场。但在央行连续两轮政策刺激后，部分消费者看好后市预期，积极入市，市场成交逐渐回暖，而 2014 年 12 月广州市新建商品住宅成交更是达到了全年顶峰，为 105.8 万平方米（含增城、从化），高于 2013 年同期，在一定程度上缓解了传统旺季"金九银十"沦落为淡季的压力。

价格方面，2014 年广州市新建商品住宅成交均价总体高于 2013 年，全年单月最高出现在 3 月，为 20127 元/平方米。在市场景气程度远不如 2013 年的背景下，成交均价却出现同比增长，这主要是由于广州市停止了限价措施，使得在 2013 年实际成交却未能网签的高价房通过网签，导致 3 月成交均价创新高；另外，"双合同"现象也不复存在。虽然 2014 年成交价格整体高于 2013年，但从图 7 的走势可以看出，2014 年新建商品住宅的价格基本上是逐渐走低的。

表 2 新建商品住宅交易登记情况（2006～2014 年）

年份	2006	2007	2008	2009	2010	2011	2012	2013	2014
新建商品住宅批准预售面积(万平方米)	918	670	806	668	749	688	812	710	931
新建商品住宅交易登记面积(万平方米)	925	802	553	978	638	681	768	709	605
吸纳率(%)[1]	100.8	119.7	68.7	146.4	85.1	99.0	94.6	99.9	65.0

注：由于广州市于 2014 年调整了行政区划，为增加数据的可比性，表 2 中的数据均不包括增城区、从化区。

1. 吸纳率 = 新建商品住宅交易登记面积/新建商品住宅批准预售面积；由于新建商品住宅交易登记面积既包括当年新建商品住宅批准预售面积中已出售的面积，也包括以前年份未出售，但在报告期出售的新建商品住宅批准预售面积，故可能出现吸纳率大于 1 的情况。

数据来源：广州市统计局。

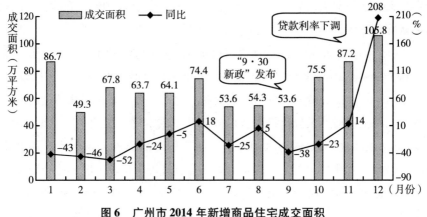

图6　广州市2014年新增商品住宅成交面积

注：由于广州市于2014年调整了行政区划，为增加数据的可比性，同比数据为不包含从化区与增城区的数据。

数据来源：广州市国土资源与房屋管理局。

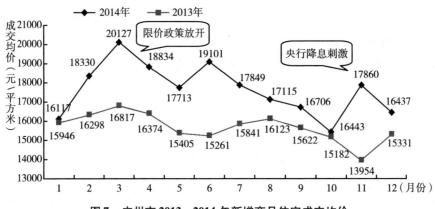

图7　广州市2013～2014年新增商品住宅成交均价

注：由于广州市于2014年调整了行政区划，为增加数据的可比性，图7中2013年与2014年的数据均不包括增城区、从化区。

数据来源：广州市国土资源与房屋管理局。

（3）市场调整下的房企营销

2014年全国各地房地产市场冷淡的原因不尽相同，主要分为两类：一类是大城市，这些城市仍有一定规模的住房需求，但是近年来房价涨幅高于工资涨幅，导致消费者的支付能力减弱，再加上公积金及银行贷款困难、商业贷款利率高等因素阻碍了消费者的购房计划；另一类是中小型城市，这些城市主要面临的风险就是吸引人口流入能力差，住房库存高企，导致房企资金回笼速度减缓。面对 2014 年房地产市场"震荡"，房企也表现各异，规模较好的企业相对稳定，一些中小型企业则表现得"弱不禁风"，甚至有些企业面临倒闭风险。

而广州市属于有大量住房需求但消费者观望心态严重的大城市，因此吸引消费者入市是房企营销的首要任务，而价格优惠是房企营销的主线。在市场价格战中，房企使出浑身解数来吸引消费者眼光，营造人气火爆的销售气氛，冲击部分心理防线较低、跟风买房的目标人群，促使这部分消费者入市购房。但房企始终存在一个实质性底线（最低价），仍有大部分人群并不为其所动，而是冷静对待。这部分人群又分为两类，第一类是有住房需求人群，他们认为短期内房地产市场走势不会出现转折，所以希望等到房企更多让利；第二类是投资人群，其一般存在买涨不买跌的心理，同时受全国经济增速下滑与美国货币宽松政策退出的影响，投资者手中的资金并不如往年充裕，所以对于投资会更加谨慎。

（4）广州市公积金贷款额度不足，多数房企拒绝购房者使用公积金

2014 年广州市住房贷款除了要面对银行的"惜贷"，还要面临公积金贷款额度紧张的局面。按年初预算，广州市 2014 年公积金贷款总额度为 170 亿元，但半年时间已放贷超过 100 亿元，导致下半年可贷额度紧张，公积金中心规定余下月份每月可贷款额度仅为 10 亿元，引得购房者排队争抢，出现"秒杀"态势。在此背景下，广州市公积金中心在 10 月中旬对外宣布增加 27 亿元额度，以满足更多的购房贷款需求。尽管如此，广州市公积金贷款额度仍无法满足多数购房者需求，消费者申请公积金贷款买房一般需长达 2~3 个月才能拿到。

公积金贷款申请时间变长，但急于消化库存的开发商不愿意等待，拒绝消费者使用公积金贷款买房，只能申请与其有合作关系的银行商业贷款。开发商此举意在快速成交，回笼资金，但这将增加消费者还款负担，不免让部分消费者止步，推迟购房计划。

2. 二手住宅

（1）广州市二手住宅市场交易情况

2014 年广州市二手住宅市场成交较 2013 年也出现大幅下跌，同比最高跌幅达 68%。自 7 月开始，全市成交便出现急速下滑，10 月全市仅成交 24.8 万平方米，创全年最低，传统旺季"金九银十"也未出现。而自央行出台"9·30 新政"，10 月后期部分板块的市场交易逐渐出现好转。不过一手市场降价促

销分流了部分市场需求，影响了二手住宅市场成交。随着一手市场库存逐渐增加，开发商压力增加，在未来一定时期内，开发商仍将以走量为主，消化库存，这必定会影响二手住宅市场走势。

价格方面，在2014年全国房地产市场"降价潮"初期，广州市二手住宅市场业主的心态普遍较为强硬，部分业主更表示宁愿转售为租度过此次低潮期，也不愿降价出售，从图9的价格数据亦可看出，在7月之前，2014年的价格一直高于2013年。在经过半年的业主与消费者心理战之后，外加一手住宅市场的降价冲击，广州二手住宅市场价格开始出现松动，部分业主保价心理减弱，在一定范围内也愿意降价出售。自7月开始，广州市二手住宅成交均价出现下滑，9月全市均价降至11825元/平方米。9月30日央行突击出台的房贷新政，在一定程度上使得市场价格下降趋势得到抑制。本轮市场调整使得广州市二手住宅市场价格有所松动，但是整体降幅不大，这主要是由于广州市的二手住宅市场主要集中在中心城区，外围区域的二手住宅市场并未成熟，而目前中心城区拥有优质资源的可建设土地越来越少，市场需求却不断增加，因此中心城区二手住宅市场供小于求，价格也较为坚挺。

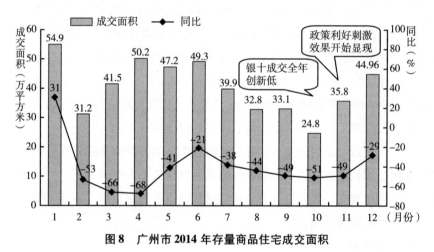

图8 广州市2014年存量商品住宅成交面积

注：由于广州市于2014年调整了行政区划，为增加数据的可比性，同比数据为不包含从化区与增城区的数据。

数据来源：广州市国土资源与房屋管理局。

（2）中介业务面临挑战，"一二手联动"谋求发展

2014年广州市房地产经纪机构的中介业务也受到市场的冲击，全行业的

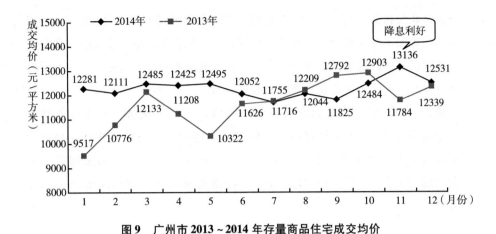

图9　广州市2013~2014年存量商品住宅成交均价

注：由于广州市于2014年调整了行政区划，为增加数据的可比性，图9中2013年与2014年的数据均不包括增城区、从化区。

数据来源：广州市国土资源与房屋管理局。

从业人员数量减少，甚至有些规模较小的经纪机构出现倒闭的现象。为了度过市场冷冻期，不少经纪机构选择与开发商合作，再次开启"一二手联动"合作模式，甚至成为部分经纪人的主要收入来源。开发商通过经纪机构获得客户资源，而经纪机构依靠开发商赚取佣金，算是一种互利共赢模式。

（3）免试就近入学政策助优质学位房价格飙升

2014年1月26日，教育部公布《关于进一步做好小学升入初中免试就近入学工作的实施意见》，指出要贯彻落实免试就近入学相关规定。自从广州市被纳入免试就近入学城市后，学区房价格再次发力，直冲而上。优质学区房业主的心态强硬，价格变得更为坚挺，在市场上表现出独有的优势。

（三）其他市场分析

1. 商业市场分析

（1）2014年成交数据分析

2014年广州市商业物业市场交易情况明显好于住宅，虽然同比2013年也出现大幅下跌的情况，但其涨幅也不容忽视。由于住宅交易市场不景气，部分投资者把投资目光转向商业物业，增加了2014年广州市商业物业的投资需求。从图10可以看出，新建商业物业的成交好于二手商业物业，这主要是由于二手商业物业交易集中在中心六区及番禺区等商业发展较为成熟的区域，业主可依靠商铺赚取丰厚的租金，一般不会轻易转卖。而新建商业物业交易主要集中在花都区、南沙区及萝岗区等外围区域，投资者通常根据政策走向在这些区域进行投资，例如南沙区申请自贸区的利好政策。

价格方面，凭借良好的商业氛围、地段、人气等优势，二手商业物业的买卖价格较 2013 年并没有较大变化，基本持平。然而，新建商业物业价格未能像二手商业一样坚挺，主要由于外围区域人气不足，尚未聚集一定商业市场氛围，对市场抗压能力较弱，价格有所走低，从而拉低全市的交易价格。

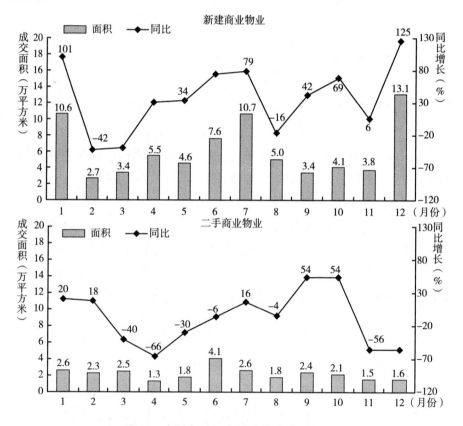

图 10　广州市 2014 年商业物业成交面积

注：由于广州市于 2014 年调整了行政区划，为增加数据的可比性，同比数据为不包含从化区与增城区的数据。

数据来源：广州市国土资源与房屋管理局。

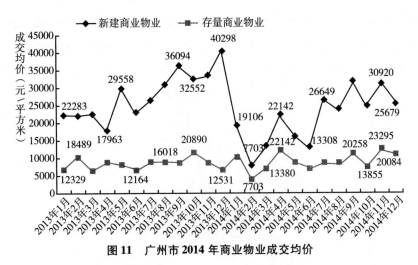

图 11　广州市 2014 年商业物业成交均价

注：由于广州市于 2014 年调整了行政区划，为增加数据的可比性，图 11 中 2013 年与 2014 年的数据均不包括增城区、从化区。

数据来源：广州市国土资源与房屋管理局。

（2）库存情况不容乐观

商业物业供过于求是房地产市场近年来备受关注的焦点，全国各大中型城市商业物业库存压力不容小觑，部分城市的供给量甚至超过成交量的 5 倍。广州也不例外，截至 2014 年 11 月 26 日，广州市商业物业库存高达 662 万平方米，图 12 把广州市各个行政区商业物业库存量分为五个等级，其中增城区、天河区、海珠区库存最严重，白云区与黄埔区库存量最低。广州市商业素有"东推进、西延伸、南跳跃、北培育"规划，广州市老三区及天河区均有各自的成熟商业圈，例如北京路商圈、上下九商圈、天河商圈、环市东商圈、江南西商圈，这些区域的商业市场较为成熟，但是越秀与荔湾区由于自身可发展地理面积有限，近年来其房地产开发建筑比例相对偏少，因此库存相对较少。天河区对外来人口的吸引力表现强劲，各大开发商看好其商业发展，对其投资力度不减。对外围区域来说，人口流入不足是商业地产库存高企的主要因素，番禺区发展较其他外围区域稍早，经过多年的发展已聚集了一定人气，形成了万博商圈与市桥商圈，带动了番禺区的商业发展。目前增城、花都、南沙、从化各区商业发展比较缓慢，但是受政策利好影响，开发商看好其长远发展，对其也保持一定的投资力度，尤其是对申请自贸区规划的南沙区。

但受各方面因素影响，近年来商业地产成交量增速低于供给量增速，导致广州市新建商业地产库存积压。而且 2014 年房地产市场总体不景气，投资者入市步伐减缓，或转移投资方向，都将影响商业物业库存的去化速度。随着房地产市场进入平稳发展期，未来两年商业物业库存压力也不容小觑。

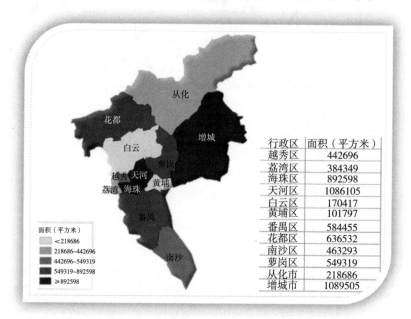

行政区	面积（平方米）
越秀区	442696
荔湾区	384349
海珠区	892598
天河区	1086105
白云区	170417
黄埔区	101797
番禺区	584455
花都区	636532
南沙区	463293
萝岗区	549319
从化市	218686
增城市	1089505

图例：
面积（平方米）
<218686
218686~442696
442696~549319
549319~892598
≥892598

图 12　广州市 2014 年新建商业物业库存示意

数据来源：广州市国土资源与房屋管理局。

（3）电商冲击，传统商业面临挑战

近年来各大电商不断发展崛起，对传统的商业市场带来巨大挑战，尤其对服装、电子产品、日化产品、零售商品等传统商业的冲击较大。电商的发展一是提供了方便，二是由于没有店铺租金成本，产品往往会比实体店便宜，因此吸引了广大消费人群。由于受到电商的冲击，商铺近两年的入住率下降，人流量相比往年也大大减少。可见，电商的发展对传统商业的发展已产生一定影响。

目前传统商业大多以优惠促销的方式吸引消费者购物，但是面对高额的店铺租金，长期进行优惠促销必将减少商铺的利润率，最终将迫使店主停业，故传统商业对商铺的需求会逐步减少。

2. 写字楼市场分析

（1）2014 年成交数据分析

　　2014年广州市新建写字楼市场成交可观，同比整体保持增长态势，二手写字楼市场则表现平淡，较2013年大幅减少。随着第三产业增加值逐渐超越第一、二产业，以及我国自主创业人群的不断增加，写字楼市场需求也随之逐渐增加，使得新建写字楼成交可观。二手写字楼市场周转向来较为缓慢，每年的交易量并不大，可见二手写字楼市场变化较为稳定。

　　从整体看，2014年二手写字楼交易价格基本与2013年持平，未出现大幅涨跌的情况，新建写字楼交易价格较2013年略有下降。从每月交易价格看，二手写字楼交易价格相对比较稳定，主要是由于二手写字楼市场交易的区域及成交量比较稳定，从而价格变动较为温和。新建写字楼的交易区域涉及较多，使得交易价格跨度较大，且每个区域的成交量并不稳定，从而导致每月价格波动较大。

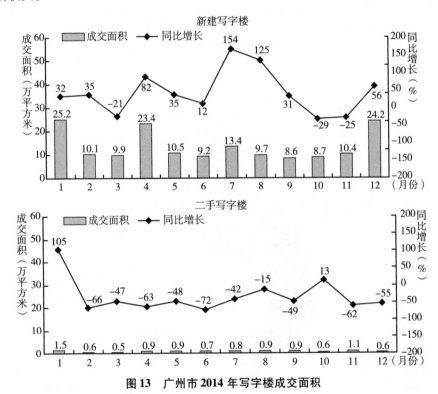

图13　广州市2014年写字楼成交面积

　　注：由于广州市于2014年调整了行政区划，为增加数据的可比性，同比数据为不包含从化区与增城区的数据。

　　数据来源：广州市国土资源与房屋管理局。

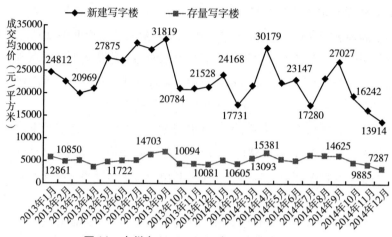

图 14　广州市 2013～2014 年写字楼成交均价

注：由于广州市于 2014 年调整了行政区划，为增加数据的可比性，图 14 中 2013 年与 2014 年的数据均不包括增城区、从化区。

数据来源：广州市国土资源与房屋管理局。

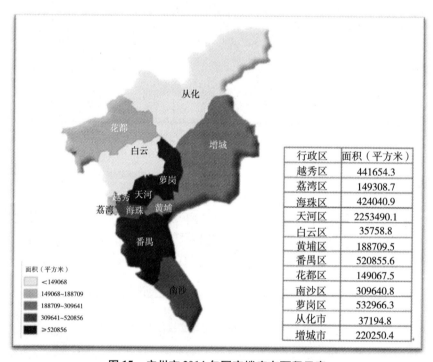

行政区	面积（平方米）
越秀区	441654.3
荔湾区	149308.7
海珠区	424040.9
天河区	2253490.1
白云区	35758.8
黄埔区	188709.5
番禺区	520855.6
花都区	149067.5
南沙区	309640.8
萝岗区	532966.3
从化市	37194.8
增城市	220250.4

图 15　广州市 2014 年写字楼库存面积示意

数据来源：广州市国土资源与房屋管理局。

（2）库存高企，租金回报率下跌

与商业物业一样，库存高企也是写字楼物业近年来突出的特征之一。据统计，截至2014年11月26日，广州市写字楼物业库存高达526万平方米，其中天河区库存量以225万平方米领先全市。预计未来五年内，广州平均每年将有约80万平方米的写字楼新增供应入市，消化压力不断增加。从库存量看，天河区的写字楼库存数量庞大，但其珠江新城板块的甲级写字楼在近两年的市场备受喜爱，销售与租赁均取得不错成绩，预计在2015年广州市新增写字楼有90%将位于珠江新城。但新项目的增多，将逐渐推高全市空置率，并对全市平均租金施加下行压力，租金回报率也随之下降。不过，由于各板块的资源与潜力不尽相同，抗压能力也各有不同，对投资来说，应该衡量其未来发展机遇。

三 2015年广州市房地产市场走势预测及建议

此次房地产市场调整，促使房地产行业思考未来该如何发展，房地产企业该如何创新。房地产行业在我国已发展多年，更成为我国经济发展的支柱产业，各地房价逐渐走高，尤其是北上广深一线城市的价格经过多年的发展，已上涨到一定高度，尽管一线城市仍有大量住房需求，但高额的房价仍让众多消费者望而却步，二三线城市则面临着库存压力。如果说房价从每平方米几千元上涨至两三万元，仍有部分人群有能力消费，那么房价涨至每平方米五六万元，以目前我国的收入水平看，消费人群将大大减少。因此，在我国居民收入水平未能有较大提高的情况下，房价将不会像以往一样得到快速增长，房地产企业将告别建房就能赢利的时代。

根据现有环境分析，预计2015年广州市房地产市场实际供给量在短时间内不会急剧减少，库存大仍是行业需要面临的一大难题。需求方面，投资性需求将会继续减少，而自住型住房需求人群的总量在一段时间内是平稳的，这部分人当中有购买能力者是否入市将主要取决于其对市场价格的承受程度，以及其对市场的走势判断，而没有购买能力者对市场的成交没有促进作用。虽然2014年广州市房屋交易在最后几个月出现了反弹的现象，但通过对供需的分析可以判断，短时期内广州市的房屋交易量走势以平稳为主，上下浮动区间不大。由于未来两到三年内，高库存将成为常态，而开发商的流动资金依旧紧

张，因此，预测 2015 年广州市楼市或仍以去库存为主，交易价格不会出现大幅上涨。

房地产行业还面临着一个严重的问题，即大城市人口不断增加，住房需求不断增加，但可建设土地不断减少，而中小型城市对人口流入吸引能力不足，住宅库存逐渐增加，导致大城市与中小型城市形成严重偏差。国家应该均衡各区域的发展，不能够把大部分资源投入都集中在几个大城市，要照顾中小型城市的发展。发展区域经济，让各区域能有自己独特的产业，才能吸引人口、人才流入。只有均衡各区域的建设，才能避免出现人口偏差的现象，这是房地产企业在全国得到均衡发展的基础。

对企业而言，在未来优胜劣汰的市场化环境下，房地产企业之间的竞争将更为激烈，不少企业将逐渐退出市场。在未来的竞争中，房企应该摒弃以往"拿地—建房—卖楼"的循环模式，而是应该注重质量与后期服务，并不断创新。随着我国居民生活水平的提高，人们对商品质量和服务的要求将越来越高，那些频频出现豆腐渣工程却不思改进的企业，必定会被市场淘汰。注重对业主的后期服务也很重要，随着社会的进步与发展，大众享受服务的观念将越来越强，好的服务会增加业主好感，企业的口碑自然会得到提高，从而吸引更多的客户。

创新是企业增加竞争力的关键因素，创新可以包括很多方面，例如产品创新、服务创新、管理创新、发展模式创新等等，只有不断创新，企业才不会落后，才可以改进不足和发现新的利益增长点，在市场上立足。

互联网正在迅速进入包括房地产业在内的各行各业，而相对来说，房地产行业对互联网的理解还不够深入，特别是广州的房地产中介行业，还未能渗透互联网对行业带来的革命性改造，这将阻碍这个行业的突破。

2014年深圳市房地产市场解析与 2015年展望

宋博通* 黄子嵩 仟世友 李亚宁 王勇 徐超 张旦辉 张慧**

摘 要： 2014年深圳房地产市场先抑后扬，岁末强势"翘尾"，房地产开发投资额攀升，再创新高。住宅价格稳中有升，新房成交量高位回落，伴随宽松政策二手住宅第四季度成交量激增。新建写字楼空置明显上升，二手写字楼均价小幅波动，租金显著震荡。新建商业用房空置依旧明显，二手商业用房均价震荡下行，租金小幅回落。全年土地总体供给量再度回升，居住用地出让仅一宗，商服用地供求大幅增长，不同类型用地单价涨跌各异。展望2015年，深圳经济增速虽有所放缓但后劲十足，房地产支撑效果不容小觑；新常态下房地产宽松政策效果叠加，楼市回暖将进一步显现；地铁、通道建设有效提振外围区域经济发展，前海蛇口自贸区、北站商务中心区再次掀起新的区域热点；农村集体用地入市开始启动，入市用途将拓宽至安居和养老。

关键词： 深圳 房地产市场 房地产政策 自贸区

---

* 第一作者：宋博通，建筑学科博士后，深圳大学基建部主任，深圳大学房地产研究中心常务副主任，副教授，主要研究住房政策、城市经济与房地产市场。

** 第二作者：黄子嵩、王勇、李亚宁、仟世友、徐超、张旦辉、张慧，深圳大学土木工程学院硕士研究生，排名不分先后。

一 2014年房产市场总览

（一）房地产开发投资额持续增加，占固定资产比重稳步攀升

从房地产开发投资看，深圳自2001年以来总体呈增长态势，2007～2009年受金融危机影响出现小幅下降，2010年又重拾涨势，2014年达1069.49亿元，同比增幅20.48%，延续增长势头。

从房地产开发投资占社会固定资产投资比重看，深圳自2002年起总体呈下降走势，但至2011年止跌回升，2014年比重为39.36%，创2005年以来新高。

（二）商品住宅价格稳中有升，再创历史新高，二手房价领先新房，关内外①价格分化

1. 全年京、沪、穗房价指数止跌回稳，深圳指数年末率先上扬

从京、沪、穗、深2014年各月新建商品住宅价格指数趋势来看，一线城市上半年趋于平稳，下半年小幅下降，但下降趋势逐渐放缓，跌幅延续收窄态势，岁末深圳首现止跌上扬。

2014年初，广州领先其他一线城市，其新建商品住宅价格指数最高，年底被深圳、北京超越，居第三位，深圳在年末小幅回升，排名跃升至第一位。京、沪、穗、深全年下降幅度分别为3.99%、4.96%、5.42%、1.74%，其中广州跌幅最大，深圳跌幅最小。

对比2014年各月二手住宅价格指数，京、沪、穗二手商品住宅价格上半年平稳运行，下半年出现小幅回落，但降价范围和幅度继续收窄，市场缓慢回暖，岁末二手住宅价格指数全面回升，京、沪、穗全年累计跌幅分别为3.99%、1.97%、2.66%，深圳却逆市再创新高，全年涨幅为0.91%。

---

① "关内"指深圳市二线检查站以内的行政区，包括：罗湖区、福田区、南山区、盐田区四区。"关外"指深圳市二线检查站以外的行政区，包括：宝安区、龙岗区、光明新区、龙华新区、坪山新区、大鹏新区六区。

2. 历年新房和二手房价均处于上升通道，近两年二手房价大幅领先新房

从深圳历年商品住宅交易价格看，2004～2007年间，新房、二手房价均快速上涨，年均涨幅超过30%，首破万元大关；2008年受经济危机影响，新房成交价微降0.86%至13255元/平方米，二手房价同比大降13.7%至9177元/平方米；2009年和2010年受房地产激励政策影响，新房、二手房价格再度快速上扬，分别突破2万元和1.5万元大关；2011年在严厉的房地产调控政策影响下，新房价格同比下跌6%至18992元/平方米，而二手房价格依然保持强劲增速，首次突破2万元，同比上涨25.67%至20442元/平方米；2012年在调控政策影响下，新房、二手房销售价格出现原地踏步现象；2013年，刚需阶层结束观望大举入市，新房、二手房价大幅反弹，分别大涨14.3%和30%。

2014年，调控政策呈现差异化，全国成交萎靡，商品房销售面积为120648.54万平方米，全年累计下降7.6%，但深圳新房、二手房价却仍然一枝独秀，逆市飘红，再创历史新高，其中新房成交均价为23972元/平方米，较2013年上涨11%，2014年深圳二手住宅的挂牌均价同比上涨13.2%，为29878元/平方米，逼近3万大关。

3. 全年新房、二手房价倒挂依旧，住宅租金平稳增长

从2014年各月新房、二手房成交价格走势看（见图1），2014年深圳新房和二手房价格延续2013年倒挂现象，新房成交均价比二手住宅挂牌均价低近20%。

从新建商品住宅销售均价走势看，前三季度各方以观望为主，供求不振，1～5月小幅上涨至23981元/平方米，随后又出现回落；第四季度在众多利好刺激下，房价跳跃式上涨，强势"翘尾"，11月达到全年最高价26536元/平方米。全年房价先抑后扬，累计涨幅达到18.4%。

从二手房价格走势看，全年二手房挂牌均价高位震荡，前五月稳步上涨，5月首次上涨至3万元以上，为30297元/平方米，6～10月在3万元上下波动，岁末再度上扬，接近31000元/平方米，创历史新高，全年累计上涨6.63%。

从住宅租赁市场价格走势来看，住宅租金稳步上升，全年累计上涨15.5%。1～3月住宅租金由每月58元/平方米上涨至61元/平方米，累计涨幅5.17%；3～9月住宅租金保持平稳，在61元/平方米左右徘徊；9～12月，租金强势上扬，至年末达到67元/平方米，累计上涨9.84%，同样呈现"翘尾"之势。

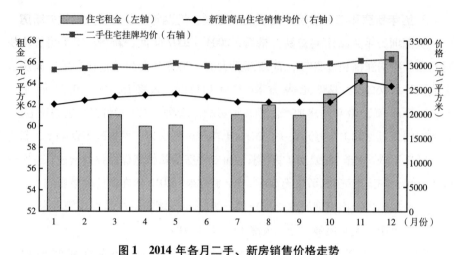

图1 2014年各月二手、新房销售价格走势

数据来源：深圳市规划和国土资源委员会、深圳市房地产信息网。

4. 全市六区新房均价分化明显，南山、福田、罗湖高位波动，宝安、龙岗①低位趋稳

从2014年深圳各区新建商品住宅价格运行情况来看，南山、福田、罗湖高位波动，南山区房价整体平稳上涨，上半年波动较大，2月达上半年最高价，为41190元/平方米，其余月份均在4万元以下，下半年房价迅猛上涨，7月达到全年最高点，为48240元/平方米，此后月份一直处于高位运行；福田区、罗湖区上半年走势类似，波动较小，下半年福田区波动频繁，全年均价为42445元/平方米，罗湖区在8月以后高歌猛进一路上扬，12月达到47627元/平方米的全年最高价；宝安、龙岗低位趋稳，宝安区新房价格走势最为接近深圳市整体价格水平，全年均价为23761元/平方米；龙岗区新房价格全年低于深圳市整体价格，全年均价为18781元/平方米；盐田区新房均价一跃而起，达28254元/平方米，较上年暴涨45.4%，全年高开低走，12月跌至全年最低水平，为22088元/平方米。

总体来说，各区新房价格两极分化，盐田区处于两极之间，成交楼盘的区位、档次等因素对新房价格有较大影响。全市各月新建商品住宅价格阶段分化

---

① 本文中宝安区为老宝安区概念，包含了宝安区、光明新区、龙华新区，龙岗区为老龙岗区概念，包含了龙岗区、坪山新区、大鹏新区。

明显，上半年波动较小，年末有较大涨幅。

5. 各区二手房价保持平稳，福田、南山处高位，龙岗持续居低位

从2014年深圳各区二手商品住宅价格运行情况来看，盐田、龙岗波动较小，基本维持不变，其余各区走势稳中有升，南山区涨幅最大，为11.5%。

与新房价格走势相对比，二手房价格与之相似，福田、南山的二手房处于高位，龙岗持续低位运行，全市平稳上扬；福田区二手房均价上半年呈现先升后降的态势，下半年稳步上涨，12月达到全年最高点38078元/平方米，全年高居各区之首，均价为36979元/平方米，累计涨幅7.11%；南山区二手房走势与福田区类似，全年均价为36475元/平方米，以11.5%的年涨幅领涨全市；罗湖区二手房均价稳步上涨，全年均价为27638元/平方米；盐田区、宝安区二手房均价低于全市平均水平，分别为26290元/平方米、25438元/平方米，其中宝安区在5月均价达到全年最高价27579元/平方米；龙岗区全年二手房均价为18617元/平方米，为各区最低。

（三）新房成交量高位回落，全年市场需求先抑后扬，关外低价小户型占比突出

1. 近四年新房竣工面积稳步提升，2014年成交量高位回落

从历年新建商品住宅供需看，2004～2007年，新建商品住宅批售面积逐年递减，房价稳步上涨，居民自住投资意识增强，新建商品住宅供不应求；2007年，受土地成交及住宅价格压制影响，新建商品住宅批售、销售大幅回落，分别同比下降15.2%、29.1%，初步形成供大于需的格局；2008年受美国金融危机影响，年底政府出台多项救市政策提振房地产业，刚需及投资性需求大增，致2009年商品住宅供不应求，住宅面积吸纳率创近年之最，达到147.09%；2010～2011年，各项房地产调控政策相继出台，深圳住宅需求受到抑制，新建商品住宅销售面积连续下降，分别同比下降50.57%、14.98%，2011年销售面积为273.19万平方米，创新低；2012～2013年，市场已逐渐适应各种常态化调控，销售面积开始回升，新建商品住宅销售面积分别为368.22万平方米、441.75万平方米，同比上涨34.79%、19.97%。2014年，受前三季度楼市宏观环境不佳、观望情绪浓厚影响，整个2014年度，新建商品住宅销售面积同比有所回落，为403.03万平方米，同比2013年减少8.8%。

从新建商品住宅竣工面积走势看，2002 年开始进入下行通道，2003 ~ 2007 年呈现逐年递减态势，2007 年下降至 427.14 万平方米；2008 年因前期土地储备丰富，竣工面积有所微涨，达到 443.77 万平方米，同比上涨 1.52%；2009 ~ 2011 年，又延续下降态势，2011 年竣工面积为 232.66 万平方米，为历年最低；2012 ~ 2014 年，重拾上涨形势，新房竣工面积稳步提升，2014 年竣工面积为 425.2 万平方米，同比增长 32.13%。

2. 前三季度市场需求萎靡，四季度强势爆发

对比 2014 年各月新房交易情况，深圳市全年新建商品住宅批售面积为 587.86 万平方米，销售面积为 403.03 万平方米，供应过剩约 185 万平方米，供求比为 1∶0.69，供给远大于需求，市场存量继续增加。

全年新建商品住宅批售面积上半年走势平稳，下半年波动较大，1 月、2 月是楼市的传统淡季，批售面积为零，3 ~ 6 月走势平稳，维持低位，批售面积在 30 万平方米上下浮动；下半年波幅较大，7 月、9 月、11 月分别比上月上涨 162.68%、536.48%、173.43%，11 月批售面积为全年最高，达 116.69 万平方米；前三季度，深圳楼市在限购、限贷高压调控政策压制下，成交量持续萎缩，新建商品住宅销售面积为 222.15 万平方米，仅占全年的 55.12%，经历了前三季度的低迷，楼市由之前的萎缩，转为第四季度的集中爆发，销售面积达 180.91 万平方米，几乎占到全年的一半，并有进一步向好的态势。

3. 新房成交集中关外，低价小户型关外占比突出

从各区新建商品住宅成交量来看，2014 年全年新建住宅成交量为 403.05 万平方米，宝安、龙岗两区成交量占 85.56%，分别为 135.39 万平方米和 209.46 万平方米，新房成交依旧集中于关外。四季度在政策利好的背景下，大量刚需和改善型需求纷纷入市，宝安、龙岗成交量在第四季度井喷。相对于关外的强势，南山、福田、罗湖、盐田成交量均在低位盘整，这与关内可出让土地少，新盘推出不足有关，以致近年成交量持续处于低位。

从深圳市 2013 年、2014 年三种面积结构成交量看（见表 1），2014 年新建商品住宅成交量以 90m² 以下的小户型为主，全年成交量为 282.49 万平方米，同比下降 8.36%，占全年总交易量的 70.09%，90 ~ 144 平方米的改善型户型全年成交 61.07 万平方米，同比下降 14.75%，全年成交量超过大户型，占全年总交易量的 15.15%，144 平方米以上的大户型成交量为 59.49 万平方米，同比增长3.10%，所占比重为14.76%。

从各区新房成交面积形态走势看（见图2），全市的小户型、改善型、大户型比例为4.75∶1.03∶1。各区比例各具特色：罗湖0.72∶0.15∶1，南山2.03∶0.37∶1，福田1.50∶0.52∶1，区域成交受物业成熟度影响，市场以居住改善、投资置业为导向；宝安、龙岗成交比例分别为3.37∶0.84∶1、19.32∶3.85∶1，市场以刚需为主，关外低价小户型占比突出。

表1 深圳市2013年、2014年三种面积结构成交量比例对比

单位：%

户型	2013年	2014年	同比增长
<90m²	70.45	70.09	-0.51
90~144m²	16.37	15.15	-7.45
>144m²	13.18	14.76	12.00

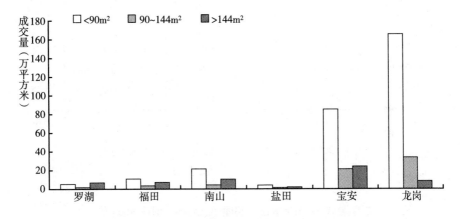

图2 2014年各区新建商品住宅三种户型成交量

数据来源：深圳市规划和国土资源委员会、深圳市房地产信息网。

（四）二手住宅伴随宽松政策第四季度成交激增，全年成交关内略超关外

1. 历年二手房交易受政策影响明显，全年成交面积十年中处低位

对比历年二手商品住宅成交面积（见图3），2004~2007年，成交量稳步

上升；2008 年受金融危机影响，仅成交 435.85 万平方米，同比降 53.19%；在 2008 年底出台的一系列鼓励措施刺激下，2009 年二手房交易量达 1395.83 万平方米，同比大涨 220.25%，达到顶峰；2010 年因限购政策影响，二手房交易量有所下降；2011 年因深圳评估价计税政策实施，一定程度杜绝阴阳合同，买卖双方交易成本提升，导致二手房成交量下降；2012 年处于调整期，交易量减少；2013 年又有所反弹，二手住宅成交面积为 731.26 万平方米，同比涨幅 19.4%，楼市过度火爆，导致政府宏观调政策逐渐收紧，房贷利率不断上浮一直延续到 2014 年年中，2014 年二手住宅成交面积有所萎缩，为 546.99 万平方米，同比跌幅 25.20%。

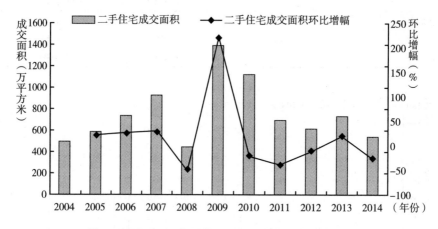

图 3　2004～2014 年历年二手住宅成交面积对比分析

数据来源：深圳市规划和国土资源委员会、深圳市房地产信息网。

2. 三季度末金融政策趋向宽松，四季度成交面积应声激增

从 2014 年各月交易来看，深圳市前三季度二手住宅成交面积趋稳，四季度底成交面积激增。延续的限购限贷调控政策，深刻影响 2014 年前三季度深圳楼市的交易热情，四季度在降低首付门槛、降息利好带动下，二手房成交面积大幅飙升，其中 11 月二手房成交面积环比增幅 48.35%，12 月二手房成交面积环比增幅 34.12%。

3. 全年二手房成交量关内略超关外，各区成交同比均下跌

对比 2013 年、2014 年各区二手房成交面积及套数，龙岗在各区之中位列第一，2014 年关内、关外成交量之比为 1.07：1，关内成交量高于关外，关内成交面积307.80万平方米，占全市51.7%，套数约为37328套，占比为55.94%。

2014年各区二手房成交面积及套数同比上年均有所下跌，罗湖区二手房成交面积为89.49万平方米，同比下跌17.03%，成交套数为12697套，同比下跌16.92%；福田区二手房成交面积为120.46万平方米，同比下跌17.87%，成交套数为13801套，同比下跌22.68%；南山区二手房成交面积为97.85万平方米，同比下跌22.86%，成交套数为10830套，同比下跌22.37%；盐田区二手房成交面积为20.27万平方米，同比增加23.22%，成交套数为1868套，同比下跌14.31%；宝安区二手房成交面积为132.96万平方米，同比下跌10.98%，成交套数为13233套，同比下跌21.80%；龙岗区二手房成交面积为134.70万平方米，同比下跌26.83%，成交套数为14296套，同比下跌31.04%。

（五）新建写字楼空置量明显上升，二手写字楼均价基本持平，租金震荡明显

1. 新建写字楼供给激增、空置量明显增多

新建写字楼批售面积于2004年达到峰值，而后一路振荡下滑，2009年因房地产刺激政策影响，批售面积有所反弹；2014年，在城市综合体开发的促进下，新建写字楼批售面积增长明显，同比增长49%，达到51.76万平方米；同时新建写字楼销售面积，同比增长9%，达到25.35万平方米；吸纳率明显减少，同比下跌27%，新建写字楼空置量明显（见图4）。

2. 二手写字楼挂牌均价小幅波动、波幅南山最小福田最大

2014年全市二手写字楼挂牌均价高位震荡，均价基本持平。罗湖、福田、南山各区二手写字楼挂牌均价振幅各异。其中罗湖区挂牌均价全年震荡下行，跌幅6.06%，岁末跌破24000元/平方米，南山区振幅最小，全年同比增长8.25%，岁末超过37000元/平方米。福田区振幅最大，同比增长3.69%，岁末超过38000元/平方米，仍然是全市二手写字楼挂牌均价最高的区域。

3. 2014年写字楼租金震荡显著，福田区高位坚挺

2014年全市写字楼租金震荡明显，全年均价134元/平方米/月，同比上年增长6.05%；罗湖、南山各区写字楼各月租金均呈震荡下行趋势，福田区租金依然高位坚挺，其中，罗湖写字楼各月租金下跌趋势比较严重，12月租

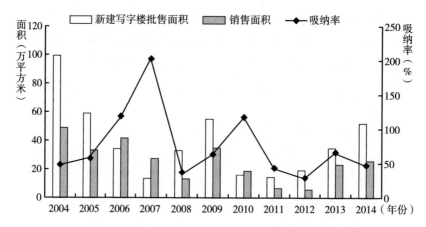

图4 2004~2014年历年新建写字楼市场新建批售、销售面积走势

注：住宅面积吸纳率＝新建商品住宅销售面积/新建商品住宅批准面积×100%。

数据来源：深圳市规划和国土资源委员会、深圳市房地产信息网。

金较1月下跌24.8%，全年租金均价114元/（平方米·月），与上年几乎持平。南山区全年租金均价117元/（平方米·月），同比涨幅5.96%，福田区虽有震荡但高位坚挺，全年租金均价147元/（平方米·月），同比增长11.57%，福田区写字楼租金领跑全市。

（六）新建商业用房空置依旧明显，二手商业用房均价震荡下行，租金小幅回落

1. 新建商业用房供需数量皆激增，面积吸纳率依旧低位徘徊

新建商业用房批售面积于2005年一路振荡下滑，2012年开始反弹，2014年批售面积100.7万平方米，同比下跌15.9%。在楼市长期限购政策下，投资者重心转向商务公寓，导致新建商业用房成交量持续放大，2012年后新建商业用房批售面积暴增，销售面积亦有所增长，2013年新建商品房批售和销售面积达到峰值。2014年新建商业用房销售面积为51.02万平方米，同比下跌3.77%；吸纳率为50.67%，同比上涨14.5%，但新建商业用房空置依旧明显。

2. 2014年二手商业用房挂牌均价震荡下行，罗湖、南山跌幅大仅余福田存升势

2014年深圳的二手商业挂牌均价震荡下行，全年均价回落至60503元/平

方米，同比上年下跌 14.5%；各区二手商业挂牌均价表现不一：福田区为全市最高，同比增长 2.57%，达 83371 元/平方米；南山区震荡下行，同比下跌 10.9%，至 76387 元/平方米；罗湖区商业用房均价震荡回落，同比下跌 11.9%，至 72801 元/平方米；龙岗同比下跌 2.71%，至 41567 元/平方米；宝安区基本维持不变，为 57405 元/平方米。

3. 商业用房租金小幅回落，罗湖区上涨显著

2014 年深圳商业用房月租金小幅回落，同比下跌 7.58%，至 277 元/平方米。各区表现不一，罗湖区年中上涨明显，龙岗区年末初现升势，其他行政区都有小幅下降，关内租金远超关外。罗湖区东门商圈的放租量持续活跃，导致全区商业租金高位攀升，同比上涨 50.1%，达 527 元/平方米/月；福田区同比下跌 12.2%，至 303 元/平方米/月；南山区同比下跌 12.3%，至 287 元/平方米/月；宝安区同比下跌 9.22%，至 125 元/平方米/月；龙岗区同比增长 9.17%，达 110 元/平方米/月。

二 2014年土地市场概览

（一）土地供给近三年逐年下降，2014年再现回升

近十年深圳土地出让面积呈倒"V"形波动（见图5）。2005～2010 年间土地供应大致呈增势，2010 年达近十年最多，之后土地供给逐年下降，2014 年再现回升。

2014 年全年出让总面积 206.15 万平方米，成交面积 191.79 万平方米；共出让 64 宗，成交 45 宗；土地宗数成交率①为 70.31%，土地面积成交率②为 93.03%。与 2013 年相比，土地面积供应上升 18.10%，成交上升 15.42%；但土地面积成交率呈小幅下降，宗数成交率则大幅下降。

（二）全年不同类型用地单价涨跌各异，流标比例近三成

2014 年全年不同用地涨跌不一，总体流标比例达 29.69%，稍高于 2013

---

① 土地宗数成交率 = 土地成交宗数/土地出让宗数×100%
② 土地面积成交率 = 成交土地总面积/出让土地总面积×100%

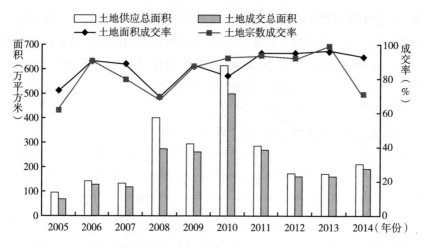

图 5　2005～2014 年深圳市土地总出让、成交情况

数据来源：深圳市规划和国土资源委员会。

年 27.73%。土地成交总额为 5181528 万元，同比增 39.3%。其中，商业性办公用地地价同比跌 8.3%，为 16688 元/平方米，成交金额 3267028 万元，同比增 18.4%；综合用地地价同比跌 39.5%，为 8817 元/平方米，成交金额 787600 万元，同比增 106.2%。

（三）近年居住用地 100% 成交，2014 年出让仅一宗并单价同比翻两番

自 2008 年以后，居住用地出让面积逐年减少，2014 年仅一宗地块出让，位于龙华新区民治街道 A802 – 0305 地块，面积 46647 平方米，成交总价 46.8 亿元。楼面地价 25094 元/平方米，同比暴涨 236.9%，已翻两番，远超周边新房单价。2010 年、2011 年、2013 年、2014 年居住用地成交率均达 100%，成交率保持高位。

（四）全年商服用地供求爆发式增长，供求局面呈现两旺

2014 年商服用地①出让总面积达 135.92 万平方米，同比大幅增长 466.3%，

————————

① 商服用地：包括商业用地、商业服务业设施用地、商业性办公用地等，不含包括商业用地在内的混合用地。

创近七年新高。出让面积占所有出让宗地面积的 65.95%，同比上涨 51.64%。出让宗数 16 宗，仅 2 宗流拍，流标率较低（见图 6）。近年在调控政策持续影响下，投资纷纷转向受政策限制较少的商服地产市场，呈现供求两旺局面。

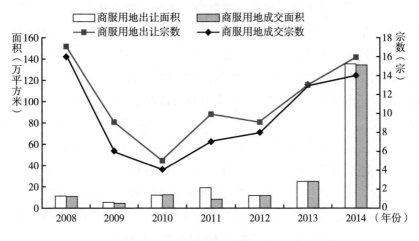

图6　2008～2014 年深圳市商服用地出让面积走势

（五）工业用地成交聚集于坪山龙岗，新型产业用地关内外秋色平分

2014 年成交工业用地共 24 宗（不含包括工业用地在内的混合用地），其中 21 宗用地底价成交，工业用地成交总面积达 35.62 万平方米。其中，南山区工业用地成交面积共计 1.24 万平方米；坪山新区成交面积共计 15.59 万平方米，占工业用地总成交面积的 44%；光明新区成交面积共计 1.25 万平方米；福田区成交面积共计 1.81 万平方米；宝安区成交面积共计 1.19 万平方米；龙岗区成交总面积达 14.54 万平方米，占工业用地总成交面积的 41%。

共 9 宗为新型产业用地，其中 8 宗底价成交。从用地分布来看，9 宗新型产业用地中的 4 宗位于龙岗区，3 宗位于南山区，1 宗位于坪山新区，1 宗位于福田区。

三　2015年房地产市场展望

（一）经济增速放缓但后劲十足，房地产支撑效果不容小觑

正如全国的经济形势，2014 年深圳经济增速有所放缓。全年生产总值

（GDP）已达16001.98亿元，按可比价计同比增长8.8%，但增速降低1.7个百分点。主要经济指标中，全年规模以上工业增加值6501.06亿元，增速为8.4%，同比降低1.2个百分点；全年固定资产投资2717.42亿元，增速13.6%，同比降低0.4个百分点；消费市场平稳，全年社会消费品零售总额4844.00亿元，增速9.3%，同比降低1.3个百分点；全市进出口总额4877.65亿美元，下降9.2%。

2014年深圳产业发展和环境改善，为深圳经济进一步发展积攒了后劲。深圳全年坚持市场化、法治化、国际化和前海战略平台的改革主攻方向，在重点领域和关键环节改革上取得重大进展，全年GDP提前一年实现"十二五"规划目标。重点产业得到长足发展，以IT产业为例，2009年到2014年，深圳软件产业一直保持了20%以上的增速；2014年规模以上电子制造业产品产值达到13829亿元，约占全国的1/7，同比增长10.9%；IT出口1347亿美元，占全国出口额的1/6；IC设计业规模约占全国的1/4。在产业大发展的同时，城市环境进一步改善，灰霾天数创近10年新低，PM2.5年均浓度处于全国大城市最佳水平，宜居环境已成深圳新的城市名片。

2015年深圳经济将以稳增长调结构为基调，以"深圳质量"、"深圳标准"为标杆，经济增速拟稍放缓但后劲充足，全市生产总值预期增长8.5%左右。在新常态的阶段性特征下，经济持续健康发展始终是年度首要任务。鉴于房地产业对促进消费、扩大就业、拉动经济有重要作用，预期其在保增长中仍居核心地位，对2015年经济支撑效果不容小觑。

（二）房地产宽松政策效果叠加，楼市回暖曙光显现

自2014年下半年以来，房地产政策渐趋宽松，特别是进入2015年，金融财税、行政调整等利好政策扎堆推出，楼市再现回暖曙光。

从金融财税政策看，自2014年9月30日央行、银监会联合发布《关于进一步做好住房金融服务工作的通知》，以及11月央行下调存贷款基准利率，深圳房地产市场由低迷趋向强势逆转。进而2015年3月30日央行下调住房公积金和第二套商业个人住房贷款最低首付款比例，以及财政部和国家税务总局发布的《关于调整个人住房转让营业税政策的通知》，利好政策叠加，使房地产市场看到上行曙光。

　　不论对于首次置业需求、二次置业需求还是投资性需求的购房者，首付和贷款利率皆现利好。对于首次置业者，首套房商业贷款和公积金贷款的首付款比例与利率有所降低。对于拥有一套住房并已结清商业或公积金贷款的二次置业者，首付款比例与利率可按已降低的首套商业房贷政策或相应公积金政策执行；对拥有一套住房而房贷尚未结清的居民购买二套住房，首付款比例也有所降低。特别值得一提的是，对于投资性需求购房者，鉴于2015年股市的不俗表现，投资选择较之过往将越发理性客观。因首付门槛和利率水平降低，加之房价已踏入上行通道，将刺激刚需、改善性需求和投资性需求的有效释放。同时，普通住房买卖免征营业税时限由5年降为2年，将促使二手房市场量价回升。

　　对于房地产开发企业，受惠于银行发行MBS和债券等筹资政策、央行降准政策以及包括企业自身发债等融资利好政策，合理融资需求会得到大幅支撑。房企将进入"不差钱"阶段，定价策略亦将由保守逐渐转向进取。

　　从行政政策看，2015年3月27日，国土资源部、住房和城乡建设部联合发布《关于优化2015年住房及用地供应结构促进房地产市场平稳健康发展的通知》，为户型结构松绑，提出在不改变用地性质和容积率等必要规划条件前提下，允许房地产开发企业适当调整套型结构，对不适应市场的户型做出调整，满足自住和改善性住房需求，今后开发商建多大的房子不再由政府说了算。不论是从政策导向还是市场需求看，当前深圳改善性需求正在楼市中占据着越来越重要的位置，但受"90/70政策"所限，目前楼市仍然以小户型产品为主，改善性需求房源相对不足。"90/70政策"的废止，对于购房者而言，有利于释放积压需求；对于房地产企业而言，有利于应对市场，降低运营风险。

　　另外，2014年随着全国绝大多数限购城市陆续取消限购政策，目前仅剩北京、上海、广州、深圳四个一线城市和三亚依旧执行。相较于其他一线城市，深圳土地资源极度紧缺、购房需求始终旺盛，一直保持着较大的供给压力，限购政策对住房市场影响较大。限购内涵是否会有变化，将取决于政府经济新常态下的总体把握和立法思路。

（三）地铁、通道建设提振外围区域，前海蛇口自贸区、北站商务中心区再掀热点

　　深圳轨道交通三期工程中7、9、11号线将于2016年建成通车，三期工程

全部建成后，深圳将有总长约 350 公里的轨道交通线路，地铁对周边住宅、写字楼、商业地产价格有明显提升作用。福永、光明、坪山等现阶段交通不甚便利的片区，在三期工程建成后会有相当改观。坂银隧道、新彩隧道缩短原关内外通行时间。地铁、通道开通将显著提振外围区域房地产价值。

2014 年底，根据规划，北站商务中心区将成为深圳又一城市中心。深圳北站作为目前华南建设占地最大、建筑面积最多、接驳功能最为齐全的特大型综合交通枢纽，无疑具备了形成新城市中心的绝对优势。同样 2014 年底，深圳前海、蛇口双双被纳入自贸区。湾区规划将影响后海、蛇口的住宅、写字楼、商业地产的量价行情，一定程度上拉升后海、蛇口片区的住宅房价，刺激湾区写字楼、商业地产放量。自贸区的设立使后海、蛇口成为特区中的特区，已出现量价齐升现象。

相较于北站商务中心区住宅价格的稳步上扬，前海、蛇口自贸区内二手房价出现"瞬时"跃升，预期北站商务中心区房价水平将伴随着建设力度，进一步踏入上升通道；而前海、蛇口自贸区内房价水平，将取决于自贸区政策力度。

（四）农村集体用地入市开始启动，用途拓宽至养老安居

农村集体用地入市让土地难以为继的深圳土改进入快车道，但至 2014 年，仅有一宗土地通过该方式运作成功。2014 年 8 月，深圳市规划与国土资源委员会发布了《关于促进安居型商品房用地供应的暂行规定》及《深圳市机构养老设施用地供应暂行办法》征求意见稿，允许农村集体用地以公开招拍挂方式入市，用于建安居房，办养老机构。该意见稿确立了土地收益分配方式，提高了土地利用率。2015 年政府将酝酿农村集体用地上市相关试点，为集体用地今后发挥更大作用提供实践思路。

2014年重庆房地产市场
分析及2015年展望

陈德强　张倩蔓　江承维　贺灵*

摘　要：　本文回顾了重庆市2014年房地产市场的运行状况，详细分析了影响重庆市2014年房地产市场运行的主要因素，结合重庆市房地产市场的宏观及微观环境，预测2015年重庆市房地产发展态势。

关键词：　重庆　房地产市场

一　2014年重庆市房地产市场运行状况

从整体上看，2014年重庆市房地产需求市场呈现曲线缓升的态势，但相比上年，2014年重庆房地产市场供大于求，成交量及成交价格均有所下跌。上半年，银行利率上浮，消费者保持观望情绪，由于受到市场去化压力的影响，房地产企业普遍谨慎拿地，底价成交，土地市场逐渐降温。下半年，在"9·30新政"和公积金新政的双重利好推动下，刚需得到释放，市场信心增强，楼面价微幅上涨，房企走量稳定，但是受到利率上涨、银行住房贷款持续收紧以及贷款审核日益严格等的影响，观望情绪弥漫市场，全年房地产开发企

* 陈德强，博士，副教授，重庆大学建设管理与房地产学院研究生导师，城市发展与建筑技术集成实验室主任，主要致力于房地产经营与管理、财务管理、投资理财等方面的研究；张倩蔓，重庆大学建设管理与房地产学院硕士研究生，研究方向为土地资源管理；江承维，重庆大学建设管理与房地产学院硕士研究生，研究方向为财务管理；贺灵，重庆大学建设管理与房地产学院硕士研究生，研究方向为技术经济及管理。

业到位资金额略微下降，企业自筹资金占比增大，房企资金供应偏紧。在利好政策的持续推动下，年末市场持续发酵，土地市场也达到供需高峰，房企采用以价换量的营销策略，市场回暖，成交量年底翘尾，总销量达到24.8万套，再次凸显楼市霸气，勇夺全国销售桂冠。

（一）重庆市固定资产投资和房地产投资分析

2014年，重庆市固定资产投资稳步增长，同比增速维持在18%左右，房地产开发投资年初增速上调，回调后趋于平稳，各月增速均保持在20%以上水平，房地产投资增幅大于固定资产投资增幅（见表1）。

2014年固定资产投资同比增加18.0%，较2013年20.1%的增速有所降低，但依然维持着相对稳定的增长速度。2014年重庆市固定资产投资总量增加，投资力度加大，总量达13223.75亿元，相当于2005年的6.59倍，2010年的1.91倍，相较2013年增长18.0%。2014年全市房地产开发投资全年共计完成投资3630.23亿元，相当于2005年的7.01倍，2010年的2.24倍，全年增速比一季度回落5.2个百分点，比上半年回落1.6个百分点，与前三季度持平，同2013年相比增长20.5%。其中，房地产开发投资占固定资产投资比例增长约0.6个百分点，首次突破27%，达到27.5%（见表1）。由2014年重庆固定资产投资、房地产投资情况可以看出，市场具有明显的健康发展态势。

表1　2014年度重庆固定资产投资、房地产投资情况

2014年	固定资产投资（亿元）	同比（%）	房地产投资（亿元）	同比（%）	房地产投资占固定资产投资的比例（%）
1~2月	965.81	17.7	369.07	23.7	38.2
1~3月	2002.25	18.1	687.98	25.7	34.4
1~4月	2930.58	18.1	933.73	25.0	31.9
1~5月	4065.22	18.0	1224.35	23.9	30.1
1~6月	5359.12	18.3	1553.36	22.1	29.0
1~7月	6466.19	18.3	1836.92	22.4	28.4
1~8月	7622.76	18.0	2151.24	21.2	28.2

续表

2014 年	固定资产投资（亿元）	同比（%）	房地产投资（亿元）	同比（%）	房地产投资占固定资产投资的比例(%)
1~9 月	9011.82	18.0	2545.11	20.5	28.2
1~10 月	10318.05	17.9	2820.33	21.0	27.3
1~11 月	11735.5	18.1	3250.59	22.9	27.7
1~12 月	13223.75	18.0	3630.23	20.5	27.5

数据来源：重庆市统计信息网，数据小数位数或有调整。

（二）重庆市房地产供应市场分析

1. 重庆市土地市场冷清，年末回暖

截止到 2014 年 12 月 31 日，重庆市土地交易中心和重庆市国土资源和房屋管理局公众信息网公示数据显示，重庆市全年度拟供应土地共 355 宗，预出让土地面积共计为 2964 万平方米。土地市场供应量较上年大幅度萎缩，年末土地市场回暖，政府加大土地供应，环比增近 7 成。12 月土地供应量更是达全年度最高峰，拟供应土地共 74 宗，预出让土地面积共计 533.17 万平方米（见图1）。

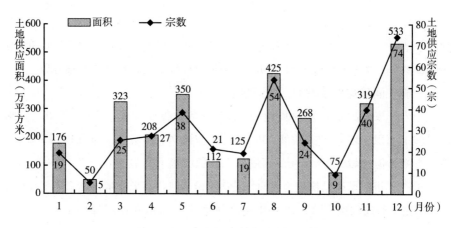

图 1　2014 年度重庆市土地供应走势

资料来源：重庆市国土资源和房屋管理局公众信息网，数据小数位数或有调整。

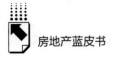

重庆市上半年度和下半年度的成交状况呈现类似的先小幅下降后大幅增长的波动态势。第4季度，重庆利好政策激发各大房企热情，备战来年市场，年底拿地较为积极，成交火爆。仅就12月土地市场成交情况来看，整体市场成交面积320.86万平方米，同比上涨53%，环比上涨582%（见图2），同环比大幅上升。截至2014年12月，重庆市2014年度已成交土地共252宗，成交土地面积共计1879.08万平方米，成交金额共808.85亿元，成交楼面均价为2147.8元/平方米。

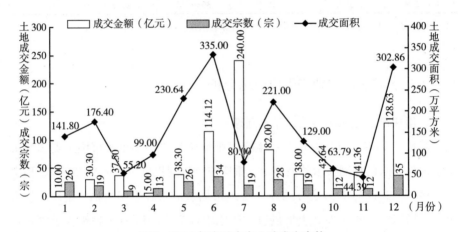

图2　2014年度重庆市土地成交走势

资料来源：重庆市国土资源和房屋管理局公众信息网，数据小数位数或有调整。

整体来看，由于市场整体去化压力较大，土储机构大量回购土地，2014年房企拿地更加谨慎，而政府则力保土地价格坚挺，相比2013年，土地市场供应量明显减少，楼面价微幅上涨。2014年土地市场较低迷，年底有回暖迹象。

2. 施工面积均稳步增加，增速放缓

近十年来，2012年同比增速为7.9%，首次低于10%，2014年重庆市商品房施工面积年增幅再次跌落10%，同比增长9.04%。施工面积达28623.93万平方米，但相较2013年商品房屋施工面积增幅下降显著。

2014年重庆市商品住宅施工面积首次突破20000万平方米，达20294万平方米，但是从环比增速来看，2014年商品住宅施工面积同比增幅创下历史新低，同比增长5.43%。自2003年开始房屋施工面积中住宅所占比例均维持在70%以上，2014年这一比例为70.90%，有降低趋势且首次逼近70%，这和房地产市场商品住宅库存压力不无相关。就2014年全年来看，商品住宅施工面积增速与商品房屋施工面积稳步增长，增速变化趋于同步，并有所减缓（见表2）。

表2　重庆市历年商品房屋及住宅施工面积情况

年份	商品房屋施工面积		住宅施工面积		房屋施工面积中住宅所占比例(%)
	数量(万平方米)	增长率(%)	数量(万平方米)	增长率(%)	
2005	7487	19.84	5515	21.34	73.66
2006	8864	18.39	6655	20.67	75.08
2007	10579	19.34	8179	22.90	77.31
2008	11639	10.02	9166	12.07	78.75
2009	13052	12.14	10338	12.79	79.21
2010	17138	31.30	13745	33.00	80.20
2011	20397	19.02	15924	15.90	78.07
2012	22009	7.90	16998	6.74	77.23
2013	26251.89	19.28	19249	13.24	73.32
2014	28623.93	9.04	20294	5.43	70.90

资料来源：重庆市统计信息网，数据小数位数或有调整。

3. 竣工面积小幅度下跌，跌幅收窄

2005~2014年重庆市商品房屋竣工面积年增长率变动显著，其中住宅竣工面积年增长率变动幅度也不稳定。2014年重庆商品房屋竣工面积为3717.78万平方米，同比下跌2.27%，相比2013年其下降幅度有小幅回缩，呈现房地产市场逐步稳定的趋势。其中，商品住宅竣工面积为2771.55万平方米，同比下降3.33%，其下跌幅度明显收窄。商品住宅竣工面积占房屋竣工面积的74.55%，其占比有小幅度的下降（见表3）。

表3　重庆市历年商品房屋及住宅竣工面积情况

年份	房屋竣工面积		住宅竣工面积		房屋竣工面积中住宅所占比例(%)
	数量(万平方米)	增长率(%)	数量(万平方米)	增长率(%)	
2005	2210	39.34	1714	39.58	77.56
2006	2225	0.68	1700	-0.82	76.40
2007	2253	1.26	1769	4.06	78.52
2008	2368	5.10	1951	10.29	82.39
2009	2907	22.76	2385	22.25	82.04

续表

年份	房屋竣工面积		住宅竣工面积		房屋竣工面积中住宅所占比例(%)
	数量(万平方米)	增长率(%)	数量(万平方米)	增长率(%)	
2010	2627	-9.60	2180	-8.60	82.99
2011	3424	30.40	2827	29.70	82.55
2012	3991	16.50	3386	19.80	84.86
2013	3804	-4.69	2867	-15.33	75.37
2014	3717.78	-2.27	2771.55	-3.33	74.55

资料来源：重庆市统计信息网，数据小数位数或有调整。

2014 年第 1 季度，商品房屋竣工面积为 957.72 万平方米，商品房屋竣工面积同比增速达到全年最高峰值 7.1%，上半年竣工面积达 1525.02 万平方米，同比增速降低至 -8.2%。全年仅有 1~3 月和 1~4 月累计商品房屋竣工面积同比增速为正，住宅竣工面积基本呈现和商品房屋竣工面积同步的趋势（见图 3）。

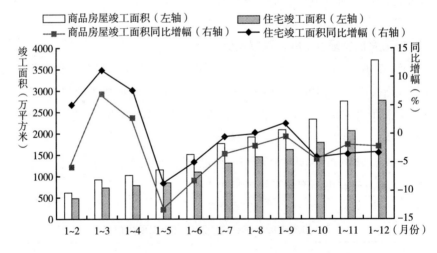

图3　重庆市 2014 年商品房屋及住宅竣工面积走势

资料来源：重庆市统计信息网，数据小数位数或有调整。

4. 房企资金供应偏紧

受商品房销售面积和销售额同比增速双双下降、部分银行收紧房贷或停贷等因素的影响，2014 年重庆市房地产开发企业到位资金同比增速大幅回落，上半年房地产开发企业到位资金2482.42亿元，同比增长11.7%，与2013年上半年增速相比回落24.2个百分点。2014年1～11月房地产开发企业到位资金较2013年1～11月增长0.6%，12月资金供应有所好转，整体到位资金环比增加20%，但由于上年年末的基数高，同比下降6%，资金状况仍有压力。2014年全年房地产开发企业到位资金121991亿元，较2013年微降0.1%，房企资金供应偏紧。

2014年，开发企业各类资金来源的占比情况如下：自筹资金占比41.3%，同比增长2.5个百分点；购房者的定金及预付款占比24.8%，同比下降3.5个百分点；国内贷款占比17.4%，同比增长1.3个百分点；个人按揭贷款及其他占比15.9%，同比下降0.4个百分点；利用外资占比为0.5%，同比增长0.1个百分点。企业自筹资金占比增大，也说明房地产开发企业外部融资难度增加。

（三）重庆市房地产需求市场分析

1. 商品房销售面积年度变化趋于平缓

2005～2014年，商品房销售面积变化幅度波动较大，分别是51.84%、10.41%、59.47%、－19.17%、39.38%、7.8%、5.1%、－0.2%、6.55%、5.86%，最大值和最小值相差78.64个百分点，自2010年调控以来，重庆市商品房销售面积增幅平缓，逐步趋向稳定。2014年重庆市楼市成交247726套，再次蝉联全国成交销冠，全年商品房销售面积首次突破5000万平方米，达到5100.39万平方米。相比商品房销售面积变化，重庆市商品住宅销售面积年增长率变化幅度更加显著，2005～2014年间，同比涨幅最大值和最小值相差为83.85个百分点，自2010年调控以来，其年增长率增幅有所减缓，区域平稳增长，2014年住宅销售面积年增幅较2013年有所下跌，但在下半年"9·30房贷新政"及央行降息利好驱动下，更多需求得到释放。

从重庆市住宅销售面积占商品房销售面积的比例来看，2006～2013年，住宅销售面积占商品房屋销售面积的比例一直维持在90%左右的水平，2014年住宅销售面积占商品房销售面积的比例也有所降低，为86.73%（见表4）。

表4　重庆市 2005~2014 年商品房屋及住宅销售面积情况

年份	商品房销售面积		住宅销售面积		住宅销售面积所占比例(%)
	数量(万平方米)	增长率(%)	数量(万平方米)	增长率(%)	
2005	2018	51.84	1792	54.75	88.80
2006	2228	10.41	2012	12.28	90.31
2007	3553	59.47	3310	64.51	93.16
2008	2872	-19.17	2670	-19.34	92.97
2009	4003	39.38	3771	41.24	94.20
2010	4314	7.80	3986	5.70	92.40
2011	4534	5.10	4063	1.90	89.63
2012	4522	-0.20	4105	1.03	90.77
2013	4818	6.55	4359	6.19	90.47
2014	5100.39	5.86	4423.68	1.48	86.73

　　资料来源：重庆市统计信息网，数据小数位数或有调整。

　　从 2014 年各月增速看，上半年全市商品房销售面积增速一直处于负增长区间，但降幅有逐月收窄的趋势，8 月增速由负转正，在第 4 季度的利好驱动下，市场需求有所释放，楼市成交量上升。而占全市商品房销售面积86.7% 的商品住宅销售面积在 10 月增速转正后，呈进一步好转态势。全年实现商品住宅销售面积 4423.68 万平方米，增长 1.5%，成为推动楼市销售面积增速持续回升的主导力量（见图 4）。结合商品房竣工和销售面积来看，年竣工面积低于销售面积，这在一定程度上也反映了整体市场处于正常健康运行状态。

　　2. 商品房销售额稳步增长，住宅销售额小幅度下滑

　　与商品房销售面积变化相似，2005~2014 年重庆市商品房销售额年增长率变化幅度较大，总体上来看增速有所放缓，从商品住宅销售额的趋势来看，其变化也呈现类似态势。2014 年，重庆市商品房销售额稳步增长，共达2814.99 亿元，同比增长 4.90%，增速有所下跌。相比 2013 年，住宅销售额有小幅度的下跌，住宅销售额为 2253.28 亿元，同比降低 1.33%。从商品房屋销售额中住宅所占比例来看，商品住宅销售额占商品房屋销售额的比例虽然仍维持在 80% 以上，但 2014 年的 80.05% 相对于上年下降了 5 个百分点，这也表明了市民置业需求有所降低，但是仍然强劲（见表 5）。

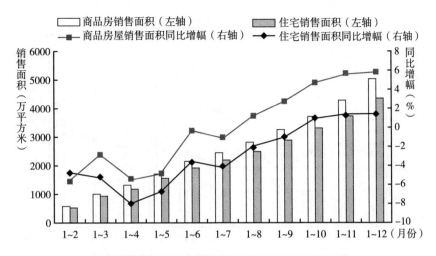

图4　重庆市 2014 年商品房屋及住宅销售面积走势

资料来源：重庆市统计信息网，数据小数位数或有调整。

表5　重庆市 2005～2014 年商品房屋及住宅销售额情况

年份	商品房销售额		住宅销售额		住宅销售额所占比例(%)
	数量（亿元）	增长率	数量（亿元）	增长率	
2005	430.77	85.04	340.68	87.47	79.09
2006	505.69	17.39	418.70	22.90	82.80
2007	967.31	91.29	856.73	104.62	88.57
2008	800.00	−17.30	704.82	−17.73	88.10
2009	1337.76	67.22	1240.57	76.01	92.73
2010	1846.94	38.06	1610.64	29.83	87.21
2011	2146.09	16.20	1825.41	13.33	85.06
2012	2297.35	7.05	1972.42	8.05	85.86
2013	2682.76	16.78	2283.57	15.78	85.12
2014	2814.99	4.90	2253.28	−1.33	80.05

资料来源：重庆市统计信息网，数据小数位数或有调整。

　　2014 年 6 月重庆市商品房销售额同比增速由负转正，上半年实现商品房销售额 1244.18 亿元，同比增长 2.5%，下半年实现稳速增长，全年增速达 4.9%，相比 2013 年，住宅销售额则一直处于下降态势，同比增速全年均为负值，上半年实现销售面积 1026.79 亿元，同比下降 2.1%，下半年销售额下滑速度有所减缓（见图5）。

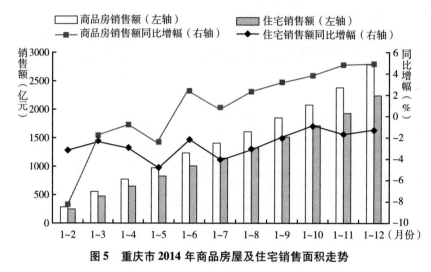

图5　重庆市2014年商品房屋及住宅销售面积走势

资料来源：重庆市统计信息网，数据小数位数或有调整。

　　对比商品房销售面积和商品房销售额的情况，在10月之前，重庆市商品房销售额的增幅均大于重庆市商品房销售面积增幅，随着10月秋交会及年底销售旺季的到来，重庆房地产企业将进一步采取优惠政策促销，并且采取了"以价换量"的策略，故而1～11月和1～12月的商品房销售面积增幅大于商品房销售额增幅，主城区商品房成交均价为7123元/平方米，和2013年主城区商品房成交均价7808元/平方米相比下降了8.78%，房价有所下降，但总体趋于稳定（见图6）。

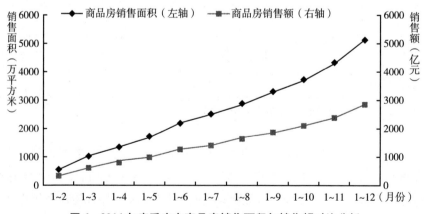

图6　2014年度重庆市商品房销售面积与销售额对比分析

资料来源：重庆市统计信息网，数据小数位数或有调整。

二 2014年重庆市房地产市场影响因素分析

（一）宏观政策去行政化明显，有限松绑

随着中国经济发展进入重质增效阶段，房地产市场也逐步进入新常态。2014年上半年，中央提出"差异化分类调控"后，地方政府纷纷自主出台相呼应的调整政策，总体上"去行政化"趋向明显。相较2010～2013年，《政府工作报告》中"房地产调控"关键词出现次数大幅度减少，下半年限购放松、央行"贷清不认房"和"定向降准"等重大利好频现，宏观政策有所松绑。但为建立完善的房产市场长效机制，大规模刺激措施或者全面降准等强力度措施并未出台，政策松绑有限。

具体来看，3月"分类调控，双向调控"为全年奠定房地产市场调整政策主基调。银行金融方面，2014年11月央行宣布降息，年末各金融机构贷款和存款基准利率分别下调0.4和0.25个百分点，同时金融机构存款利率浮动区间是基准利率的1.2倍。利率市场化继续前行，变动空间加大。信贷政策方面，5月央行催促各行支持首套房贷；9月央行与银监会联合下发《关于进一步做好住房金融服务工作的通知》，其中也涉及房企合理融资需求、居民合理住房贷款需求和保障房建设金融的支持政策；10月住建部、财政部和央行联合进一步要求各地方放宽公积金贷款条件。央行降息和公积金信贷政策增大了市场的流动性，给房地产市场供需双方提供了一定的资金支撑，但依然坚持差别化信贷。土地供应方面，为保障中低端市场房价的平稳发展，在市场优化配置资源的同时，政府加强在土地供给环节对房地产市场结构进行适度引导，积极支持最低端保障房土地供应，合理供应中低端房地产市场用地，限制高端市场，如别墅用地供给，抑制投机性需求，推行"双向机制"的土地供应制度。税收方面与房地产市场紧密相关的房产税试点3年收效甚微，但其保有环节征税对房地产税收体系的完善作用不容忽视。12月，国务院发布《不动产登记暂行条例》并于2015年3月1日起施行，从而建立房产信息库，加快推进房产税政策的完善。保障房建设方面，强调完善保障房建设融资体系、加大财政性资金支持力度、逐步解决保障房资源配置和总体供应问题，坚持利用市场化

改革实现"住有所居"的目标。宏观政策从基本层面上决定了全国房地产市场的走向，也奠定了重庆市房地产市场的基调。2014 年 6 月限购政策悄然微调，限购限贷逐步松绑，行政化手段逐渐弱化，经济手段和法律手段逐步推进，政府坚持"市场化改革"方向，房地产市场长效机制正在建立并逐步完善。

（二）城市发展规划明确，功能定位效应开局向好

1997～2013 年，随着经济发展与实践取得进步，重庆市城市发展战略规划经历了四大时代："三大经济区"时代，"四大板块"时代，"一圈两翼"区域发展战略时代，一直到 2013 年 9 月区域定位更加明确的"五大功能区"划分。各区功能定位越来越明确，未来也将继续契合城市发展而深化。

"五大功能区"划分中，主城 9 区且处于内环以内区域为都市功能核心区，集中体现都市政治经济、历史文化、金融创新和现代服务业中心功能，目前仰仗中央商务区和重点商圈建设，服务业于 2014 年已超过第二产业成为未来发展的主打产业；主城 9 区而处于内环以外区域组成了都市功能拓展区，强调经济量的快速发展，目前产业结构调整步伐正在加快，依靠先进制造业集聚发展，其作为国家中心城市的经济辐射力和服务影响力正在发光发热；城市发展新区则被定位为全市未来工业化、城镇化主战场，该区 2014 年固定资产投资总额、工业投资总额和利用内资到位资金三大指标位居五大功能区之首，显示了其发展的强大后劲；对于渝东北生态涵养发展区和渝东南生态保护发展区，则以加强生态保护和生态经济建设为主，特色农业和特色旅游产业逐渐形成，各地区经济实现绿色发展。相比 2013 年，2014 年 GDP 增幅达 10.90%，五大功能区各区域的生产总值同比涨幅均在 9.00% 以上。2014 年是"五大功能区"战略发展实施的元年，功能定位效应开局向好。

在各功能区发展的同时也聚集出一批可待开发的地产板块，凸显各区空间地产组团的发展模式，如针对中高端客户群以改善需求类产品为主的照母山板块，高品质生态型商务区的蔡家板块，处于金融中心的滨江居住区板块，由强大产业支撑和高起点规划的大学城板块，受会展经济和航空经济带动的空港—回兴板块，辐射置业人群广泛的二郎板块，高端物业聚集的南滨路板块以及享受多处利好的茶园板块等。而作为"西部经济发动机"的两江新区 2014 年生

256

产总值达到 1861 亿元，进出口总额达 3165 亿元，增长 68.8%，各项主要经济指标顺利完成年度目标，新区进入全面提升阶段，其"五大产业"和"三大战略性创新功能基地"的发展将增强对周边地区的辐射和带动作用。

功能区划分和地产板块的发展有利于促进重庆市产业结构的发展和优化，从而引导房地产发展布局的区域分化。2014 年重庆第一、二、三产业生产总值分别占 7.44%、45.79%、46.77%，合理的区域规划引导产业布局从而有利于合理利用人口红利、改革红利和资源红利，为房地产业的发展提供强劲的支撑。

（三）新型城镇化深入发展，刚需依然坚挺

城乡统筹协调发展、城乡一体化发展一直是我国发展的重点工作，十八大报告表明城镇化将成为中国建设小康社会的重要载体，新型城镇化战略也正在成为中国经济增长和社会发展的强劲动力。注重"以人为本、城乡统筹、产城结合、集约发展和可持续发展"的新型城镇化建设，在重庆强调"一盘棋"的总体发展规划。其一，优化城镇布局和形态，立足于五大功能区不同分工，完善城镇体系空间结构，以朝天门、江北嘴、西永等商务聚集区为牵引带动居民集聚区和城市片区建设。其二，支持有条件的区县向大中城市发展，增强万州、黔江在大生态区的辐射带动作用和涪陵作为大都市联系大生态区的战略传递作用。其三，区县城以产立城，以城兴业，产城融合，增强吸纳就业和人口集聚能力。以农民工为重点，促进农业转移人口就近从业，有序推进农业转移人口市民化，推动农民工户籍制度改革。城镇基础设施不断完善，农民工户籍改革制度推进，农村产权改革加快，都夯实了重庆市新型城镇化的基础。2014年，全市城镇化集群格局"1 + 6 + 23 + 500"大都市连绵带基本形成，其中"1"指主城区，"6"指万州、黔江、涪陵、江津、合川、永川共 6 个区域性中心城市，"23"指 23 个一般区县城，"500"是指 100 个中心镇和 400 个小城镇。

全市 3300 万户籍人口，约 3000 万常住人口，重庆目前的城镇化率约为54%，年增速约为 1.36 个百分点，这样计算每年约有 40 万人"城镇化"。为实现"以人为本、城乡统筹"，从根本上改变农民工"候鸟式"迁移和"钟摆式"的游荡，按照每年新增 40 万城镇人口、每人 30 ~ 35 平方米住房面积计

算，重庆市每年需新增城镇住房 1200 万～1400 万平方米，加上城镇原有人口的改善性需求和刚需，城镇化已然是重庆房地产市场的重要组成部分。新型城镇化的深化发展阶段也是房地产市场结构转变，产业升级的阶段。

（四）公积金新政，更多刚需受益

2014 年全国多个城市对住房公积金政策进行调整，主要目的是降低贷款门槛、提高公积金贷款使用率、扩大适用范围。重庆准确把握房地产发展调整方向，在比较早的 2 月中旬即推出住房公积金新政，一改首付额度"一刀切"局面，实行三档梯级递增，首付最低仅 20%，夫妻同贷单笔限额降低 20 万～60 万元，根据购房建筑面积差别化对待刚需和再次改善或者高端住房购买者，实为保刚需、控高端。10 月住建部、财政部和央行联合发布的《关于发展住房公积金个人贷款业务的通知》，正式提出放宽公积金贷款条件，取消四项收费且减少职工可申请贷款的连续存续期。目前重庆市采用公积金个贷购房的比例较小，新政的推出，将有利于改变公积金缴存时间长、贷款额度受限而引起的开发商公积金贷款接受度不高的情况。新政降低了刚需人群购房门槛，减轻了刚需购房者的还款压力。近几年重庆市市场上属于刚性需求的 60～90 平方米的两房需求约占到市场需求的 50%，新政的推出促使刚需有所释放，从而缓解陷入融资困境的房地产开发商的资金需求压力。

（五）保障性安居工程稳步发展，配套工程逐步完善

重庆市保障性安居工程服务对象明确，同时注重品质、房型和地段，建立完善的包含政府出钱、银行贷款、信托投资和各种保险基金相结合的融资体系，设有专门的管理机构，注重保障性住房的流转机制，保证保障性住房最终回归政府的管理体系。截至 2014 年 12 月，重庆市共建成公租房 2768 万平方米，改造城市棚户区 293 万平方米，惠及 8.1 万市民。2014 年内公租房配租成功 38431 套房源，至此，重庆市共开展了公租房的 10 次摇号配租，公租房配租家庭总量达到 193165 户。按照住建部新下达指标，2015 年重庆市保障性安居工程建设任务为新开工保障性住房、棚户区（危旧房）改造房 4 万套，基本建成（含竣工）保障性住房、棚户区（危旧房）改造住房共 8.3 万套。重庆市的目标是 30%～40% 的人进入保障房，其规模将是全国最大的。

为实现保障性住房"三年开工，五年建成，七年配套成熟"的建设要求，近年全市不断加强配套工程的完善，首先是交通系统，特别是重庆轨道交通发展迅猛，2014年，轨道6号线2期工程和轨道2号线延伸段工程完工，完成了上新街至茶园、礼嘉至北碚、新山村至鱼洞线路。从重庆市城市轨道交通总体规划图和重庆市公租房分布图对比来看，轨道交通系统对保障房体系基本上做到了全覆盖，真正落实将保障房建设同产业聚集区相结合工作，并致力于建设公交轨道交通都市。社区服务方面，3月，市民政局、市国土资源与房屋管理局和市公共租赁房管理局联合发布《关于加强公租房社区居民委员会建设工作的通知》，对规范和加强公租房社区的服务管理工作高度重视。商业配套方面，9月公租房管理局和市商委共同启动《重庆市主城区公租房配套商业规划（2014~2020）》的编制，拟引入O2O电子商务企业，探索公租房社区商业发展模式，更好地满足居民生活消费需求。

重庆市建立的以公租房为主的保障性住房体系，与五大功能区城市发展规划、城市产业结构优化等策略相互配合，继续完善商品房和保障房"双轨制"的可持续发展模式。而保障性住房工程和户籍制度改革的结合，以及城市配套工程的数字化、精细化管理，都是对重庆市城市化和工业化进程的支撑，随着保障房建设规模的不断扩大，一来可缩小贫富差距，二来可缓解人口和产业聚集后对房地产市场的高温刺激作用，是对住房供给体系的优化与调整，促进房地产市场平稳健康发展。

三 2015年重庆市房地产市场发展形势展望

（一）利好政策驱动下，房地产市场将稳步发展

近几年，中国GDP增幅进入个位数增长期，增幅有所放缓，而作为国民支柱产业的房地产业也相应受到冲击。2014年全国房地产市场销售面积和销售额均大幅下降，国家相继出台一系列宽松政策促使房地产市场健康稳定发展。纵观2014年重庆房地产市场，宽松微调政策频频出台。2月11日起重庆实施公积金新政，公积金贷款首付不再是所有人统一支付房款的30%，而是根据购房者所购房屋面积大小梯级递增，建筑面积在90平方米以下的首付仅

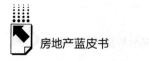

为20%。2014年全国两会出现了"双向调控"的热词,即对于一线城市继续增加供给,同时抑制投机性需求;对于库存量较大的城市则以去库存为主,同时控制土地供应量。该政策表明楼市调控告别"一刀切"的时代,迎来的是市场起主导作用的房地产行业。5月"央五条"的横空出世,不仅优先满足居民首次购买自住房的贷款需求,而且对信贷资源的合理配置也起到一定促进作用。

9月央行发布"9·30新政",推出对于拥有一套住房并还清住房贷款的家庭,再次购买普通商品住房仍可享受首套房贷款的优惠政策。这一政策强烈刺激了居民住房的改善性需求,房地产市场有所回暖。随后重庆出台"认贷不认房"的二套房认定标准,并且首付仅三成、利率上浮30%,促使10月和11月的住房成交量明显上升。

2014年重庆的房贷市场,上半年房贷政策不断收紧,下半年受调控政策影响,房贷政策逐渐宽松。11月22日央行降息,随后重庆房贷开始执行新的基准利率,首套房利率下浮5个百分点,二套房利率最高下浮达15个百分点。预计2015年房贷政策仍会持续宽松,以较低利率刺激潜在购房者消费,进而促使房地产市场积极稳定发展。

预计2015年,在利好房产政策和宽松房贷政策驱动下,以及渝30多项配套政策推动五大功能区域的差异化发展和新型城镇化的带动下,住房消费市场仍将以刚性需求为主、改善性需求为辅。重庆2014年全年商品房销售面积同比增长5.9%,卖房24.8万套,成功蝉联全国销冠。另外,虽然2014年房屋成交量稳中有升,但高库存仍然是现阶段房产市场面临的一个棘手问题,房企和政府应积极采取去库存化措施,减少存量,推动市场逐步实现供需平衡,让房地产行业在市场的引导下平稳发展,从而促进新常态下房地产市场在差异化调控政策之后建立长效运行机制。

(二)调整时期,"以价换量"策略有望使楼市回暖

回顾2014年,在我国面临经济增速下行压力的情况下,以刚性需求为主的重庆房地产市场依然保持平稳健康发展。重庆宏观经济增长稳定和交通基础设施的改善,以及政府相关利好政策的实施,使得全年重庆楼市成交量整体成小幅上升趋势。预计2015年重庆楼市成交量有望继续维持平稳走势,但去库存仍不可忽视。

2014 年重庆市以 10.9％的 GDP 增速跃居全国首位，为适应我国经济进入新常态的大背景，同时也为重庆市经济结构转型留有余地，重庆市将 2015 年 GDP 增长速度暂定为 10％。经济发展速度放缓的一部分原因是我国的房地产目前处于结构调整阶段，国务院总理李克强在达沃斯世界经济论坛 2015 年会上发表《维护和平稳定 推动结构改革 增强发展新动能》的致辞中表示，中国现代化必然伴随城镇化，对房地产刚性需求是长期的，近年来我国房地产市场投资量和交易量的一些波动，以及房地产在一定时期内出现调整，都是正常现象。房地产有丰厚回报的黄金时代已悄然离去，迎来的是充满机遇与挑战的白银时代。2014 年全年房地产开发投资渐趋平稳；土地市场遇冷，开发商拿地谨慎，量价齐跌；居住及商业用地成交面积大幅下降；房地产资金供应偏紧；商品住宅批准的预售面积比 2013 年同期减少 0.5％。从市场供需两方面考虑，预计 2015 年商品房新增供应量会有所减少，但库存总量依然不容乐观，各大开发商依然会采取"以价换量"的策略促进资金回笼。

2014 年政府频频出台刺激楼市回暖的政策在 2015 年预计将依然持续，对于快速发展中的重庆，刚性需求仍是房地产调整阶段释放库存的有力支撑。2015 年 1 月 14 日发布《国家新型城镇化综合试点方案》，重庆主城区包括在内，重庆将建立农业转移人口市民化成本分担机制。重庆市政府工作报告中也指出深入推行新型城镇化，增加中小户型供给，并对农民工家庭购房给予优惠。重庆目前的城镇化率为 54％，年增速 1.36 个百分点，由此可以看出，城镇化仍是重庆楼市的发展机会。另外，无论是公积金新政，还是"央五条"都对首套购房的居民予以优惠，预计 2015 年，重庆楼市仍以刚需为主，高端住宅销售不容乐观。

虽然重庆楼市整体销量不容乐观，但依然有不少热门板块促进楼市的平稳发展。2014 年，人们对主城区的"三北一南"即江北、渝北、北部新区及南岸区关注度颇高。江北的华润中央公园地处江北区北滨路，临江而建，附近规划轻轨 5 号线站点，颇受广大购房者关注；北部新区作为重庆经济高速发展的新兴区域，开发商出于环境、政策、地段的考虑，照母山板块热度不减；渝北的交通优势较为明显，火车站、轻轨 3 号线都在该区域；南岸区轻轨 6 号线五里店到茶园段的开通，大牌房地产的入驻，都增加了该地区的楼市成交量。预计 2015 年"三北一南"的热度仍然会持续一段时间，促进房地产市场的成交量提升。

（三）多商圈蓬勃发展，商业地产发展有望再创新高

重庆作为长江上游地区经济中心和金融中心，地处"一带一路"和长江经济带的战略节点，并且作为内陆通向欧洲"渝新欧"的起点，另外与寸滩水港、江北机场形成水、空、铁三路对外全面开放的口岸格局。在重庆五大功能区大力发展和内陆开放高地快速建设下，重庆经济实现高于全国 3.5 个百分点的平稳健康增速，因此重庆商业地产也呈现蓬勃发展之势。

近年来，在重庆宏观经济的带动下，重庆在发展五大传统商圈的基础上，拓展商圈的不断兴建也将是 2015 年一大亮点。2014 年重庆土地交易市场相对2013 年稍显冷清，但商住综合类用地成交仍成为土地交易市场的主流，2014年综合类用地的成交有 107 宗，占比 69%，其中纯商业用地达 44 宗，成交量较 2013 年有所上升。可以看出，随着住宅产业预冷，各大房企纷纷加大对商业地产的开发，建设大规模、高品质的城市综合体。2014 年传统商圈也在不断地拓展和优化。随着沙坪坝区委十一届四次全会的召开，为打造"三集群两产业带"的战略规划，重磅出炉 45 个重大项目，使地处都市核心区和拓展区的沙坪坝商圈显露出以三峡广场为中心的扩展态势；目前解放碑商圈主要是以大型商场为主，经扩容之后将增加多个布局合理的功能区域，将解放碑打造成集工作区、生活区、景区于一体的复合型中央商务区。随着重庆市多个百亿级商圈的提档升级、新兴商圈和乡村商圈的加紧建设，目前全市已有 9 个百亿级商圈、15 个百亿级市场、152 个便民商圈。另外，除传统商圈外，2014 年石桥铺、西永大学城、巴南龙洲湾、弹子石、空港新城、江北北滨路等形成潜力巨大的新兴商圈。2014 年重庆高新区研究《石桥铺商圈业态调整规划》，准备将石桥铺打造成拥有观音桥 1.5 倍商体容量的轨道环线都市核心泛商圈。预计 2015 年根据九龙坡区"东城再造，西城再战"的发展理念，转型升级中的石桥铺将是热点板块之一；西永是西部通往欧洲铁路的起始站，拥有向国外发展的得天独厚的地理优势，另外，轨道 1 号线的延伸、双碑大桥、双碑隧道、渝遂高速和成渝客运专线的未来建成，使西永成为进出城的交通枢纽，商业前景向好；巴南龙洲湾 2014 年建设量居重庆前列，交通便利、环境舒适，受到万达、华宇等开发商的青睐，这也是万达在渝投资的一个最大的城市综合体；与江北嘴一江之隔的弹子石，作为重庆 CBD 金三角中央商务区之一，伴随

"六桥四路三隧道双轻轨"的完工与基础设施的完善，其未来商业价值巨大。市长在政府工作会议上也指出，要推进中央商务区的转型升级和智慧商圈的建设发展。可见，重庆新兴商圈的建设正在进入快速发展时期。

2014年办公楼的竣工面积同比增加51.8%，预计2015年将增加超过100万平方米的写字楼供应量，且以甲级写字楼居多。如果写字楼在2015年集中供应，会导致去库存化压力不断上升，加大房产商之间的市场竞争，未来租金价格或成下行趋势。核心区的高品质项目对于硬件要求较高的金融机构及外资企业仍有较大的吸引力，预计2015年有望维持较高的入住率和租金水平；拓展区商圈的写字楼项目则可能通过优惠措施实现预期销量。

（四）新常态下房地产企业思考转型升级之路

房地产伴随着我国经济的增速放缓也逐渐步入新常态的发展阶段，基本告别了过去高速增长的黄金时代，转而进入低回报、高库存、激烈竞争的白银时代。在这机遇与挑战并存的发展阶段，房地产企业应该思考如何转型升级，提高自身竞争力。

2014年全国楼市整体陷入低谷困境，不少房地产企业积极探索自身升级之路。一些房企将土地开发导向转变成服务导向。比如，2014年重庆金科借助"产业嫁接地产"、"社区运营商"和"新能源战略"的"两升级一转型"创新模式实现了稳步增长。龙湖不仅提供优质的物业服务，还关注社区配套及社区教育等服务延伸；并且在2014年宣讲会上，为响应政府提出的大力扶持智慧城市建设，龙湖提出打造"智慧型龙湖"。除龙湖外，万科、绿地、世茂等房企也纷纷提出布局智慧社区，基于大数据、云计算和物联网等热门技术，万科试图通过社区物流、社区金融、社区零售业发掘新的经济增长点。绿地则利用信息化打造集商业、办公、酒店于一体的智慧综合体。预计2015年许多房企仍会继续探索服务型的升级模式，提升业主满意度。

由于住宅产业过剩，房企大多探索开发文化、旅游、养老等地产。万达在重庆投资500亿元的万达文旅城落户沙坪坝西部新城，同时2014年重庆市政府工作报告也指出推进万达文旅城等重大文化产业项目建设，增强重庆文化整体实力。在重庆如恩公司、小天鹅等企业纷纷进入养老地产后，重庆掀起了投资养老地产的热潮，部分企业将养老地产又细分成城市中心功能型、近郊风景

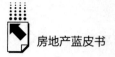

资源型和景区候鸟型等等。目前重庆市渝中区和江北区均已涉足养老地产项目，预计2015年养老和旅游地产仍将是许多重庆房企选择的转型之路。

随着重庆市大型城市综合体的不断兴建，传统零售业不断受到电商的强烈冲击，商业地产的转型也迫在眉睫，不少开发商借助O2O模式打造体验式消费，将购物中心变成消费者的体验中心。观音桥龙湖新壹街成为首个尝试打造颇具人文特色的体验式商业街区。预计2015年各大地产商，特别是商业地产商将更加注重对以消费者体验和感受为主的运营模式的探索。在互联网快速发展的今天，与互联网的结合成为房地产发展的一种趋势。无论是万通借助"众筹筑屋"平台进行互联网融资，还是晋愉的社区O2O，以及万科的业主手机APP都是房企运用互联网思维探索的转型之路。

2014年重庆地产频频尝试海外房地产投资，中小型企业则抱团出海投资。2014年中国房企跨国投资接近300亿美元，超过往年海外投资房产的总和。《中国人海外购房趋势报告》显示，重庆地区海外购房的比例占到3.84%。房企海外投资主要是分散国内投资风险，取得可观收益。预计2015年，随着海外投资持续升温，选择海外投资的房企会有所增加。

2014年郑州房地产市场
分析及2015年预测

张红星*

摘　要：　在经济增长与城市建设的带动下，2014年郑州房地产市场基本保持平稳运行，投资增速保持平稳，产品结构更趋协调，房地产价格稳中有升，二手房交易持续活跃。2015年，郑州房地产市场预计仍将延续2014年的运行态势，商品房、土地交投两旺，房地产价格平稳中有所上升。

关键词：　郑州　房地产　稳中有升

随着我国宏观经济逐步进入新常态，就全国整体来说，2014年房地产市场处于多年未有的低迷状态。但郑州作为一个后发增长的欠发达城市，当前依然处于城市建设的高潮期，房地产市场基本保持了平稳发展的态势，商品房建设投资持续增加，商品房价格仍有上涨，土地市场供销两旺。

一　2014年郑州房地产市场基本状况

（一）商品房建设情况

2014年郑州市商品房建设持续增长，无论从价值形态还是从实物形态来看都是如此。全年完成商品房建设投资总额1744亿元，比2013年增长20.6%；其中住宅1177亿元、办公楼138亿元、商营用房215亿元。全年施

---

* 张红星，经济学博士，郑州市社会科学院副研究员，主要研究领域为城市与区域经济学。

工房屋总面积 10574.2 万平方米，比上年增长 8.8%；其中住宅 6988.9 万平方米、办公楼 920.7 万平方米、商营用房 1096.1 万平方米。全年竣工房屋总面积 1889.4 万平方米，比上年增长 66.1%；其中住宅 1122.9 万平方米、办公楼 162.1 万平方米、商营用房 175.5 万平方米。

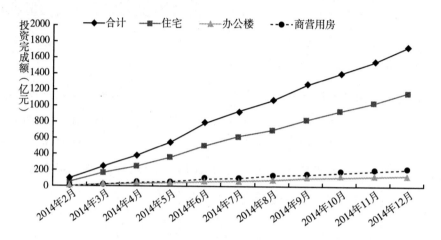

图 1　2014 年郑州市商品房建设投资完成额（累计值）*

　　* 合计值数据中包含地下车库、地下室等项目，但住宅、办公楼和商营用房等分类数据中不包括这些项目，所以分类数据汇总不等于合计数据。郑州市统计局原数据如此。表 1、表 2 中数据与此类同。

　　数据来源：郑州市统计局。

表 1　2014 年郑州市商品房施工面积、竣工面积（累计值）

时间	施工房屋面积（万平方米）				竣工房屋面积（万平方米）			
	合计	住宅	办公楼	商营用房	合计	住宅	办公楼	商营用房
2014－02	7621.4	4918.4	709.1	811.4	72	44.9	0.3	10.4
2014－03	8079.2	5335.7	718.1	827.5	130.8	85.6	0.3	17.1
2014－04	8179.5	5402	727.6	834.1	171.8	113.8	0.3	20.1
2014－05	8222.1	5420.6	739.1	835.9	260.4	184.2	1.5	25.4
2014－06	8470.6	5571.7	744.1	869.1	524.6	388	1.5	53.3
2014－07	8939.3	5906	775.7	893.4	564.8	409.9	1.5	54.6
2014－08	9137.4	6009.4	787	950.7	589.3	423.9	1.7	56.7
2014－09	9558.5	6265.8	881.9	966.7	643.2	461.5	8	58.1
2014－10	9934.3	6517.6	897.3	998.2	658.4	465.5	16.9	59.1
2014－11	10156.9	6708.3	900.7	1019.1	775.5	549.4	18.3	66
2014－12	10574.2	6988.9	920.7	1096.1	1889.4	1122.9	162.1	175.5

　　数据来源：郑州市统计局。

（二）商品房销售及库存情况

2014年郑州市商品房实际销售面积为1591.9万平方米，总量比2013年略有下降。其中，住宅销售量为1293.3万平方米，比2013年减少1.5%；办公楼销售量为133.6万平方米，比2013年减少24.4%；但商营用房销售量比2013年增加43.6%，达到126.7万平方米。年内商品房库存基本上呈逐步减少趋势，2014年11月底待售房屋面积为353.6万平方米；但12月出现翘尾现象，待售房屋面积增加到461.7万平方米，与2013年同比增加44%。其中，住宅306.3万平方米，同比增加41.6%；办公楼33万平方米，同比增加26.9%；商营用房75.7万平方米，同比增加48.7%。

表2 郑州商品房2014年销售面积和待售面积（累计值）

时间	实际销售面积(万平方米)				待售房屋面积(万平方米)			
	合计	住宅	办公楼	商营用房	合计	住宅	办公楼	商营用房
2014 – 02	109.1	84.8	18.2	4.2	423.3	312.8	31.4	52.5
2014 – 03	279.7	209.5	36.5	14.4	448.9	338.9	30.0	56.7
2014 – 04	369.9	286.7	43.4	20	364.1	271.1	21.1	48.3
2014 – 05	475.5	376.2	53.2	24.9	352.6	257	19.8	48.1
2014 – 06	627.7	515.4	60.4	30.1	398.3	286.2	19.2	65.3
2014 – 07	749.2	614.5	70	41.9	382.1	273.5	18.7	62.7
2014 – 08	864.7	707.7	81.7	48.6	362.4	259.5	17.7	60.7
2014 – 09	1034.6	849.2	96.4	61.3	373.9	273.7	26.7	45.7
2014 – 10	1168.1	966.1	101.2	67.8	356.9	259.7	25.4	44.2
2014 – 11	1278.9	1059.9	109	75.9	353.6	255.7	25.7	46.2
2014 – 12	1591.9	1293.3	133.6	126.7	461.7	306.3	33.0	75.7

数据来源：郑州市统计局。

与全国许多地方房价下降有所不同，郑州市区2014年房价较为坚挺，总体平稳但略有上涨。2014年12月，商品房销售均价9597元/平方米，与2013年同比上涨7.95%；其中商品住宅销售均价8471元/平方米，上涨幅度较大，与2013年同比上涨17.2%；非住宅销售均价为12595元/平方米，与2013年同比微降0.25%。

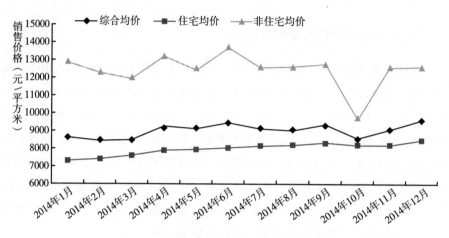

图2　2014年郑州市商品房月度销售价格

数据来源：郑州房地产网（http：//www.zzfdc.gov.cn）。

（三）二手房交易情况

2014年，郑州市区二手房交易依然比较活跃，全年共成交368.64万平方米，其中二手住宅359.35万平方米。二手房价格有较大幅度上涨。2014年12月，二手房成交均价为7606元/平方米，比2013年同期增长16.09%；二手住宅均价7398元/平方米，比2013年同期增长14.68%。

表3　2014年郑州市区二手房交易情况

月份	二手房总计			二手住宅		
	成交套数（套）	成交面积（万平方米）	成交均价（元/平方米）	成交套数（套）	成交面积（万平方米）	成交均价（元/平方米）
1月	4284	37.9	7045	4228	37.5	6998
2月	1808	15.62	6724	1770	15.33	6611
3月	2965	26.53	6831	2902	25.94	6728
4月	3557	31.87	6979	3481	31.15	6865
5月	3880	33.6	7168	3757	32.6	6966
6月	3497	30.45	7113	3427	29.94	7005
7月	3811	34.45	7225	3737	33.66	7067
8月	3382	30.52	7256	3281	29.46	7035
9月	3625	33.46	7266	3553	32.17	7142

月份	二手房总计			二手住宅		
	成交套数 （套）	成交面积 （万平方米）	成交均价 （元/平方米）	成交套数 （套）	成交面积 （万平方米）	成交均价 （元/平方米）
10 月	2894	25.15	7121	2839	24.73	7017
11 月	3640	32.31	7283	3549	31.13	7065
12 月	4021	36.78	7606	3934	35.74	7398
合计	41364	368.64	—	40458	359.35	—

数据来源：郑州房地产网（http：//www.zzfdc.gov.cn）。

（四）土地投入情况

1. 土地供应计划

基于城市改造升级的需要和城市版图扩大的影响，2014 年郑州市建设用地供应量仍然较大。2014 年郑州市建设用地供应计划编制范围为郑州市市本级辖区，拟供地总量为 2005.47 公顷，比 2013 年计划供地量增长 29.59%。其中，住宅用地 903.03 公顷，商业用地 223.80 公顷，工矿仓储用地 231.58 公顷，其他用地 647.06 公顷。

整体来说，拟供地均匀分布于市内五区、高新技术开发区、经济技术开发区、郑东新区。其中，市内五区 1293.91 公顷，郑东新区 180.13 公顷，经开区 228.94 公顷，高新区 302.49 公顷。903.03 公顷住宅用地中，普通商品住宅用地为 705.38 公顷，保障性住房用地为 197.65 公顷。

表 4   2014 年度郑州市建设用地供应计划表

单位：公顷

项目	合计	住宅用地			商服用地	工矿仓 储用地	基础设 施用地
		小计	保障性住房用地	其他住房用地			
面积	2005.47	903.03	197.65	705.38	223.8	231.58	647.06
所占比例（%）	100.00	45.03	9.86	35.17	11.16	11.55	32.26

资料来源：郑州市国土资源局。

2. 土地成交情况

2014 年郑州市土地市场供销两旺。成交热点区域逐步由核心城区逐步向郑东新区、航空港区及高新区转移。在核心城区，三环沿线及以外逐步代替中

心城区，已成为新的土地成交热点区域。郑东新区以龙湖片区成交量最大，惠济区以北区杨庄、正商林语溪岸、正弘澜庭叙等项目土地为主，二七区以亚星盛世、康桥金域上郡、绿地滨湖国际城、建业泰宏、正商城等项目土地为主。

全年成交量较 2013 年同比上涨 16%，共交易土地 174 宗，占地面积 719.72 万平方米。总成交量中，住宅用地 121 宗，占地面积 479.54 万平方米，比 2013 年有小幅增加，可建楼面面积 1673.02 万平方米；商服用地 40 宗，占地面积 93.93 万平方米，比 2013 年有小幅减少，可建楼面面积 431.17 万平方米。

综合地价及分用途地价都呈上涨趋势。2014 年，郑州市综合地价水平为 2735 元/平方米，同比上涨 7.25%；住宅用地地价水平为 3685 元/平方米，同比上涨 8.16%；商服用地地价水平为 3258 元/平方米，同比上涨 6.85%。

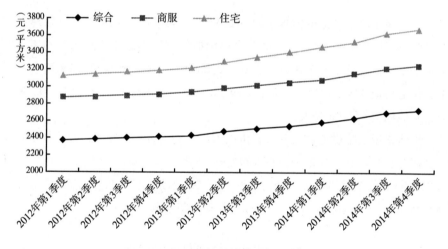

图 3　2012~2014 年各季度郑州地价水平

资料来源：中国城市地价动态监测网（http://www.landvalue.com.cn）。

二　2014年郑州房地产市场主要特征及其主要影响因素分析

（一）2014年郑州房地产市场运行主要特征

分析 2014 年郑州房地产市场的运行情况，其主要特征可以概括为投资增速保持平稳、产品结构更趋协调、房地产价格稳中有升、二手房交易持续活跃。

1. 投资增速保持平稳

2010年郑州市房地产开发投资比上年增长50.9%，增速达到近几年的最高峰，其后几年基本处于20%～30%之间。2014年，在全国房地产投资整体低迷的形势下，郑州市房地产开发投资增速依然保持20.6%。在增速保持平稳的同时，投资额则从2010年的923.6亿元，增加到2014年的1743.5亿元。

2. 产品结构更趋协调

2013年显现出的一个问题，就是郑州非住宅商品房供过于求，造成较大的库存消化压力。随后政府针对性地调整供地结构，企业有意识地调整开发结构和开发节奏，加大住宅开发量。从投资额来看，2014年住宅投资比上年增长29.3%，而办公楼仅增长1.8%，商营用房增加13.9%。从销售面积来看，2014年商营用房销售面积增长43.6%，而住宅销售面积微减1.5%。供求两方面因素促成产品结构趋于协调。

3. 房地产价格稳中有升

在全国楼市总体低迷的情况下，郑州市区2014年房价表现相对坚挺。根据国家统计局网站公布的数据，2014年10月到12月之间，全国70个大中城市中，仅有两三个城市住宅价格保持同比增长，郑州即为其中之一。根据郑州市房管局的数据，2014年各月郑州商品住宅销售均价基本呈现持续上涨的格局，12月与2013年同比上涨17.2%。土地方面，综合地价及分用途土地价格也都呈上涨趋势：2014年郑州市综合地价水平同比上涨7.25%，住宅地价水平同比上涨8.16%，商服地价水平同比上涨6.85%。

4. 二手房交易持续活跃

与大多一线城市二手房交易量大幅减少不同，2014年，郑州市区二手房交易依然比较活跃。全年成交面积虽较2013年略有减少，但二手房价格有较大幅度上涨，显示二手房市场依然发展旺盛。

（二）2014年郑州房地产市场主要影响因素分析

市场运行呈现的特征表明，2014年郑州房地产市场依然处于持续发展的态势，促成这种态势的动力主要有城市经济增长、城市建设和房地产政策变化

等方面。

1. 经济增长影响分析

2014年，郑州经济也与全国经济一样进入"新常态"，下行压力持续增大。但郑州市委、市政府坚持围绕"打造大枢纽、培育大产业、建设大都市"的战略定位，以航空港经济综合实验区建设为统揽，着力把郑州建成中原经济区核心增长极，积极把郑州建成丝绸之路经济带重要节点城市，抓改革、强投资、调结构、求提升，圆满完成了"都市区建设三年行动计划"。2014年，地区生产总值达到6800亿元，比2013年增长9.3%；全社会固定资产投资5280亿元，比2013年增长20%；城镇居民人均可支配收入29220元，比上年增长9.8%。与2011年数据相比，地区生产总值净增1820亿元，固定资产投资净增2380亿元，城镇居民人均可支配收入净增7608元，经济份额占全省的比重不断提高。

经济数据表明，虽然郑州经济增速有所放缓，但多项指标仍高于全国平均水平。较为强劲的经济增长也为房地产行业提供了较强发展动力。作为欠发达的中部城市，投资依然在拉动郑州经济增长上发挥重要作用，而房地产投资又是总投资中的重要组成部分之一，2014年郑州商品房建设投资总额比2013年增长20.6%，而这一指标的全国平均值仅为10.5%。良好的经济增长前景预期及政府采取的招商引资措施，也吸引了大量企业和人员向郑州集聚，从而为房地产市场带来了较强的需求。

2. 城市建设影响分析

近年来，随着郑东新区建设的推进完善，以及郑州航空港经济综合实验区规划获得国家批复，郑州城市建设进入一个突飞猛进的发展阶段。一方面，郑州城市版图持续扩大，新区建设如火如荼；另一方面，旧城改造、城中村改造快速推进，城市基础设施建设力度明显加大。2014年，郑州市启动"六旧九新"片区改造项目106个，三环以内剩余城中村改造全部启动；按照"畅通郑州工程"部署安排，城市轨道交通、市区快速路网、市域快速通道等工程强力推进，三环快速化工程基本完成，完工市域快速通道9条，建成环城互通式立交桥10座，打通城市断头路128条，黄河路下穿北编组站隧道等重点工程建成通车；一大批水、电、气、暖等公共服务设施建成投入使用。

城市建设的迅猛推进无疑从供需两个方面为房地产业发展提供了强劲动

力：城市版图扩大直接增加了郑州的城市空间，并将当地居民纳入城镇人口；城市建设及产业发展的合力吸引了大量外地人口向郑州集聚，全年净流入人口在百万以上；增加了郑州房地产市场的刚性需求。交通道路及其他基础设施的建设完善，提升了相关片区的房地产价值。城中村改造及旧城改造，一方面以高价值房产置换了低价值房产，刺激商品房价格上涨；另一方面减少了出租房供给，引致租房市场价格上涨，并将一部分租房需求转化成了购房需求。

3. 相关政策影响分析

受楼市总体低迷这个大环境的影响，2014年在国家层面上房地产政策改变了过去"一刀切"的调控方式，采取"双向调控、分类调控"的措施。除了部分一线城市，大多数城市都出台了一些促进楼市繁荣的调控政策，郑州也是这样。回顾2014年郑州采取的房地产调控措施，主要集中在土地市场建设、取消限购和房贷政策调整上（见表5）。这些调控措施利于盘活存量土地、节约房地产市场交易成本、降低改善型需求入市门槛，起到促进郑州房地产市场持续健康发展的积极作用。

表5　2014年郑州房地产市场主要调控政策

时间	政策名称	详细内容
4月	土地网拍	4月18日,位于中原西路、扬州路西的一宗地块,正式在网上接受竞拍申请,标志着郑州土地市场网拍时代的开启。
5月	公积金贷款、银行贷款组合贷	自6月15日起,凡是符合公积金贷款和银行按揭贷款条件的市民均可申请住房公积金个人住房组合贷款,但仅限于郑州市区的一手住房贷款。组合贷款的最高限额为70万元,且贷款金额不超过所购房产总价的70%。其中,住房公积金个人住房贷款金额应不超过住房公积金个人住房贷款的最高限额,商业银行个人住房贷款金额不低于5万元。
8月	全面取消限购	8月9日20点,郑州房管局官方微博发布"经报请上级部门批准,自即日起,在我市市内五区、郑东新区购买住房时不再需要提供住房套数证明以及居住、纳税和社保等情况证明"的消息,长达近三年半之久的郑州楼市限购全面取消。
9月	基准地价调整	郑州市国土资源局宣布调整"基准地价",并从9月开始执行。郑州"基准地价"分九级,郑州主城区主要在一、二、三级范围内。其中,市区一级住宅用地定价由5年前的每平方米4050元更新至8400元,涨幅达107%。

续表

时间	政策名称	详细内容
9 月	房贷新政	9 月 30 日 16 点,央行发文明确表态放松首套房认定标准,首套房贷利率下限为基准 0.7 倍。当晚 22 点,河南省住房和城乡建设厅、河南省发展和改革委员会、河南省国土资源厅、中国人民银行郑州中心支行、中国银行业监督管理委员会、河南监管局五部委联合发表《关于促进全省房地产市场平稳健康发展的若干意见》,明确表示河南省放松首套房认定标准,适度提高住房公积金贷款额度,公积金贷款购买 90 平方米(含)以下住房贷款首付不低于 20%,90 平方米以上住房贷款首付比例不低于 30%。
10 月	土地征收新标准	10 月 13 日,郑州市政府出台《关于国有土地上征收补偿的实施意见》,被征收房屋可选择货币补偿和产权调换两种补偿方式。住宅房选择货币补偿可按市场评估价上浮 30%;选择产权调换的,按两种方式进行安置:一是被征收房屋所有权证注明套内建筑面积的,按套内面积给予安置;二是被征收房屋所有权证未注明套内建筑面积的,安置房按被征收房屋建筑面积上浮 20% 进行安置,上浮部分不计价。非住宅房依据房屋所有权证标明的性质、用途,按房地产市场评估价给予补偿。

三 2015年郑州房地产市场运行预测

(一)2015年郑州经济发展展望

和全国、全省一样,郑州市经济当前也进入"降增速、调结构、转动力"的发展新常态,经济发展节奏必然有所放缓。但是,郑州航空港经济综合实验区建设、国家丝绸之路经济带建设都为郑州带来新的重大发展机遇。随着近年来多式联运体系的构建、物流集疏能力的提升,郑州区位优势更为凸显;国际陆港、郑欧班列、跨境贸易电子商务服务试点等,与航空港实验区一起,形成了郑州对外开放的新优势。总体来看,上述因素为郑州经济社会持续发展提供了良好的宏观环境。

2015 年是郑州市全面深化改革的关键之年,也是"十二五"规划的收官之年。根据 2015 年郑州市政府工作报告的安排,郑州市 2015 年将紧紧围绕"打造大枢纽、发展大物流、培育大产业、建设以国际商都为特征的国家中心城市"的战略定位,注重提高经济发展的质量效益,改革创新、改善民生,主动适应经济新常态，促进郑州都市区建设健康发展。2015年经济社会发展主要预期目标中，包括争取地区生产总值增长9%左右、固定资产投资增长18%、规模以上工业增加值增长10%、社会消费品零售总额增长12%，并实现城乡居民收入与地区经济同步增长。可以看出，按照上述发展目标，郑州经济增长仍将高于全国平均水平。城市建设方面，将会延续2014年的发展态势，以人的城镇化为核心，以城市综合承载能力提升、旧城改造、"畅通郑州工程"为重点，继续加强基础设施建设，提高城市精细化管理水平，提升城市品质。

（二）房地产市场运行预测

基于全国房地产市场的整体态势、郑州房地产市场的发展现状，以及对郑州经济发展的前景展望，对2015年郑州房地产市场运行做出如下预测。

（1）随着宏观经济转入新常态，房地产市场总体供求形势也在转变，由长期的供不应求转为供求基本平衡。因此，房地产市场将告别过去高速增长的时代，房地产投资将保持平稳增长状态。商品房价格也将以平稳为主，仍会有所上升但幅度不会太大。

（2）土地供给方面，由于目前郑州商品房库存持续增加，前三年较大量的土地投入形成的产能也将逐渐释放，2015年政府可能适当放缓商品房用地出让速度。但在新区建设、旧城改造及城市基础设施建设的惯性作用下，土地市场交易量可能依然较大。

（3）由于人口持续流入及旧城改造产生的刚性需求，商品住宅预计仍将交投两旺。

（4）郑州办公楼市场仍将面临较大的库存消化压力。但随着郑州国际商都概念的提出，以及近年来郑州产业结构升级的累积效果，办公楼与商营用房市场可能在2015年有较好的表现。

（5）2014年二手房交易量猛增，已经接近新建商品房交易量的50%。2015年二手房交易市场预计仍会持续这种活跃态势。随着存量房的增加，郑州商品房交易以二手房为主的时代可能即将来临。

国际借鉴篇

International Experiences

BLUE BOOK

B.18

从危机走向复苏的美国经济
给中国房地产的启示

Kruti R. Lehenbauer　陈 北*

摘　要： 本文从金融运行的角度系统分析了美国从次贷危机（2006 ~
2008）到目前（2015）复苏的历程，希望能够从中发现可供
中国房地产市场发展借鉴的积极因素。然而，深入分析的结
果却表明，2015 年的美国经济尽管可能会呈现给世界经济些
许的"亮色"，但是，次级债务危机的"阴霾"至今仍未散
尽。更深层面的分析发现，奥巴马总统任期的美国，并没有
在金融创新与房地产监管中培育出一套成熟的房地产发展机
制，因此仍难以应对下一次可能的危机，治理"次级债"机
制的健全仍然需要假以时日。因此本文对于美国房地产领域

* Kruti R. Lehenbauer, Ph. D. Associate Professor of Economics, DeVos Graduate School of
Management, Northwood University, Michigan, U. S. A. Lehenbau@ northwood. edu；陈北，金融学
博士，中国社会科学院世界经济与政治研究所 chenbei@ cass. org. cn。

乃至全球范围内的金融机构，它们对促使经济复苏所能够激发出来的正能量，笔者仅仅持审慎乐观态度。更为重要的是，在全球经济的大格局中，考虑到中国经济中的制造业和商业在全球实体经济中所占的体量之大，已经使得中国在庞大美元投资和其他长、短期投资博弈中深受美国经济与金融决策的影响，因此在本文尾声，笔者还探讨了"后危机"时代那些促使美国复苏的因素给中国的房地产市场带来的可能影响。

关键词：　次级债务危机　次级市场　按揭贷款　美国联邦储备委员会　复苏

次级市场按揭贷款（Subprime Mortgage）简称次级债，发端于2006年的美国，于2007年蔓延成失控态势，时隔不到两年，就引致了2008年美国的金融危机，并将全球金融体系带入了长期难以预期的动荡漩涡之中，阴霾至今挥之不去。这一次全球性的金融危机被格林斯潘形象地称为"房地产泡沫"的破裂。时光荏苒，在危机爆发之后的七年中，金融形势出现了一些明显的改善，然而总体形势上的扭转还要假以时日、有待观察——即如果在改善过程中出现大规模美元外流现象，则危机的潜在负面影响将会在更长的时期内蔓延。尽管如此，此时此刻，我们仍然可以观察到金融部门中理性复苏的种种迹象。

一　次级债务危机的发端

如果不弄清次级按揭贷款中"次级"的真实含义，我们很难因循次级按揭贷款的路径展开分析。市场中有关"次级"有多种定义，然而来自学界的定义只有如下四种，格拉底等人（Gerardi，2008）将其归纳为四类：

（一）特定借款人较其他借款人需要更经常地提醒及时付款，同时放款人可能需要收取较高费用来偿还这些贷款。因此，放款人可以对这种抵押贷款归

类为次级的贷款，即次级债。

（二）如果借款人在近期已陷入财务困境，某些专门的贷款机构愿意提供给他们贷款。这些放款人被存放在由住房和城市发展部（HUD）的名单中，他们发放的贷款都被自动假定为次级的抵押贷款。

（三）佣金与利率均显著高于那些向定期借款人收取的贷款费用的那类贷款，也被认为是次级的抵押贷款。

（四）任何贷款，不论来源与出处，一旦被打包成为市场中可流通的保险单据（如被担保的次级抵押贷款凭证），也通常被归类为次级的抵押贷款。

自 1993 年以来，有关次级抵押按揭的褒贬之词就不绝于耳。1990 年代市场对按揭抵押借贷方式的依赖程度同 21 世纪的依赖度相比较要微弱得多。1998~2000 年，每年仅有 70000 笔按揭业务的主要盈利来自次级抵押贷款（Mayer，Pence，& Sherlund，2009）。事实上，直到进入 21 世纪后，"按揭"才成为主导性的、上述意义上的次级抵押贷款形式。但是，住房和城市发展部 2000 年的一份报告显示（尽管业务数量不大），1990 年代次级借贷的增长势头十分强劲，由于来自次级抵押贷款市场中有关次级抵押贷款普遍存在掠夺性做法的证据越来越多，HUD 曾经呼吁对此应当予以相应的审查。可见从那时起，次级债危机的种子就已经破土发芽了。

尽管存在上述警告，进入 21 世纪以来，针对有风险的贷款人放贷的数额依然呈现快速增长的态势，且有增无减。正如表 1 所示，2003~2005 年，次级按揭贷款的数量几乎出现了翻番，而这一现象背后所反映的融资实质是：更低的按揭首付、更高的融资风险、更模糊的信贷标准。除了次级贷款和 Alt – A 抵押贷款①之外，另一个市场因素是房利美和房地美通过市场提供的，由联邦住房管理局（FHA）背书的，给那些明显有更高按揭贷款风险的人们提供能够负担得起的贷款。此类贷款被称为私人定制的抵押贷款证券（PMBS）融资。这一新生的概念实质上是在暗示按揭抵押贷款可以从金融体系之外的市场

---

① "Alt – A"贷款是介于优质抵押贷款和次级抵押贷款二者之间，通常包括那些信用分数在 620—680 分之间的借款人的贷款。它泛指那些信用记录很好或不错，但缺少或完全没有固定收入、存款、资产等合法证明文件的人。这类抵押贷款被金融机构认为比次级贷款更"安全"些，主要依据是借款人的高评级可以在某种程度上抵消文件不全的不利因素，而事实是尽管"Alt – A"贷款的违约率总体上低于次级贷款，但潜在风险有时要大于次级贷款。

中被创造出来，对于它的真实风险评估口径可以适度放宽而没有合理的监管。火上浇油的是，新一届联邦政府在以往 65% 的基点上继续推动提高住房拥有率，房利美和房地美开始发行债券，以支持甚至包括次级抵押贷款为背书的垃圾债券。用美元计价，2003 年非抵押贷款大约占所有抵押贷款的 10%，相比之下，2005 年则提升至 32%（Mayer，Pence，&Sherlund，2009）。

表 1　年度次级债务与 Alt－A 抵押按揭贷款数额比较

单位：美元

抵押品类型	2003 年	2004 年	2005 年	2006 年	2007 年(1~6 月)	合计
次级债务抵押	1081629	1669594	1921637	1445425	233725	6352010
Alt－A 抵押	303969	712056	1093797	921212	279114	3310148

注意：样本仅限于 30 年，第一留置权抵押贷款起源于美国本土的一到四个家庭财产。

资料来源：Federal Reserve Board calculations based on data from First American Loan Performance. (Table 1 taken from Mayer, Pence and Sherlund, 2009：Page 29)。

终日洞察高额回报率的投资银行家最早发现了私人定制的抵押贷款证券（PMBS）的秘密——其投资回报的年化收益率之高可以从 2001 年的 8% 达到 2006 年的 20%。伴随 PMBS 而来的是其在次级抵押贷款市场的占有率，从 2001 年的 54% 蹿升至 2006 年的 75%（Angell & Rowley，2006；Kiff& Mills，2007）。次级按揭（证券化的）抵押贷款市场的这种急剧增长导致了市场质量的恶化（Demyanyk & Van Hemert，2011）。研究表明，在衡量贷款质量于信贷运行中的表现方面、对借款人差异性的调整、贷款的特点以及宏观经济条件等诸多方面后，上述贷款的质量呈单调下降趋势，但是并不扩散牵连至其他的借款人。策划资产证券化的金融工程师们发现，随着时间的推移，尽管贷款估值（loan-to-value ratios）高的借款人比估值低的一方拥有明显的风险，2006 年的风险均值比 2001 年高出 20 个基点；然而，理论上这种经过证券化的按揭对于借方与贷方的补偿还会随着时间的推移把高风险明显稀释并降低下来。但是事实上，这一切并没有像金融工程师们想象的那样一厢情愿地出现（Kamisky& Reinhart，1999；Gourinchas，Valdes，& Landerretche，2001；Demirgiic － Kunt & Detragiache，2002；Dell'Ariccia & Marquez，2006），因为 Demyanyk 和范·赫默特（2011）在他们的研究中发现，随着承保标准的放松，一些贷款人允许借

款人完全放弃首付。于是，放松承保标准、削弱贷款质量以及风险溢价显著降低，这些因素导致次级债市场快速经历了一个典型的市场增长、繁荣、崩溃、萧条的过程，即一旦住房价格停滞，住房市场崩溃就会发生，并在多个市场中蔓延。

这种因达不到优质的承保条件就可以轻松置业的机会，很自然地带动了住房需求，并助推了房地产市场的繁荣与现房价格的上涨。同时也助推了期房价格的攀升，进而引发了对住房的投资需求以及房价的继续上涨（Case，Shiller，& Thompson，2012）。如同杜卡（Duca，2013）所解释的："由于房价上涨和扩大抵押贷款可用性的机会相对以往是前所未有的，新的抵押贷款产品的较长期可持续性未经检验，因此，PMBS 的风险程度可能没有被很好理解。于是出现了这样的情形，即投资人购买 PMBS 的初始动因是：不断上涨的房价可以让投资人的资产保值。可以想见，普通的借款人（住房消费者）通过这种融资可以应对更高的房价，高风险按揭借款人（房地产投资人）在资不抵债时，最终可以通过卖掉房子以抵御财务风险。"

但是，好花不长开，好景难常在，从长期观察看，如此膨胀的市场泡沫终将难以为继。房价很快就达到了顶点，房屋销售和购房再融资开始恶化。贷款估值低的房子的融资恶化比率开始上升，许多业主开始资不抵债，由于置业首付微乎其微，众多借款人缺乏足够的按揭偿还激励，因此，当房价下跌后，他们欠银行的钱已经超过了他们手头持有的房产价格（Mayer，Pence，& Sherlund，2009）。在美国的部分地区（如中西部地区），宏观经济中所固有的基本问题开始让大面积违约逐渐演变为一个大概率事件。房价下跌和房屋滞销两个因素对按揭违约事件出现的概率贡献最大。这里需要指出的是迈耶、潘西和谢兰德（Mayer，Pence，and Sherlund，2009）发现，非正统的抵押工具，如利率重置、提前还款罚则以及负摊销①等这些违约爆发的导火索，在后来常常被当做违约大规模爆发的替罪羊，其实它们对违约总爆发的影响并不显著。事实上，当时出现财务困难的借款人仍然存在权宜的对其按揭进行再融资的手段，而且在今天看来，当时再融资并不十分困难，甚至可以说是相当容易。然

---

①　负摊销是一个分期偿还安排，其中贷款额实际上是通过不支付全部利息的方式完成。属于高风险金融工具。

而，当市场上开始释放出"山雨欲来风满楼"的信号时，金融市场原先能够提供给房地产市场的再融资杠杆瞬间调转方向，呈几何数级的萎缩。结果导致原先能够得到再融资机会的借款人彻底丧失了再融资房贷的机会。其结果与文献中关于这个问题的其他研究结果是一致的（Mayer, Pence, & Sherlund, 2009）。

迈耶、潘西和谢兰德的研究中另一个醒目的结论是：除了次级抵押贷款，其他的抵押贷款功能对违约的激增负有责任。他们认为，次级抵押贷款这种融资类型本身就难辞其咎。在这些类型的贷款中，按揭抵押贷款的违约率最高，这是因为他们通过金融杠杆，把最高 LTV[①] 比率的贷款发放给最低信用等级的借款人，高风险与优质的贷款混搭，这同银行稳健经营原则——风险性、安全性、赢利性三性兼备背道而驰。米安和苏菲（Mian and Sufi, 2009 年）收集邮政编码数据得出的统计结论显示，2002～2005 年间抵押贷款有着很强的相对增长，尽管有时同绝对收入变化呈负相关。他们的研究发现，只有在这段时间内的按揭信贷增长和收入增长呈现这种负相关性，或者不存在线性相关。这一现象在此之前的十年以及在此之后的几年中都未曾出现。这表明抵押贷款供应发生了历史性的转变——2001～2005 年间的较低的无风险利率，对抵押贷款的扩张责无旁贷。然而，1990～1994 年间，无风险利率发生类似的下降却没有导致抵押贷款的信贷扩张。同样的下降也没有导致 2001～2005 年期间非抵押贷款的扩张。米安和苏菲（Mian and Sufi, 2009 年）进一步解释，他们发现这一时期就是被学界认为的"次级债"时期。因为在此期间，从邮政编码中所发现的贷款拒绝率的下降同次级贷款利率的下降不成比例。他们认为，在这些邮政编码中，抵押信贷增长不可能受当地住房因素的影响，如住房供给弹性的影响。米安和苏菲（2009）得到的研究结果不支持基于收入或基于房价预期背后的次级债务危机这一逻辑推理，但更支持以供给因素为支撑的危机假设。

这就自然引发出一些问题：为什么最具风险的借款人却可以得到最复杂的金融产品？为什么违约借款人的风险被严重低估？这些问题在迈耶、潘西和谢兰德（Mayer, Pence, and Sherlund 2009）看来可能是由多方面问题造成的，其

---

① loan to value 借款估价。

中借方和贷方试图用短期收益的方法来克服下列这些显而易见的风险，可以解释上述疑问。

（一）借款人找到了次级抵押贷款，因为此类贷款提供了最低首期付款，而且专注于短期的承受能力。

（二）贷款人提供了次级抵押贷款，因为预期的贷款组合功能就是用来给高风险借款人发放贷款的。

（三）布鲁克斯和西蒙（Brooks and Simon，2007）的研究表明，即使是合乎固定利率或抵押贷款的借款人也被挤压到次级按揭贷款的行列。

（四）许多拥有不良信用档案记录的借款人，他们所购的高价格房产同他们的收入相比较，结果表明，没有蓬勃发展的次级抵押贷款市场，这些人就不可能具备住房贷款的合格条件。

从政策制定的角度看，有必要来考虑一下即便存在违约风险，那些借款人是否存在得到购房置业机会的可能；此外，从长期考察，这些借款人是否具备可持续的按揭供给能力。如果答案是否定的，那么政府在政策制定上是否应当像以往美国政府那样通过行政手段来保证市场的风险承担能力。在某种程度上，由这种人为营造住房需求来推升房价最终导致市场崩溃的做法，最终也给美国市场上了重要的一课。

关于劣质次级债的罪魁究竟是谁的争论，文献中一个被广为接受与认可的解释是一款名为"发放－分销（OTD）"模型的金融工具。Purnanandam（2011）探讨在次级债务危机发生以前，银行在OTD市场参与中的表现。他发现，在危机后期OTD参与程度较高的银行其按揭贷款违约率也出现较高。研究还发现，违约通常集中发生在市场出现混乱迹象后被OTD深度套牢的那些银行当中，而且通常是OTD无法变现。Purnanandam重申在众多文献中被提到的，即按揭危机的罪魁祸首是市场中缺乏一套针对违约风险进行甄别和有效剥离违约风险的激励机制。违约按揭出现的概率取决于贷款以可靠和可被预测的方式进行发放的始发者。这项研究还表明，此类问题在不良资本程度高、活期存款少的银行中更为突出。这意味着，雄厚的资本基础和更高的活期存款比例是约束银行的最佳工具，而不是银行的决策和冒险活动。从银行监管的角度来看，这一发现表明，资本金比例乃是银行业稳健经营至关重要的显著事项（Purnanandam，2011）。

二 次级抵押贷款再探

由于违约次级抵押贷款不断增加，银行业的融资流动性于 2007 年的夏天开始枯竭，持有 OTD 贷款的银行在寻找买家时已经发现难度增加了。由于按揭抵押贷款占通常抵押贷款产品的大项，因此，市场也无法厘清和确定短期证券与其他金融资产的价值（Criado & van Rixtel，2008）。了解信用违约的影响程度最简单的方法是，可以通过了解 MBS（抵押贷款支持型证券）、CDO（债务抵押债券）和 CDS（信用违约掉期）之间的差异来判断。正如我们在上一节中讨论的，MBS 是私人持有，并结合抵押贷款由个人贷款方发放的贷款。为了驱散 MBS 的风险，一款不同的名为 CDO 金融工具被投行通过金融工程创造出来，并大受追捧。多个投资者可以"拥有"相同的抵押贷款的部分价值，并得到它们基于贷款期限的投资回报。例如，一个为期十年的贷款，第一个投资者可以得到 1 年和 2 年的贷款利息，第二投资者将获得的利息为 3 年和 4 年，依此类推，直到最后得到剩下六年的投资者的本金和利息。可以看出，没有资格得到最初几年利息收益的投资者，他的风险往往比其他人要高。在努力为这些类型的风险资产创造资产证券化的过程中，投行的金融工程师为投资者找到了某种形式的保险。来自 AIG、瑞银以及类似的私人保险公司创造的 CDS 工具恰好是迎合了此种类型的财产保险。这就让所有的金融交易看起来都绑在了一条名为"你的资产不会违约"的保险带上。雅各布斯（Jacob，2009）解释说，由于涉及投资风险，私人对冲基金在 CDO 和 CDS 中是最大的玩家，它们具有极高的融资杠杆。随着次级债务资产信用评级在 2006 年底受到等级下调，许多对冲基金都面临着较大的保证金要求压力。为了努力降低风险，对冲基金经理迅速卖掉了自己最具流动性的资产。这些问题在随后的数月内导致了股票市场的大幅波动和信贷市场的流动性收缩。次级债 RMBS 和债务抵押债券在银行的资产负债表上持续增长。各大银行如花旗银行、美洲银行、摩根大通银行为了同次级债 RMBS 和债务抵押债券资产相匹配，纷纷调整了各自的资产负债平衡表，而这些结果却是进一步造成了公开市场借贷资金量的紧缩。

关于 CDS 固有的不确定性的一个重要解释可以在 Stanton and Wallace（2011）的研究中发现。ABX. HE 指数是基于抵押证券类金融资产的一种衡量基准，被金融机构用来观察次级按揭类产品的杠杆程度。该指数也像信用评级一样对系统中的金融机构所打包的金融产品和债权进行等级划分。Stanton and Wallace 观察发现，该系统中金融产品的价格在危机中被评为 AAA 级的 CDS 并不与抵押贷款违约率的任何合理假设相一致，且价格变化同指数中可观察到的信贷变化表现存在明显的相关性。因此，Stanton and Wallace 得出结论，用这些 CDS 作为可持续性的估值标准值得严重怀疑。对于那些全面盯住市场的会计制度（盯市会计制），尤其是那些和大型投资组合关联的贷款而言，这些指数导致了对金融机构进行动态监管智慧的严重质疑，因为它可能是系统性风险，是产生破坏性的流动性螺旋的策源地。值得注意的是：盯市会计制度诱导了潜在的估值，起到了增加会计估值中人为波动的作用，从而扭曲了监管对资本和清算时间的要求（Stanton & Wallace，2011，p. 3278）。抵押贷款和基于 CDS 的 ABX. HE 价格指数表现，两者之间的脆弱关系表明，使用这些 CDS 对于所有类型的按揭贷款的公平市场估值来说，都可能导致这些贷款在这些市场中的严重扭曲。

Jacob（2009）的研究表明，观察资本市场中踊跃卷入且琳琅满目的次级按揭抵押品市场，倒是有助于人们得到一条时间线索，用以发现在 2007 ~ 2009 年间，金融系统发生的事情。

（一）2007 年 8 月，股市波动开始上升，导致信贷市场流动性收缩。

（二）2007 年底，UBS 宣布减持 10 亿美元，原因是弥补抵押债券的对冲所造成的损失。

（三）2008 年 1 月，美国银行收购全美金融公司（Countrywide）①，这是一家破产迫在眉睫且拖欠最多次级抵押贷款的金融机构。

（四）2008 年 2 月，在次级抵押贷款担保出现损失后，从事单一险种的保险公司都在努力挽留自己的 AAA 信用评级，他们的主要投保证券收益率（市政债券）开始迅速增加。

（五）2008 年 3 月，贝尔斯登，次级债的主要供应商，因不堪 460 亿美元按揭、RMBS 和 CDO 的违约，即承保贝尔斯登信用事件，CDS 的期权价格在

---

① 全美金融公司（Countrywide），是美国最大的房屋抵押贷款机构，也是全世界最大的向信用受损人员提供贷款的顶级机构。

市场上飙升。摩根大通，在得到美国政府290亿美元的援助救济后接手了徘徊在濒临破产边缘的贝尔斯登。这里要注意的是，两家银行之间磋商的并购谈判价格是每股原始价值2美元，然而，通过MBS工具进行抵押，美国政府出面担保和美联储高达2000亿美元的美国国债作为向投资银行开放贴现的窗口，导致了摩根大通收购贝尔斯登的最终交易价格实际上是每股10美元。

（六）2008年春，尽管美国政府至此已经向金融机构提供了近万亿美元的直接和间接支持，然而仍然回天乏术，信贷市场的紧缩态势已成定局。

（七）2008年6月，三大信用评级机构降低了对债券保险商MBIA和AMBAC的AAA信用评级，这反过来又导致上述保险机构承保的市政债的信用评级的下降，进而增加了市政债的借贷成本，同时提高了单一险种标的对抵押品的信用要求。

（八）2008年7月，印地麦克银行，一个重要的（美国第四大）独立抵押贷款银行，因出现储户挤兑风波被美国政府（联邦储备保险公司）托管，事后发现，次级抵押贷款信用危机是背后的直接诱因。

（九）2008年9月，一个在次级抵押贷款崩溃的历史上最不平凡的月份。

1. 房利美和房地美不得不完全听命于联邦政府。

2. 雷曼兄弟公司因持有的MBS价值下跌而导致大规模的公司破产申请。巴克莱银行（一家英国的银行）最终收购了绝大部分雷曼兄弟公司的美国业务，但银行的破产已经导致大量德国和亚洲投资人的资产被瞬间一扫而光。

3. 投行中的巨无霸美林银团申请破产，美洲银行进行了收购。

4. 雷曼兄弟的倒闭触发了金融链多米诺效应，全球最大的保险公司美国国际集团（AIG）因重仓持有雷曼兄弟的CDS而濒临破产，美国政府被迫为AIG输血850亿美元。

5. 为避免市场进一步恐慌，政府扣押了华盛顿互惠基金公司及其子公司向JP摩根银团的资产出售交易。

6. 政府针对金融部门的7000亿美元救助方案因被美国众议院否决，而导致了二战后美国股市少有的最大幅度的暴跌。

7. 2008年10月，问题资产救助计划（TARP）未能重振摇摇欲坠的股市，瑞银UBS接受瑞士政府的救助。

8. 2008 年 12 月，全球各国央行包括欧洲、美国、日本和其他国家向银行系统注资达数万亿美元。花旗银行因 650 亿美元的抵押贷款类资产坏账不得不接受美国政府的援救，从而避免了破产。

9. 2009 年 1 月，政府承诺高达 6000 亿美元的救助，用以支持房利美、房地美不良资产和问题资产救助计划中的小企业和消费者贷款损失，同时还包括有近 170 亿美元用来救助美国三大汽车制造商中的两大车商（通用和克莱斯勒）。

10. 2009 年 2 月，美国财政部提出了一个"公共、私人投资基金"，以提供高达 1 万亿美元用以支持私人投资。而且消费类企业贷款计划为新的消费者和商业贷款提供高达 1 万亿美元的信贷。美国国会还通过了一项财政刺激法案，对消费进行 7870 亿美元的额外减税，并计划花费高达 2750 亿美元帮助美国家庭主妇再融资和改善现有抵押贷款负担。

三　政府埋单次级抵押贷款危机

正如我们前面提到的时间排列顺序，政府与中央银行对次级抵押贷款危机很快做出了反应。最大的反应是 2008 年 10 月 1 日联邦政府出台并生效的《住房与经济复兴法案》（2008 版）。该法案在此后的几年中被多次修正，该法案及其补充修正案的核心内容如下（Tax Policy Center，2010）。

（一）针对政府资助企业（两房）——房利美和房地美增加保障措施，同时加强外部监管

1. 在财政部临时授权下，可以对政府支持企业增加信贷额度，并通过政府购买方式支持此类企业发行的债务或证券。

2. 提高国债上限从 8000 亿至 106000 亿美元。

3. 建立一个独立的监管机构来监督政府资助的企业。

4. 对年度内政府资助企业购买的新按揭贷款或者证券化的金融资产，每 100 美元征收 4.2 美分。

（二）规定帮助陷入困境的借款人，并向金融危机受灾最严重的社区提供援助

1. 允许某些高风险的借款人向 FHA 实施再融资举措。

2. 为止赎预防咨询和法律援助举措提供了 1.8 亿美元。

3. 为房主提供并建立规划来面对抵押贷款中的法律问题。

（三）增加社区发展固定拨款和房主辅导资金

1 地方建立了贷款发放许可和登记制度，增加抵押贷款的披露要求，政府配发 40 亿美元社区发展补助金用以购买和恢复被止赎的房产。

2. 建立了贷款发放许可和登记制度，增加对抵押贷款披露的要求。

3. 2007 年 12 月成立了全国止赎缓解计划，以帮助各州提供预防赎回的相关咨询和法律援助。

（四）首次创设了购房者信贷，这是对后续立法的修正和延续

1. 提供超过 1500 亿美元的税收优惠，包括首次购房者的税收抵免，减免按揭记录良好业主的物业税，但其中有的业主以往未被纳入征信记录（non-itemizers）；并且增加了抵押贷款收益债券。

2. 2009 年通过《2008 年紧急经济稳定法案》延长了房产税减扣的期限。

3. 2010 年 4 月通过《2009 年美国复苏与再投资法案》和《2009 年工人、住房和企业援助法案》延长首次购房者的信用期限。

（五）增加了通过 FHA 和政府支持企业获得按揭贷款规模的限制。

2008 年的经济刺激计划增加了 FHA 和政府支持企业向负担得起的抵押贷款人发放 729750 美元的限制。而 HERA 法案限制了这种对政府支持企业的支持，规定只有从 2007 年 8 月到 2008 年 12 月之间以一户为单位的家庭住宅才可以进行此类贷款。

（六）提高国债上限，从 8000 亿至 106000 亿美元。

（七）2007 年 12 月，美国国会通过了一项法律，纳税人主要居住地的收入税不予赦免；而《2008 年紧急经济稳定法案》规定，上述法案于 2009 年后废止，废止时间延长到 2012 年。

四 走上复苏之路

美国从危机、衰退中复苏的过程，其缓慢的程度恐怕要远低于大多数人的预期。国内生产总值（GDP）在美国的增长自 2009 年以来平均每年仅仅徘徊在 2% 的水平。鉴于失业人数正在下降，所以很难确定这是一个由较低的劳动

力参与率所形成的，或者从 2009 年年中衰退谷底中真正复苏的美国经济。从 2012 年起，失业率从 10% 的峰值降至 2009 年的 8%。最近 2015 年 1 月的数字表明，目前的失业率接近 5.7%。尽管经济有些许的增长，但是同以往几十年自身的增长比较，美国确实没有必要因为些许的复苏而欢呼，更何况美国还刚刚经历了有史以来最大的一次衰退。重要的是要注意，失业率通常无法正确解释就业不足和兼职劳动力的贡献度，这意味着该国劳动生产力仍可能被高估了。更值得注意的是，金融危机的抵押贷款市场造成了严重的失业，特别是在与住房相关的产业尤其是重灾区。这就可以很好地解释可得到的就业岗位和失业人员技能之间错配的原因。

一个经常被忽视的方面是在经济衰退期间和经济衰退之后，企业投资的急剧下降现象的出现。随着风险厌恶情绪和不确定性的增加，以及如影随形的紧缩性信贷状况，新技术的商业应用会变得缓慢，与商业模式相匹配的业务节奏也将受到负面影响。

有趣的是，尽管原油和其他全球交易性大宗商品的价格不断波动，通货膨胀率却基本上保持疲弱态势。伯南克（2012 年）指出，事实上，个人消费支出（PCE）物价指数平均为 2%，是稳定通胀的联邦公开市场委员会的长期目标之一（FOMC）。他预计，由于在劳动力和产品市场下滑，工资和价格上涨将保持克制，因此也就抑制了通货膨胀。

伯南克（2012）解释说，严重的金融危机，特别是与住房萧条和繁荣相关的金融危机，经济基本面往往具有多年疲弱的后续表现，一段时间里这可能会降低经济的潜在增长率。他称此为阻尼充分就业回归正态的"逆风"。在典型的经济衰退周期中，经济的复苏往往是在收入增长下的住房反弹、强劲的信心水平、减少抵押贷款利率等因素作用下的结果。然而，危机后最近的经济衰退却是祸不单行。我们观察到，住房价格和住房建设在全国范围内急剧下降致使泡沫破灭，同时抵押贷款违约率激增也制造了信贷市场的不安状态。房屋的销售、价格和建造在过去的两年中，进展缓慢不过运行表现还算平稳。处于历史低位的抵押贷款利率和下降后的房价让房屋价格显得实惠起来，但是仍有许多因素继续阻挠住房市场，否则如此的利好，将会被人们看做住房市场复苏的预期信号。在抵押按揭贷款上，贷款人一直保持着非常审慎的贷款审批条件，不管买家信用等级是否良好。这实际在暗示信贷资金发放仍旧十分克制，目的就是防止购房者采取所谓的条件优势进入市场，如利用信用条件优势低价购房，或者获得较低的抵押贷款利率。

此外，还需要加以考虑其他因素，例如在住房市场，一方面目前（截至2014年底）还有约20%的现有抵押贷款借款人被认为是"淹没在水下"，有统计发现这些购房者或投资人不可能再融资或出售自己的房产；而另一方面，空置住房（无论是未售出的住房还是拍卖的房屋）供过于求的状态仍然阻碍着市场房价的反弹。这些因素都在让"住房部门的复苏很可能要通过历史的衡量标准来保持审慎的乐观态度"（伯南克，2012）。

另一个重要的方面，伯南克（2012）带来的好消息是信贷和资本市场的财务状况。尽管以美国为首的众多国家的政府和世界各国央行的信贷紧缩政策，以及更高程度的风险厌恶情绪已经阻碍了经济的增长，但是这些戏剧性的行动已经在一定程度上稳定了美国以及国际市场的震荡。重要的是企业债券的信用利差已大幅收窄，资产价格的损失也正在恢复中。芝加哥联邦储备银行维护的国家金融状况指数显示，金融条件在整体上已经回归到了2007年金融崩溃之前的水平。虽然银行和金融机构特别在向消费者和小企业发放贷款时一直谨慎保守，但是宏观金融基本面显示，当下的形式已经是在显著扩大着商业和工业方向的贷款。

伯南克（2012）在谈到关于财政和金融形势时，提到其中一个主要的不利因素，即无法预料的欧洲宏观经济状况。美国经济复苏开始于2009年，而时至2015年的今日，欧洲的经济始终在打压着美国的出口和企业赢利。财务状况，在欧洲决策者通过欧洲央行直接货币交易（Outright Monetary Transactions，OMT）计划所制定的受欢迎的财政宽松政策，已经帮助了有关的、同意迎合计划条款的国家缓解了它们对市场的担忧情绪。

伯南克（2012）表示，美国的财政政策通常在经济衰退时期和经济复苏初期具有相当的扩张性。但是，随着复苏的进行，财政对宏观经济的支持作用随着紧缩的预算条件开始发挥出日益失调的负面影响。这导致了劳动力市场进一步承压，原因是国家和地方政府不得不裁员并降低基础设施项目的支出。截至2012年，有近20%的项目被砍掉。危机后的联邦财政政策已经明显拖了美国GDP增长的后腿，这表明早期的刺激计划需要马上淘汰，放弃宽松财政政策以减少联邦预算赤字。

在危机爆发后的两年中，增加联邦债务的上限，以避免美国国债违约和其他政府义务的灾难性违约，诸如此类的把戏已经多次上演。其负面作用是挫伤了市场信心，助长了市场经济的不确定性。财政宽松是不可持续的道路，它把美国联邦预算带上了一条不可持续发展的道路。国会预算办公室对未来十年联邦赤字占 GDP 的比例是否有能力回归合理持严重怀疑态度。因此，早在 2012 年伯南克就表示，必须要有一个紧迫而可靠的架构，允许联邦债务占 GDP 的比重稳定下来或呈现下降可能，这是稳定的联邦财政政策的需要，从而确保长期的经济增长和社会稳定。

另外，货币政策工具有助于遏制这次衰退，且把它用在市场泡沫形成的早期，其代价并不很高。自 2008 年以来，美联储已经反复动用非传统的货币政策工具，旨在对长期利率施加下行压力。这些举措的目的就是为支持住房，从而减轻该行业存在的诸多问题。

五　结论

我们发现，在美国经济复苏的路演中充满了不确定性和诸多变数，对任何一个政策制定者而言，走在这条路上的任何一次岔路口上的选择，都将难以准确抉择。金融危机以及随之而来的"逆周期"（Bernanke，2012）操作阻碍了美国经济周期的正常调整。没有美国财政计划在政府指导下，用来减轻和分散危机后社会所面临的弊病，美国经济的复苏可能就是持续碎片化的、断裂的且不稳定的复苏。

在 2014 年的美国中期选举中，共和党在参众两院大获全胜，这让美国的政治状况发生了很大变化。当用否决权对两党的政策支持进行威胁的新闻一时间充斥各大媒体的头版头条时，就连最木讷的旁观者也会明白共和党同总统在施政方针上存在着严重的分歧。于是，我们看到治愈经济危机的举措在执行过程中失败了，取而代之的是政府政策制定实体更加亲民的措施。人民期待的是新的政策制定者能否汲取中期大选中民主党失败的教训，广泛听取美国国民的呼声，最终酝酿设计出一条能够让美国经济复苏的、合作的、有创造性的，并且在稳定性和持久性上都能获得成功的道路。

综上所述，我们研究的结论并不支持有关美国经济复苏的乐观预期。理由是近期美国经济一连串漂亮的统计数据在我们研究的领域（从房地产领域）看并没有落到实处。我们的逻辑是：如果将美国的经济复苏同执政党施政方针进行正相关匹配假设的话，2014 年美国中期大选表明奥巴马政府在后危机时代社会经济改革并非成功。从经济史角度考察，以往经济周期的正向转化绝非仅仅通过随机性统计数据的巧合就可以瞬间逆转，即便是 2014 年新上任的美联储主席珍妮特·耶伦（Janet L. Yellen）也不可能在不到一年的时间，让美国经济陡然间向好。出于大国经济政策连贯性的考虑，因此，前任美联储主席伯南克的危机应对理念在房地产领域仍然值得关注。理由是，美国房地产领域至今（截至 2014 年底）还有约 20% 的现有抵押贷款借款人被认为是"淹没在水下"，有统计发现这些购房者或投资人不可能再融资或出售自己的房产；而所谓漂亮的失业率统计在房地产领域存在诸多疑问，理由是金融危机后房地产领域的失业率在全美高居榜首。而近年来该领域失业率的下降为美国经济所做的贡献到底是积极的还是消极的尚待观察；而来自欧洲市场的表现并没有给世界经济的复苏增添些许亮色，反而还要让人们不时心有余悸。

因此，次级债务危机从金融学角度解释或许最为简明，即中央银行利率工具作用的失效。文中我们反复强调目前美国的货币政策工具作用，就是在观察这一工具在危机后多大程度上已经恢复了它原本具备的功能。更明确地讲，美国希望通过谨慎而可以反复的试错过程，让利率工具再次恢复往日的功能，最终重振美元昔日的雄风。从这个意义上观察人民币，中国人民银行的货币政策如何相机抉择，核心问题还是应该避免美国危机所犯的错误，因此，在货币政策目标追求中，应当贯穿一条主线，即维护和强化人民币的货币信用。从这个角度看，人民币同美元在战略发展目标上是存在竞争关系的。这同时也暗示了，美国在房地产领域所犯的错误，在很大程度上是值得中国房地产借鉴的。

六　对中国的影响

基于上述分析不难看出，为提振美国经济，2015 年的美元在国际货币中会有进一步的强势表现。结合人民币业已被高估的既成现实，在中国房地产领域，以往巴拉萨—萨缪尔森假说（Balassa-Samuelson Hypothesis，BSH）① 对中国地产发展现实的解释能力将受到严重削弱，外资通过汇率手段在中国地产领域实现双套利的优势将成为明日黄花。发展中的中国经济如何在地产领域表现出对外资的吸引力，将成为今后中国房地产发展领域的一个新课题。鉴于中国房地产在物权法法律体系上同美国法律的诸多差异，尤其是在用益物权领域中的建设用地使用权、宅基地使用权、土地承包经营权、地役权等具体的物权法细则中存在制度性的差异，新一轮"摸着石头过河"的情况将会随着新一轮的土地开发出现在中国房地产领域。

从中美彼此利益的角度考虑，2015 年之后的中国房地产，在吸引外国人置业的问题上或将出台更为开放务实的地产政策。例如在别墅开发、一线城市浅山地区的土地资源利用等领域。相应而来的是，中国房地产发展中的土地资源"开发"与"保护"之争或将再次进入一个"白热化"的阶段。

之所以称之为"白热化"是因为，一方面中国楼市供过于求已经是不争的事实，据国家发改委城市和小城镇改革发展中心 2014 年的调查，各地规划的各种新城、新区建成后，可以容纳 34 亿人。在这些新项目中，一方面，存在着大量的政绩工程、重复建设、社区配套千篇一律、户型设计重复单一的现象，从而造成所谓的楼市供给过剩的局面；另一方面，别墅区开发、高端住宅，以及改善性住宅的旺盛需求却受到了房地产政策的制约，发展受到限制。换言之，在这些领域，开发潜力巨大。

但是，在一般的市场环境中，暴利的概率是极小的，美国次贷危机后的中国地产市场也将如此。每个国家的资源禀赋不同，导致对某一要素的偏重现象。以往中国企业除质量之外首要偏重的就是低价格因素，然而，在地产领域远非如此简单，对于吸引外国人在中国置业则更非易事。因此，中国的房地产企业家们要丢掉幻想。此外，从中国人民银行自改革开放以来的货币政策看，货币主义理念下的货币工具运用对实体经济的贡献是有限的，这意味着把房地产当做投资的时代已经接近尾声。本应在长期范围内坚持让银根在适度从紧的

---

① 该假说从实体经济角度出发，解释了为什么实体经济的增长会引起该国实际汇率的升值，为什么经济增长快的国家比经济增长缓慢的国家更易经历实际汇率的升值等结论。巴拉萨—萨缪尔森效应假说是当代国际经济学中一个重要的基础性命题，是研究一国经济处于高速增长时期，实际汇率长期变动趋势的重要理论。

利率通道内运行的货币理念，因严峻的国际经济形式而屡次受到严重阻尼，致使蒙代尔三元悖论①所蕴含的深刻内涵在 2015 年新一轮风口浪尖下的中国货币政策目标中再次显现。所以可以预见的是，这一轮有关土地资源"开发"与"保护"的争论所带来的，将是中国房地产或将摆脱中国社会改革开放以来的帕累托改进模式，成为中国少数几个（包括保险业在内）率先步入"卡尔多改进期"的产业之一，中国房地产资产定价的模式或将有新的变数出现。笔者认为，如果上述假设均能成立的话，同中国房地产发展相对应的中国《物权法》，在几经修改后还将被再次修改。

注释

Angell, C., & Rowley, C.（2006）. *Breaking New Ground in U. S. Mortgage Lending*. Federal Deposit Insurance Corporation.

Bernanke, B. S.（2012, November 20）. *The Economic Recovery and Economic Policy*. Retrieved February 07, 2015, from http://www.federalreserve.gov/newsevents/speech/bernanke20121120a.htm

Bianco, K. M.（2008）. *The Subprime Morgage Crisis: Causes and Effects of the Mortgage Meltdown*. CCH.

Brooks, R., & Simon, R.（2007, December 7）. Subprime Debacle Traps Even Very Credit – Worthy. *The Wall Street Journal*.

Brunetti, C., di Filippo, M., & Harris, J.（2011, June）. Effects of Central Bank Intervention on the Interbank Market During the Subprime Crisis. *The Review of Financial Studies*, *24*（6: The Academic Analysis of the 2008 Financial Crisis）, 2053 – 2083.

Case, K., Shiller, R., & Thompson, A.（2012, Fall）. What Have They Been Thinking? Homebuyer Behavior in Hot and Cold Markets. *Brookings Papers on Economic Activity*, pp. 265 – 98.

Chen, M., Chang, C., Lin, S., Shyu, & S.（2010, June）. Estimation of Housing Price Jump Risks and Their Impact on the Valuation of Mortgage Insurance Contracts. *The Journal of Risk and Insurance*, *77*（2）, 399 – 422.

---

① 蒙代尔三元悖论即蒙代尔不可能三角（Impossible triangle）。一个国家不可能同时实现资本流动自由、货币政策的独立性和汇率的稳定性。

Criado, S. , & van Rixtel, A. (2008). *Structured Finance and the Financial Turmoil of 2007 – 2008.* Banco de Espana.

Dell'Ariccia, G. , & Marquez, R. (2006). Lending Booms and Lending Standards. *Journal of Finance, 61,* 2511 – 46.

Demirgiic – Kunt, A. , & Detragiache, E. (2002). Does Deposit Insurance Increase Banking System Stability? An Empirical Investigation. *Journal of Monetary Economics, 49,* 1373 – 406.

Demyanyk, Y. , & Van Hemert, O. (2011, June). Understanding the Subprime Mortgage Crisis. *The Review of Financial Studies, 24* (6: The Academic Analysis of the 2008 Financial Crisis), 1848 – 80.

Duca, J. (2013, November 22). *Subprime Mortgage Crisis: 2007 – 2010.* Retrieved February 07, 2015, from 100 Years Federal Reserve System: http://www. federalreservehistory. org/Events/DetailView/55.

Gerardi, K. , Lehnert, A. , Sherlund, S. , & Willen, P. (2008). Making Sense of the Subprime Crisis. *Brookings Papers on Economic Activity, 2008* (Fall), 69 – 145.

Gourinchas, P. , Valdes, R. , & Landerretche, O. (2001). Lending Booms: Latin America and the World. *Economia, 1,* 47 – 99.

Jacobs, B. I. (2009). Tumbling Tower of Babel: Subprime Securitization and the Credit Crisis. *Financial Analysts Journal, 65* (2), 17 – 30.

Kamisky, G. , & Reinhart, C. (1999). The Twin Crises: The Causes of Banking and Balance-of-Payment Problems. *American Economic Review, 89,* 473 – 500.

Kiff, J. , & Mills, P. (2007). Money for Nothing and Checks for Free: Recent Developments in U. S. Subprime Mortgage Markets. *Working Paper 07/188.*

Mayer, C. , Pence, K. , & Sherlund, S. (2009, Winter). The Rise in Mortgage Defaults. *The Journal of Economic Perspectives, 23* (1), 27 – 50.

MCarthy, K. J. , & Dolfsma, W. (2009, June). What's in a Name? Understanding the Language of the Credit Crunch. *Journal of Economic Issues, 43* (2: Papers from the 2009 AFEE Meeting), 531 – 548.

Mian, A. , & Sufi, A. (2009, November). The Consequences of Mortgage Credit Expansion: Evidence from the U. S. Mortgage Default Crisis. *The Quarterly Journal of Economics, 124* (4), 1449 – 1496.

Purnanandam, A. (2011, June). Originate-to-distribute Model and the Subprime Mortgage Crisis. (O. U. Press, Ed.) *The Review of Financial Studies, 24* (6: The Academic Analysis of the 2008 Financial Crisis), 1881 – 1915.

Ram Mohan, T. (2008, November 8). From the Subprime to the Ridiculous. *Economic and Political Weekly, 43* (45), 12 – 14.

Stanton, R. , & Wallace, N. (2011, October) . The Bear's Lair: Index Credit Default Swaps and the Subprime Mortgage Crisis. *The Review of Financial Studies*, *24* (10), 3250 – 3280.

Tax Policy Center. (2010, May 11) . *How has the federal government responded?* Retrieved February 07, 2015, from http: //www. taxpolicycenter. org/briefing – book/state – local/ mortgage – crisis/federal. cfm.

B.19
韩国房地产市场及政策对中国的启示

孙在英 李奇昤 李景国*

摘 要： 在城镇化、经济增长和房地产发展过程中，韩国政府面临着法律和法规限制农业用地用途转换、合理划分房地产开发各主体职责、协调各主体关系、"开发红利"分配等挑战。根据城镇化和房地产发展出现的问题，韩国政府先后出台了大城市人口限制和疏导政策、控制大城市土地供给的"开发限制区"制度、土地和住房政策向大规模公寓楼建设倾斜的政策、"土地区划整理"制度、住房售价限制与土地公营开发政策及房地产税等，对中国或许具有启示意义。

关键词： 韩国 房地产市场

自20世纪60年代起，韩国从以农业为主的欠发达国家跃升为以高新制造业与知识经济产业为依托的经合组织成员国。随着城市化率的日益提高，为满足城市居民住房需求，各种大型住房建设项目纷纷上马；为满足产业结构变化、生产与消费需求的增加，各种工业与基础设施亦得以大幅扩充。房地产业为韩国社会经济发展的空间性需求不断提供了有力支持。

此外，经济增长是创造大量财富的过程，其中绝大多数财富又转型为房地产。房地产及相关产业的发展、政策对空间的创造以及民众依靠房地产积累财富对此过程具有重大影响。

---

* 孙在英，韩国建国大学房地产系教授；李奇昤，韩国外国语大学中国问题研究所；李景国，中国社会科学院城环所教授。

　　根据客观经济指标，从空间创造、民众积累财富的角度看，房地产业及其政策做出了不可忽略的作用，但仍有许多人认为相对地、或确实"吃了亏"。因此，韩国政府持续完善房地产政策，不断朝着新的方向发展。

　　本文分析了近半个多世纪"压缩式"经济增长过程中，韩国房地产业曾面临的诸多问题及政策经验，希望对他国解决类似问题提供一些帮助和启发。

一　政府在经济和房地产快速发展过程中亟须解决的问题

　　随着经济的增长，其产业结构由农业转向制造业、服务业发展，这导致城市地区出现人口的急速聚集，房地产需求快速增加，房地产业快速发展。在此过程中，经济增长、产业结构变化、城市化相互关联、相互作用，政府也面临诸多挑战。

　　首先，为保证产业发展及城市化所需空间，需要将农业用地、林业用地转换为城市用地，以支撑城市经济活动和经济发展。但是产业结构变化往往会发生在认识及制度变化之前，有可能出现限制农业用地用途转换的法律、法规。韩国也不例外，基于粮食自给、农业保护、农村文化保存等各种理由，严格限制将农业用地转换为城市用地。同时，在土地所有权制度等方面存在问题的国家和地区，土地开发会遇到较多困难。不解决这些问题，无法保证充分提供产业发展及城市增长所需要的建设用地，土地供给不足会影响整体经济增长及居住条件的改善。

　　其次，即使国家批准改变土地用途，要开发建设优质的城市用地，仍然需要制订合理的土地利用计划、修建配套基础设施，为此需要合适的政策、强有力的政策执行能力、基础设施建设所需资金。在土地利用计划的制订与执行、基础设施建设费用的筹集与投入、土地开发与建设等过程中，需要中央政府、地方政府、其他公共法人、民营企业、最终需求方等共同参与，因此合理划分各主体的职责、协调各主体关系是政府要解决的重大课题之一。

　　再次，农业用地和林业用地转换为城市用地，会产生相当大的利益。特别是在土地开发受到限制的情况下，一旦限制政策放宽，允许进行商业开发，将会产生大量被称为"开发红利"的利益。此开发红利又会引起获得利益者与未能获得利益者之间的利益冲突、贪污腐败等社会问题。

最后，在土地开发不受限制的城市，随着人口增加、城市规模扩大，一些城市房地产的原所有人不费吹灰之力便可获取巨大利益。房地产价格上升，房地产所有者、开发商、政治人物或公务员会通过房地产获取大量财富，低收入群体反而会受到基本居住之苦，抱怨之声不断升高。如何合理地管理和分配开发红利及资本所得，在不影响社会和谐的同时，实现经济增长及城市化，也是政府面临的挑战。

二 韩国住房市场与政策

（一）城市化及其政策

城市化是城市房地产发展的基础，直接影响房地产的空间格局和发展，在此意义上，城市化政策也是房地产政策的一部分。

韩国经济从 20 世纪 60 年代初步入高速增长阶段，城市化进程更是突飞猛进。通过表 1 可知，1970～1990 年韩国城市化率每 5 年增加 8～9 个百分点，1995 年后城市化进程已步入成熟阶段。

表 1　1970～2010 年 12 个国家城市化率比较

单位：%

年　份	1970	1975	1980	1985	1990	1995	2000	2005	2010
韩　国	40.7	48	56.7	64.9	73.8	78.2	79.6	80.8	81.9
希　腊	52.5	55.3	57.7	58.4	58.8	59.3	59.7	60.4	61.4
德　国	72.3	72.6	72.8	72.7	73.1	73.3	73.1	73.4	73.8
墨西哥	59	62.8	66.3	69	71.4	73.4	74.7	76.3	77.8
美　国	73.6	73.7	73.7	74.5	75.3	77.3	79.1	80.8	82.3
巴　西	55.8	61.7	67.4	71.3	74.8	77.8	81.2	84.2	86.5
瑞　典	81	82.7	83.1	83.1	83.1	83.8	84	84.3	84.7
英　国	77.1	82.7	87.9	88.6	88.7	89	89.4	89.7	90.1
意大利	64.3	65.6	66.6	66.8	66.7	66.9	67.2	67.6	68.4
日　本	53.2	56.8	59.6	60.6	63.1	64.6	65.2	66	66.8
中　国	17.4	17.4	19.6	23	27.4	31.4	35.8	40.4	44.9
法　国	71.1	72.9	73.3	73.7	74.1	74.9	75.8	76.7	77.8

资料来源：UN，http：//esa. un. org/unup，2009 - 08。

在韩国的城市化进程中，城市人口增长并不均衡。始于60年代初的由农村向城市的大规模人口转移，目的地主要是大城市地区，即为经济增长提供动力的出口导向型的轻工业中心区域。1960~1966年间，首尔市年均人口增长率达7.59%，而1966~1970年猛增至9.91%。60年代人口主要向首尔市集中，70年代以后逐渐向首尔周围的广域首都圈扩散。

自20世纪60年代中期开始，韩国政府为缓解首尔等大城市人口过度密集的问题，多次出台人口限制和疏导政策。70年代后随着人口移动趋势发生变化，政策指向逐步转为广域首都圈的人口密集问题。1982年制定首都圈建设计划法令后，政府开始限制工厂、大学、大型建筑等所谓"人口诱发型设施"在首都圈的土地利用。"首都圈用地使用限制"旨在限制在首都圈建设人流量大的设施，分散城市人口；但很难找到这一限制政策确实影响人口移动趋势的证据，中央政府要搞活地方经济的象征性意义却更强。结果，造成了经济增长动力最强劲、用地需求量最大的首都圈地区城市用地供给不足问题，而且首都圈地方政府和其他区域地方政府之间的矛盾依然尖锐。

除农业用地转换限制、首都圈人口控制政策外，政府还出台了控制大城市土地供给的重要制度，即"开发限制区（绿色地带）"制度。所谓开发限制区就是在城市外围所划定的带状区域，此制度始于1970年初，目的是防止城市的平面扩展、保护生态环境。设置开发限制区时，政府尽量划定远离城市中已开发的区域，以免对城市发展带来负面影响，但是随着城市的扩展，此区域严重影响了城市土地开发及供给。

（二）住房及其政策

20世纪70年代以来，韩国国民的居住条件无论是数量上还是质量上都取得了巨大飞跃（见表2）。住房库存每十年增加数量分别为96万户（1970年代）、180万户（1980年代）、380万户（1990年代）和290万户（2000年代）。平均住房面积也相应增大，每人每户住房面积也有所增加。伴随着住房数量和面积的增加，住房的质量也随之提高，1980年拥有冲水卫生间及温水设施的家庭数仅为18.3%、9.9%，如今都已超过95%。

表2　韩国国民居住条件变化

	单位	1970	1980	1990	1995	2000	2005	2010
全国住房库存量	千户	4359	5318	7160	9204	10959	12494	13883
住房平均面积	m²	47.9	68.4	80.8	80.7	81.7	83.7	—
人均居住面积	m²	6.8	10.1	13.8	17.2	20.2	22.9	25.0
每户居住面积	m²	35.9	45.8	51	58.6	63.1	66	67.4
每间房人数	人	—	2.1	1.5	1.1	0.9	1.3	1.4
住房质量								
拥有1间房	%	—	—	25.8	12.3	7.9	6.5	—
温水设施	%	—	9.9	34.1	74.8	87.4	95.8	96.9
冲水卫生间	%	—	18.3	51.3	75.1	87	94	97.6

资料来源：韩国统计厅。

居住条件的改善在极大程度上应当归功于高层公寓的大量建设。自20世纪70年代中期开始公寓式住宅成为主流住宅形式，1985年公寓楼在住房总量中所占比例仅为13.5%，2005年猛增至53%。考察90年代以来各种住房建设情况可以看出，公寓楼占比达80%~90%。韩国的很多土地、住房政策向大规模公寓楼建设倾斜，并提供其他各种支持。

大量建设公寓楼，短期内对改善居住条件起到一定的帮助，但引起了另一层面的问题，即造成居住形态的单一化。尤其对新建住房实施售价上限制度以后，开发商很难建设新型结构的住房和使用新的建筑材料，进一步加剧了楼房的单一化。结果普通居民的住房千篇一律、标准化，丧失了个性。

大规模建设新售楼盘，住房库存总量得以扩充，能够购买住房的家庭也日益增多。观察过去二十年的变化趋势可以发现，1990年居民住房拥有率仅为50%左右，但如今韩国居民住房拥有率已达55.6%，首尔也跃升至45%，已接近发达国家水平。

另外，韩国租房市场的一个重大特点是大部分租借房屋归个人所有。部分国民拥有两套甚至两套以上住房用于投资，他们不定期地以非体系化、无组织的形式进行房屋租赁活动，待住房价格上升到比较理想的价位，便售出住房获得收益。这与发达国家主要由具有组织性的商业公司或公共机构提供租赁房源的情况有所不同。

关于多套住房拥有者的作用，具有很多争议。部分人士认为，因为他们持有多套住房，造成无住房者购买房屋的机会减少，因此有必要给予有力限制，抑制持有多套住房。还有部分人士认为，多套住房拥有者在没有政府的任何补助下也可向约40%家庭租借房屋，对经济起伏起到一定缓解作用。但是历届韩国政府始终站在前者的立场之上，只不过程度有所差异而已。

（三）土地开发、住房供给结构及政策

在城市化进程不断加快的极端，如何解决城市建设用地开发与供给问题是一项很重要的课题。截至70年代韩国大规模土地开发多数依据"土地区划整理"方式进行。所谓"土地区划整理"方式，即在保持原有未开发土地所有人产权的基础上，进行土地开发，然后售出部分开发的土地，从而获取开发费用。"土地区划整理"的好处是没有政府财政的投入，也可以开发土地、建设配套基础设施。但70年代以后，新型公寓楼成为普遍的居住形态，这种土地开发方式不再适合。

1983年韩国政府禁止大城市内土地区划整理项目，而选择"公营开发项目"作为土地开发的替代手段。所谓"公营开发"是指政府或公营企业收购或征收拟开发土地，然后根据统一规划进行开发的方式。开发后，按照政府的政策方向进行销售，专门给住宅开发商低价出售土地，使开发商以低于最高限价销售住房。

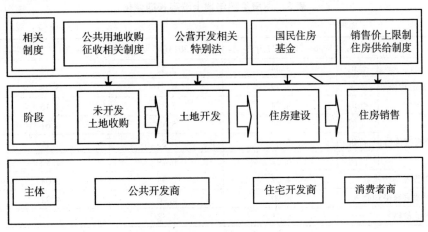

图1 土地开发与住房供给结构

2014 年底售价上限制度被取消，但是 80 年代初至目前的住房政策的基本结构大致未变，以新建住房售价限制与土地公营开发政策为主轴，大规模建设住房后，以低价销售给中产阶层。即公营开发商凭借政府赋予的职权，低价收购未开发土地，修建必要的基础设施，开发所购土地，然后提供给住宅开发商。住宅开发商以低价获取建设用地，住房类型、数量以及住房销售对象及价格都会受到一定的限制。虽然受到销售价格上限的限制，但是以低价购取建设用地，还是能获取一定的利润。住房购买者得益于销售价上限制度，以低于周围相似住房的价格购买到新建住房，最终大部分开发利益流向住房购买者。

80 年代后的约三十年间，公营开发模式对住房的大量供给和中产阶层的形成做出不可否认的贡献。可是韩国中央政府旗下的少数公营开发商垄断大规模开发项目，引发了不少问题。中央政府与地方政府就开发是否符合当地实际情况形成分歧，公营企业经营管理是否切实有效等各种问题也层出不穷。另外，公营开发商只能跟随政府的政策方向走，导致供需不平衡问题出现。

（四）住房价格的长期变化

人们普遍认为韩国住房价格涨幅大、涨速快，住房价格过高，但是实际统计数据却没有证实这种观点。表 3 是过去 10 年、15 年以及最初进行住房价格统计的 1986 年起 27 年间年均住房价格上涨率计算结果。

表 3　住房价格年均上涨率长期变化

单位：%

项目		1986～2013（27 年平均）	1998～2013（15 年平均）	2003～2013（10 年平均）
住房价格	全国	3.54	3.45	3.56
	首尔	3.72	4.37	3.78
	江南	4.74	5.32	4.16
公寓楼价格	全国	5.44	5.12	4.61
	首尔	5.63	5.83	4.16
	江南	6.22	6.79	4.52
消费者物价指数		4.27	2.93	3.08
工薪家庭平均收入		8.90	5.46	4.92
土地价格		4.41	1.58	2.41

1986~2013年这一长期间的全国年均住房价格上涨率为3.54%，低于消费者物价指数（4.27%）。首尔江南地区特别是公寓楼的价格上升虽然高于物价上涨率，但是与城市工薪家庭收入上涨率相比仍处于较低水平。

统计结果证明，韩国住房价格长期大幅上涨并不是问题的实质。住房价格上涨呈现所谓"阶梯形上涨"结构，而且集中在很短的时间内暴涨，扰乱经济及国民生活才是问题的真正核心。虽然从长期看住房价格平均涨幅并不大，但是特定时期的价格暴涨及狂跌，给许多人带来巨大冲击。韩国住房市场变化幅度较大的原因之一就是房地产供给的非弹性结构。房地产供给所耗时间较长，各种失误也导致供给弹性减小。特别是，还存在各种顽固保守的土地利用及开发相关限制，更使得房地产供给的弹性下降。若供给弹性下降，相同需求冲击对价格的影响会增大。

实际上，无论原因为何，房地产价格的急剧变动都会引发政治、社会的巨大波动。原本维持高价位的房地产价格进入急剧上升阶段时，无住房者会失去对未来生活的希望，相反房地产持有者却获得巨额资本收益。若通过住房等房地产获取巨额收益的群体与未能获取利益的群体之间矛盾深化，会影响到社会稳定。长期的住房价格上涨，并不高的统计数据，也难以安抚饱受各种困苦的无住房群体。因此政府不断加强各种房地产相关限制和税收管理也是在所难免的，韩国的房地产相关限制及税收体制在很大程度上反映了这种情绪。

（五）房地产税

自60年代中期以来，韩国政府认定对房地产的非理性投资，即投机行为是造成房地产价格暴涨的罪魁祸首，确定了以抑制投机、稳定房价为目标的政策，制定了一系列房地产税收制度。例如，1967年实施"房地产投机抑制税"，该税是在控制房地产投机的同时保护自住需求，根据一定标准区分不同需求，对前者强加管制，对后者大力保护。此后，因房地产价格猛增而引发的政治社会压力集中于政府时，政府不得不采取措施加以管制，通过房地产税收控制房地产投机行为是一种简单而有效的做法。

表4 OECD 成员国房地产税负比较（以 2011 年为准，占 GDP 比重%）

	财产课税	排名	持有课税	排名	交易课税	排名
英 国	4.161	1	3.384	1	0.583	9
法 国	3.735	2	2.497	4	0.595	8
加拿大	3.323	3	2.88	2	0.174	27
美 国	2.973	6	2.88	3	0	31
韩 国	2.96	7	0.792	16	1.898	1
日 本	2.768	8	2.163	6	0.293	16
意大利	2.233	12	0.622	21	1.057	2
西班牙	1.934	16	0.946	13	0.612	7
爱尔兰	1.907	17	0.943	14	0.811	6
希 腊	1.784	18	0.893	15	0.429	12
瑞 典	1.043	26	0.788	17	0.255	20
德 国	0.876	27	0.447	24	0.244	22
墨西哥	0.287	34	0.2	32	0.087	28
OECD 平均	1.794	—	1.069	—	0.407	—

资料来源：http://www.oecd.org。

如表4所示，房地产税在 GDP 中所占比例没有一个统一的标准。各国根据本国历史发展过程中达成的社会共识、政府和民间相互分担的责任、政府所需资金，调整各项税收所占比重的结构关系，这种做法发展至今形成了各国的税收结构。

但尽管如此，不可否认房地产税对房地产供求所带来的影响。通过征收税金降低房地产投资收益，投机、投资购房会相应减少，流入房地产市场的资本也下降，进而会出现土地开发减少、住房建设萎缩。若像韩国那样长期维持较高的房地产税率，最终会导致供不应求，租赁费与房地产价格会上升。

通过抑制投机行为而维持房地产价格稳定的做法也引发众多质疑。回顾过去 40 年间房地产价格持续上涨的过程，除需求增大、供给不足等正常供求因素外，没有任何证据能够证明投机行为是造成房地产价格上涨的独立因素。公共开发项目实施或土地限制变更时，附近的房地产价格势必上涨，投机人士只是看重其中价格差异所带来的"甜头"而已。80 年代末或 2000 年代初住房价格猛增，都是因为住房市场供不应求以及宏观经济环境变化等独立因素造成的，部分投机人士只是加入实际涨价的过程而已。通过抑制投机行为而稳定房地产价格的想法可以说是一种直观的、赢得民心的政治口号，但并不是行之有效的政策措施。

三 政策评估与对中国的启示

（一）韩国房地产市场与政策评估

自20世纪60年代起，经济的飞速增长与城市化进程是韩国面临的重要历史性挑战。从某种意义上，可以认为，韩国政府和韩国人民较好地应对了这些挑战，韩国房地产业的发展可以说是功大于过。房地产市场发展趋势与政策变化的正面因素与负面因素可概括为以下几点。

正面因素：为保障城市化、产业化的顺利进行，国家需要确保大量土地空间，为此韩国政府选择了政府主导型的大规模开发方式。其优点是，无需依赖政府财政或金融支持，也可推行城市开发与住房建设项目。同时政府出台新建住房售价限制政策，为众多中产阶层提供大量廉价住房。土地开发收益主要用于基础设施建设，也流向公寓楼购买者，从而消除部分阶层间矛盾。

韩国房地产政策大体上成功的原因可总结为：将住房市场所具有的动力积极转用于实现政策目标。政府积极顺应民众购买住房的需求，使用在住房行业内筹集的资金进行开发土地、修建基础设施和住宅等。

负面因素包括：无法阻挡的经济增长、城市化所推动的房地产价格上升，被常常与政治挂钩，以此促压政府加强对土地利用的限制，强化房地产税收管理。政府推出"僵硬死板"的土地利用限制，仅向公营部门放宽相关限制，让公营开发商开发城市建设所需要的建设用地。随着土地开发对公营部门依靠性的增强，无论在时间上还是在地区层面都很难满足市场需求。特别是首都圈地区因多重限制规定，造成城市空间发展结构走向低效偏激格局。公营开发及新建住房售价限制政策影响城市居民居住文化的发展，淡化了城市所具有的魅力。房地产价格的长期上涨率虽不高，但房地产价格波动幅度过大，严重扰乱国民生活及企业活动。此外，政府将住房政策的核心放在增加住房数量上，忽略了低收入阶层的居住问题。

未来住房政策的最大课题应是"取长补短"，即维持现有成果，弥补不足

之处。尽量缩小房地产市场的波动幅度，建设更多、更具有特色的住房，打造更具魅力的城市。为此，政府需要在房地产相关限制制度及税收方面有所改进，同时还要考虑低收入阶层的居住问题。房地产市场处于飞速增长阶段的国家在制定相关政策时可以参考韩国的经验及教训。

（二）对中国房地产政策的启示

中国的房地产市场于 1998 年才开始建立，较短时间内实现了飞速发展。在发展过程中，房地产价格经历过几次暴涨和增速下跌，房价上涨和增速下跌的波动幅度不断扩大，也影响了经济发展。同时，随着住房价格快速上涨，拥有住房的"有房族"获取了巨额资本收益，没有住房的"无房族"却感到相对失落，并且饱受居住成本上涨带来的困扰。因此"无房族"的不满情趣高涨，逐渐成为影响社会可持续发展的不稳定因素。由于韩国房地产市场发展历史比中国长，本文从韩国的历史经验出发为中国房地产政策提供一些参考建议。

第一，韩国与中国都在过去一段时间内，将房地产政策用做进行宏观经济调控的手段，这种倾向到现在仍存在。房地产市场不是通过市场机制运行，而跟着政府的规划政策走，导致市场的供需结构被扭曲。韩国和中国的房地产价格上涨与下跌波动幅度不断扩大，随之各市场主体不是按照长期预期行动，而是靠短期利益驱动做决策。这种市场运行机制使得市场缺乏内部效率，从国家宏观经济层面看，只能获得短期效果，从长期来看，反而会造成负面影响。中国房地产市场形成时间不长，市场机制仍有部分有待完善，商品房市场应由市场机制进行自发调节，若有干预市场的需要，也应保持政策的连续性和稳定性，建立具有长期意义的长效机制。

第二，房地产供给本身的非弹性是房地产业的特点之一，由土地供应特点所导致。部分人士认为土地是总量有限的资源，所以土地的供给是无弹性的。其实，用于房地产开发的土地主要是建设用地，政府通过规划和政策转换土地用途，就可以增加建设用地的供应，提高土地供给弹性。由于中国土地市场的特点——农村集体所有土地必须转为国有土地及耕地红线的制约，在征收土地之前，必须要制定合理的规划，防止土地这个强稀缺性资源被浪费。另外，在农村集体所有土地征收后用途转换和开发过程中会产生巨大利益，政府应该加强法律制度建设来防止土地开发利益集中流向社会特殊或特定群体，保证拥有土地耕作权和利用权的社会成员也能享受到土地开发所带来的利益。

第三，要抑制地方政府过于依赖土地财政的倾向。由于地方政府的财政收入来源过度依赖于土地出让收益，促使地方政府推升"土地"这个公共资源的价格，造成住房价格上升预期。在韩国只有政府和公营开发商才能收购并开发土地，以比较低廉的价格销售给住宅开发商，而且实施销售价格上限制度，但住宅开发商也能获取一定的利润。中国的情况有所不同，房地产开发商从地方政府买来的土地，其价格已经很高，为了实现利润，只能把开发成本压力转嫁给住房消费者，新建商品住宅的销售价格再继续上涨。因此必须要改善地方税收和地方政府财政收入结构，改变地方政府过于依赖土地出让收益的情况。

第四，要加强房地产税收管理，对住房保有和交易环节征收税金。中国的房产税改革酝酿已久，但至今迟迟未有大的进展，全面开征房产税还需时间。韩国政府对多套住房持有者征收较高的保有税，多套住房持有者将剩余空房出租，使用获取的租金收入缴纳税款，也给房地产市场提供新增租赁房源。在中国对保有环节还未征收税金，部分多套住房持有者不愿将多余空房对外出租，处于闲置状态。这种现实助长投资和投机性购房，使可供租赁房源减少，导致靠租房解决居住问题的群体居住费用持续增加。因此，政府应确定合理的税率，对保有环节开征住房保有税，确保征收得公平、严格。此外，还应出台政策措施严格禁止售房者将交易所得税转嫁给购房者的违规行为。

第五，要实现投资渠道的多元化。在物价上涨、货币实际贬值的情况下，将货币性资产投资于其他形式的资产，是一种合理的经济行为。2007年股票市场暴跌后，多数人对股票的投资风险心生畏惧，其他金融衍生产品的品种和数量又不多，而在房产保有环节没有征税、交易时发生的税负可转嫁给购房者的情况下，中国还没有比投资房产更好的投资渠道，或者说购买住房成了别无选择的投资方式。所以应加强政策创新，开发能替代房地产投资的投资方式，分散过于集中于房地产的投资，抑制投资投机性购房需求，支持自住型住房需求。

热 点 篇

Hot Topics

B.20

不动产登记对房地产市场的影响

张喜玲*

摘　要：　酝酿已久的《不动产登记暂行条例》终于 2015 年 3 月 1 日正式实施。登记机构、登记簿册、登记依据和信息平台的"四个统一"无疑将对全国房地产市场带来深刻的影响。在此背景下，社会各界关于不动产统一登记对房地产市场影响的讨论不绝于耳。本文回顾了我国不动产登记制度的演变历程，介绍了国外不动产登记制度的主要模式，分析了不动产统一登记对 2015 年房地产市场的主要影响，最后提出积极引导房地产市场健康发展的几点对策思考。

关键词：　不动产登记　房地产市场

---

* 张喜玲，中国社会科学院研究生院城市发展系博士研究生，研究方向：城市经济发展与规划。

一 我国不动产登记制度的演变历程

不动产登记制度作为落实物权法的重要内容，具有保障不动产交易安全、保护产权人的合法权益和理顺整合不动产市场要素资源的作用。自新中国成立以来，我国不动产登记大致经历了中断恢复、分散低效和统一登记期三个发展阶段，不动产登记制度逐步完善，不动产登记的相关工作也在加快推进。

（一）中断恢复时期（1949～2006年）

受西方法制思想的影响，中国在民国时期就已经建立了不动产登记制度，然而当时的服务对象主要是土地私有制。新中国成立后，根据《中国土地法大纲》和《土地改革法》开展的土地改革运动，首先对农村的土地进行清丈和划界，并向农民发放土地证和房产证。随后，城市的土地和房屋也逐步开展登记工作，并颁发城市房屋所有权证。20世纪50年代后期，由于私有制的改造和全面公有制的实施，物权制度开始被否认，不动产登记工作停滞，不动产登记制度一度被中止。

改革开放后，有关不动产登记管理和监督的法律法规陆续出台，并针对相应的不动产所有权、使用权及其相关登记工作做出了明确规定。1986年的《中华人民共和国土地管理法》规定，"国务院土地行政主管部门统一负责全国土地的管理和监督工作；国家建立土地统计制度；国家建立全国土地管理信息系统，对土地利用状况进行动态监测"，1994年通过的《中华人民共和国城市房地产管理法》规定，"国家实行土地使用权和房屋所有权登记发证制度"。2001年通过的《中华人民共和国海域使用管理法》规定，"国务院代表国家行使海域所有权；海域使用权经相关海洋行政主管部门审批后登记造册"。根据1984年通过的《中华人民共和国森林法》，2000年国务院颁布了《中华人民共和国森林法实施条例》，其中规定："依法使用的国家所有的森林、林木和林地，按照相关规定登记；未确定使用权的国家所有的森林、林木和林地，由县级以上人民政府登记造册，负责保护管理"。总之，我国的不动产登记制度起步晚、不统一、不连续，这为以后不动产统一登记工作推进埋下了艰难的隐患。

（二）分散低效时期（2007～2012年）

随着改革开放的推进，社会主义市场经济制度逐渐确立，要维护民众的利益就需要明确物权的归属。然而新中国成立后，中国并没有完整的物权法，1987年实施的《民法通则》规定了财产所有权和财产权，1995年实施的《担保法》规定了完整的担保物权法，但两者都没有关于物权完整、系统的具体规则。2007年3月，十届全国人大第五次会议通过了《物权法》，其中明确规定：国家对不动产实行统一登记制度；统一登记的范围、登记机构和登记办法，由法律、行政法规规定等，标志着中国统一不动产登记制度正式确立。《物权法》的适时制定，既确认了物的归属，又明确了所有权和用益物权、担保物权，依法保护了所有市场主体的平等法律地位和权利人的物权。

然而，《物权法》中虽明确提出实行统一的不动产登记制度，然而随后几年并未真正落地实施，部分地区虽成立专门机构推进不动产统一登记工作，但由于国家层面没有统一的登记制度带动，效果大打折扣。不动产登记依然是多头行政的局面：住建部负责房屋所有权登记，国土部负责集体土地所有权、国有土地使用权等登记，农业部负责耕地承包经营权登记，林业部负责林地登记，渔业、海洋部分别负责水面、海域等。各部门各司其职、各行其是，不动产登记信息混乱无章，使不动产交易的风险依然很大。

（三）统一登记时期（2013年至今）

2013年11月，国务院常务会议决定整合不动产登记职责、建立不动产统一登记制度。由国土资源部负责指导监督全国土地、房屋、草原、林地、海域等不动产统一登记职责，基本做到登记机构、登记簿册、登记依据和信息平台"四统一"。至此，《物权法》关于不动产统一登记制度才算真正落地。

2014年是不动产统一登记工作进展最快并取得实质性成果的一年（见表1）。从1月中央编办下发《关于整合不动产登记职责的通知》，到2月国务院批复由国土资源部牵头的"不动产登记工作部际联席会议"制度，3月"不动产登记工作部际联席会议第一次会议"召开，4月国土部成立不动产登记工作领导小组，5月国土资源部正式挂牌成立不动产登记局，8月《不动产登记暂行条例（征求意见稿）》公布，再到 12 月《不动产登记暂行条例》正式出台，于 2015 年 3 月 1 日正式实施，每一步都为不动产统一登记制度的确立奠定坚实的基础。

表1　近年来不动产登记工作推进的重要节点事件

时间		进展	注释
2007 年	3 月	《物权法》出台	2007 年 10 月 1 日实施
2013 年	11 月	国务院常务会议决定正式建立不动产统一登记制度	由国土资源部负责指导监督全国不动产统一登记职责
2014 年	2 月	建立"不动产登记工作部际联席会议"制度	国务院批复由国土资源部牵头的"不动产登记工作部际联席会议"制度
	3 月	不动产登记工作第一次部际联席会议召开	指出统一登记的目的:保障交易安全,保护权利人权益,提高政府治理效率,便民利民;联席会议由国土资源部牵头,9 部门共同组成
	4 月	国土部成立不动产登记工作领导小组	—
	5 月	不动产登记局正式挂牌	组织保障:国土资源部地籍管理司承担指导监督全国不动产登记工作的职责
	8 月	《不动产登记暂行条例(征求意见稿)》公布	—
	11 月	中国土地矿产法律事务中心更名为国土资源部不动产登记中心,承担不动产登记相关政策、业务、技术等方面的支撑工作	—
	12 月	《不动产登记暂行条例》出台	2015 年 3 月 1 日实施
2015 年	1 月	《关于贯彻实施〈不动产登记暂行条例〉的通知》	—
	3 月	《不动产登记暂行条例》正式实施	—

资料来源：国土资源部网站（经笔者整理）。

2014 年，不动产登记工作从中央层面逐渐向地方推进落实，但整体进展缓慢。目前，国家层面不动产登记职责和机构建设基本完成，但市县一级的不

动产登记职责和机构整合的相关工作进展普遍较慢（见表2），而市县正是承担不动产具体登记工作的关键环节。在国家层面，国务院下发了《不动产登记暂行条例》、成立了不动产登记局，国土资源部下发了《关于贯彻实施〈不动产登记暂行条例〉的通知》。在省级层面，目前已有至少24个省（区、市）完成了不动产统一登记职责任务，至少有5个省份正式建立不动产登记联席会议制度，至少有9个省（市）明确成立不动产统一登记领导小组。但在市县级层面，目前也还只有少数几个市县完成了职责整合任务，这离不动产统一登记全面完成的目标还很遥远。据全国不动产登记局消息透露，根据各地职责和机构整合的最新进展，全国有30多个市（州）、70个县（市、区）完成了职责和机构整合工作。

表2　各级政府不动产登记的进展情况

级别	进展情况	相关省(区、市)或机关单位
国家	《不动产登记暂行条例》、不动产登记局	国务院、国土部
省级	完成不动产统一登记职责任务	天津、河北、内蒙古、辽宁、吉林、黑龙江、上海、浙江、江西、山东、湖北、湖南、海南、四川、云南、陕西、甘肃、山西、江苏、北京、广西、福建、广东和贵州等24省（区、市）
	建立不动产登记联席会议制度	河北、黑龙江、山东等5省
	成立不动产统一登记领导小组	北京、辽宁、黑龙江、广东、四川、甘肃、贵州、上海、青海等9省（市）
	明确全省市县级职责整合方向	江西、山东、山西等3省
市级	完成市级职责整合	四川泸州、贵州六盘水等30多个市(州)
县级	完成县级职责整合	贵州岑巩、余庆等70多个县(市、区)

资料来源：国土资源部网站（经笔者整理）。

应该认识到，虽然近年来不动产登记工作取得了突破性进展，但现存问题复杂，致使目前的登记工作存在诸多问题。一是多头登记、多头管理。之前的不动产登记分散在各个相关部门，涉及住建部、国土部、农业部、林业部和渔业、海洋部等，再加上登记信息标准的不统一，不动产登记信息更加混乱无章，要实现统一的登记部门和统一登记信息标准，其难度可想而知。二是牵扯利益多，积极配合难。不动产登记工作细琐繁杂，既要根据统一标准整合历史信息，又要健全完善不动产登记信息数据库，任务艰巨。不但涉及各部门职责整合，更牵扯到各部门之间的利益公平问题，甚至还会涉及私人利益，导致相关部门不愿积极配合。三是省级进展快，市县级缓慢。地方政府承担着不动产统一登记工作的具体任务，为了充分利用地方政府的现有资源，国务院常务会议只要求各地方将不动产统一登记职责统一到一个部门，但并没有明确具体统一到哪个部门，这一选择的自由也是市县登记职责整合进展缓慢的重要原因。显然，不动产登记在制度和实践层面还有许多需要完善之处，各项工作亟待深化推进。

二 国外不动产登记制度模式及经验启示

因政治、经济、文化和历史背景的差异，各国不动产登记模式各有差异。总体而言，世界各国不动产登记大致有以下三种制度模式：契约登记制度、权利登记制度和托伦斯登记制度。

（一）国外不动产登记主要制度模式

一是契约登记制度。契约登记制度源起于法国，又称法国登记制或登记对抗主义，一般指当事人双方经协商自愿订立契约，即使物权变动产生效力，若不进行登记，物权变动效力不得抵抗第三人。契约登记制度的主要特点为契约是生效的要件，土地登记机关对土地登记申请不进行实质性审查，只进行形式审查，不向土地权利人颁发权利凭证。目前，采用契约登记制度的国家有法国、西班牙、意大利、日本以及美国多数州。契约登记制度体现了以个人权利为主的法律精神、私有财产的权力绝对、契约自由以及过失赔偿责任等。

日本的不动产登记制度历史悠久，其不动产登记管理所依据的法律是《民法》和《不动产登记法》，登记的对象分为土地登记和土地上的建筑物登记，登记的主要内容是不动产的所有权、地上权、租用权、抵押权和开采权等权利。日本不动产登记机构是法务省民事局，它具有相对独立的不动产登记管理运行机制，民事局下设法务局、地方法务局、派出所4级垂直管理，

并通称为登记所。所有不动产登记都采用电脑联网系统，有专门的不动产信息管理平台和数量庞大的不动产资料库。在登记管理方面，法律规定由于登记官的失误使申请登记者蒙受损失，后者可以向法务局监督部门申述，或向法院提出诉讼，从而获得赔偿，登记官也会遭到相应处罚。日本法务省的《登记手续费令》规定，登记簿的交付和查阅，都必须缴纳一定数额不等的费用。

二是权利登记制度。权利登记制度，又称实际主义登记或登记生效主义，是德国民法首创，指不动产物权非登记不得生效的立法体制，不登记既不能对抗第三人，连当事人双方在法律上也不发生物权变动的效力。权利登记制的主要特点为，登记是物权变动的生效要件，具有公信力、强制登记等，目前被德国、瑞士、奥地利、匈牙利、挪威等国以及中国台湾地区所采用。权利登记制度体现了法律在保护交易安全、规范社会秩序方面的重要作用。

德国的不动产登记制度称为"权利登记制度"，其登记机关是地方法院的不动产登记局，并由其统一负责，部分地区的不动产登记局受当地州政府的领导。德国不动产登记的相关法律有《德国民法典》、《土地登记法》、《住宅所有权和永久居住权法》和《建筑法》，它们设定了相应的关于不动产登记的程序性规范，是德国不动产登记制度的重要法律依据。在德国，房产登记制度是公开透明的，如果能够证明与房屋存在法律或者经济方面的合法关系，有关该房屋的信息就可以在不动产登记局进行查询。公开透明的不动产登记制度，再加上德国的税收政策，对房价起到了调节作用，有效避免了投机问题的同时也遏制了官员腐败问题的滋生。

三是托伦斯登记制度。托伦斯登记制度，又称权利交付主义登记，因澳大利亚人托伦斯创造而得名，指经登记机关实质审查后，发放权利证书来确认产权以便不动产物权转移的登记制度。目前，采用罗伦斯登记制度的国家有澳大利亚、菲律宾、加拿大、新加坡、爱尔兰、美国少数州、苏丹等。托伦斯登记制度的主要特点有：非强迫登记、登记采取实质审查主义、具有公信力、登记人员对登记错误负赔偿责任等。托伦斯登记制度实质上仍属于权利登记制的范畴，是权利登记制的进一步发展，表3对三种登记制度进行了比较。

表3 国际上三种登记制度的比较

登记制度	效力	审查	公信力	是否强制	证书	国家(或地区)
契约登记制度	登记对抗	形式审查	无公信力	自由登记	无	法国、西班牙、意大利、日本以及美国多数州等
权利登记制度	登记生效	实质审查	有公信力	强制登记	无	德国、瑞士、奥地利、匈牙利、挪威等以及中国台湾地区等
托伦斯登记制度	登记生效	实质审查	有公信力	非强制登记	有	澳大利亚、菲律宾、加拿大、新加坡、爱尔兰、美国少数州以及苏丹等

资料来源:《国际上不动产登记制度对我国的启示》(陈静、刘丽,2014)。

新加坡政府早期采用的是土地契约制,但从20世纪60年代《新加坡土地所有权法案》生效以后,托伦斯登记制度被广泛采用。该制度不强制要求一切土地必须登记,但一经登记即进入强制登记状态,具有绝对的公信力。新加坡经历了长时间两套登记系统(地契登记系统与中央登记系统)并存,到21世纪初全国已经基本统一在中央登记系统下。在房地产登记方面,所有不动产单位在土地局都有备案,记录着与之相关所有的买卖信息,这就避免了不法之徒利用原始的契约凭证作弊或者行骗的可能。目前,新加坡不动产电子登记系统进程加快,只要付相应的费用,基本可以让普通民众在政府的土地管理局查询相关信息。然而,不动产登记制度涉及个人隐私,随意查询还不能做到。不动产登记制度帮助政府掌握每一位公民的私人财产情况,防止个人不正常地拥有多套房产,有效地制止了利用房地产贪污受贿等腐败情况的发生。

(二)国际经验启示

当前,中国正处于不动产统一登记的关键时期,登记过程中会遇到登记部门不统一、登记标准不一致、登记人员不专业、登记对象不配合等问题,现实难度很大。适时分析总结国外不动产登记制度的主要模式和经验做法,对推进我国不动产登记工作具有重要的借鉴价值。

启示一:制定和完善不动产登记法。从其他国家的经验看,登记制度是物权法独立的重要补充。日本于1898年制定了《新民法典》,其中对物权有详

细的规定，第二年（即 1899 年）日本就制定了《不动产登记法》。我国在 2007 年就已经通过了《物权法》，但之后并未出台不动产登记法，全国没有统一的法律依据，不动产登记工作举步维艰可以想象。因此，我国应考虑尽快出台不动产登记法，为全国不动产统一登记提供法律依据，从而加快不动产统一登记的进程，保护不动产交易的安全。

启示二：严格不动产登记监管制度。在登记监管方面，日本法律规定如果由于登记官的失误至申请者蒙受损失，就会因此被起诉担负赔偿甚至被处分。而我国的物权法仅对不动产登记错误的赔偿责任作了原则性规定，既没有明确赔偿的主体更没有专门的法律去解决该类问题。为此，我国要严格不动产登记监管制度并具体化，无论对不动产的申请人还是登记工作者，都要明确责任主体并详细规定责任人赔偿责任及惩罚措施，以减少甚至杜绝不动产虚假登记或错误登记。

启示三：扩大信息透明范围。从新加坡的经验来看，政府不动产登记系统掌握了所有与土地和住房有关的信息，只要付相应的费用，普通民众也可以查询与其有关房产的所有信息，包括该房产周边未来的城市和交通规划等，为民众的生活规划带来很大的便利。所以，我国也应建立健全透明的信息公开制度，对土地使用规划及实际使用情况进行公示，允许民众查询不动产的相关信息。这样，民众能掌握更多信息来把握土地和住房供应趋势，从而为未来的生活和就业规划提供依据，又能促进房地产规划布局趋于合理。

三 不动产统一登记对2015年房地产市场的影响

《不动产暂行条例》的颁布实施将有利于整合不动产登记职责，规范登记行为，方便群众申请登记，保护权利人合法权益。虽然不动产统一登记的初衷并不是解决房地产市场近年来地价高、房价高、供需矛盾突出等问题，但 2015 年 3 月 1 日起实施的《不动产登记暂行条例》依然会对 2015 年的房地产市场产生一定的间接影响。

（一）完善房地产市场

一是规范了房地产市场秩序。不动产统一登记是通过整合不动产登记职责，最终建立不动产统一登记制度的举措，该举措的核心是实现登记机构、登记簿册、登记依据和信息平台"四统一"。《不动产登记暂行条例》中不动产指土地、海域以及房屋、林木等定着物，其中土地和房屋是房地产市场运行的基本要素，若全国的土地和住房在登记机构、登记簿册、登记依据和信息平台四个方面实现了统一，则有关全国土地和房屋的基本信息就能详细一致地被不动产登记局登记掌握，分享给所有相关政府部门，同时还允许利害关系人依法查询。房地产市场基础数据透明化，土地和房屋的基本信息登记及数据整合规范了房地产市场。二是进一步抑制投资投机需求。2015 年是全国不动产统一登记制度实施过渡的一年，土地和个人全部房屋都可进行产权统一登记，这一制度再配合现有的限购政策，无疑使部分城市潜在的投机性、投资性购房无利可图，同时也为房地产开发提供数据支持。准确的数据统计可以理顺房地产市场的供需状况，抑制不良资产的投资投机性需求，进而防止房地产市场的大起大落。三是为防止腐败滋生埋下伏笔。十八大以来，中央对反腐出以重拳，《不动产登记暂行条例》的公布也意味着许多以往隐藏在住房市场背后的非法交易、不合法住房财产持有的行为都会暴露在阳光之下。随着不动产统一登记工作的深入推进，建立全国不动产统一登记制度是大势所趋，制度的框架束缚、信息的公开透明更使房地产业的腐败无可遁形，能弥补反腐机制存留的漏洞，从源头上杜绝"房叔""房婶"这样的腐败典型，为反腐倡廉起到重要的补充作用。

（二）影响消费者购房预期

房地产市场的供需平衡是房价稳定的重要因素，不动产统一登记往往通过影响住房市场的供需状况进而影响房价，乃至消费者购房预期。目前，不动产登记工作各地进度不一，市县级层面大都没有实质性进展，加之房地产相关政策（如房地产税）的实施还没有明确时间表，因此不动产统一登记对 2015 年房地产市场的供需平衡不会产生太大的影响，进而也不会造成房价的大幅波动。然而，近年的房价高昂使人们对不动产统一登记寄予很大希望，包括制定不动产登记法、建立不动产登记制度、开征房产税、建立房地产调控长效机制等，再加之居民认为不动产统一登记能迫使多套房业主抛售房源，住房存量增加从而导致房价下降，而正是房价影响着消

费者的购房预期。因此，居民购房的心理预期遭受严重影响，观望情绪加重。

（三）有利于房地产市场相关调控性政策的出台

房地产政策，可以分为制度性政策和调控性政策，前者主要指保证房地产市场运行的基本法律、法规、规章等，后者指促进房地产市场科学平稳运行的文件、办法细则等。对房地产市场来说，不动产统一登记制度属于基础性的制度性政策，是为明晰产权、防范交易风险、促进交易安全。不动产统一登记包括对住房基本信息的搜集和整理，这样既摸清了市场供给的基础，理顺了住房需求的总量、结构和趋势，又为出台房地产各种调控性政策奠定了数据支撑。通常，政府出台房地产调控性政策是因为房地产市场出现了尖锐的矛盾，以致影响到经济发展甚至社会安定，主要包括税收政策、信贷政策、限购政策、财政政策和货币政策等等。2015年是健全不动产统一登记制度相关配套制度以期平稳实施的一年，中国宏观经济下行压力很大，房地产市场作为拉动消费和投资的主要阵地之一，统一的不动产登记信息管理平台和信息实时共享无疑为房地产市场调控性政策的出台，扫除了技术障碍，具有重要的奠基作用。

（四）有助于健全房地产市场调控长效机制

房地产市场调控长效机制主要包括以下四个方面：一是编制城市住房发展规划，确定住房建设总量、结构和布局；二是完善住房用地供应机制，合理安排各类住房用地之间的比例；三是研究实施住房税收和信贷政策，支持合理自住需求，抑制投机投资需求；四是建立不动产统一登记制度，实现全国住房信息联网。不动产统一登记是房地产市场调控长效机制的重要有机组成部分，只有先进行统一的不动产登记，才能形成统一的数据库和全国住房信息联网，进而实现国家、省、市、县四级的各部门实时信息共享。不动产统一登记使土地和住房基本信息透明化，再与住房信息联网、房地产税收政策等相结合，更有助于房地产调控重点从之前的交易环节转变到存量环节，有助于健全房地产市场调控的长效机制。不动产统一登记工作的进程，既影响2015年不动产统一登记制度的过渡实施，也会影响房地产市场调控长效机制的建立。

四　对策建议

（一）建立健全推进不动产登记实施的长效机制

一是建立明确的权责分担机制。各级政府应加快明确不动产统一登记的机构部门，从而尽快进行职责整合、落实责任并开展不动产统一登记工作。承担不动产统一登记任务的主管部门，要按照党建工作和党风廉政建设责任制的要求，切实履行责任人的职责，形成一级抓一级、层层抓落实的工作格局。将不动产统一登记工作列入议事日程，尽早动员，抓紧部署，建立组织机构和工作计划。二是建立登记工作时间表的倒逼机制。在国家层面，已有不动产统一登记制度的时间表，省市等各级政府也应制定与之相对应的登记任务时间表，既能提高不动产统一登记工作的效率，也为 2016 年不动产统一登记制度的全面实施争取时间。三是建立有效监督机制。为保障不动产登记工作顺利完成，各级政府部门、企业、社会组织和居民应同心协力，协助承担登记任务的关键部门完成不动产基本信息统计和整合任务。在登记部门发挥主导力量的同时，应充分调动社会力量，特别需要建立公民和社会组织充分参与监督的平台。登记主管部门应建立登记工作的评估机制，定期对登记工作的情况进行跟踪和检查，并将工作进展公布于众。同时，还建议不同省市县进行不动产登记工作评比制度，对进展缓慢的单位施加一定压力。

（二）加快建成不动产登记信息管理平台

一是加快不动产登记信息管理平台的顶层设计和开发。以系统完善、应用方便为原则，既要确保不动产信息管理系统对内各个系统衔接顺畅，同时也要支持对外与其他信息系统平台相连接，从而实现不动产信息的登记、审批、查询、交易和共享等功能。二是加强网络管理和信息安全建设。既要自主研发信息管理平台关键性技术，同时也要高度重视网络安全管理工作。不动产登记信息既涉及国家秘密又涉及个人隐私，建立和完善对不动产登记信息管理平台的安全防护体系至关重要。三是国土资源部门及各级相关单位应积极创新在线服务。以方便民众为宗旨，进一步提高政务服务信息化水平，充分利用现有的电

子政务资源逐步实现网上办理与不动产登记、查询等相关的事务，实现各部门、平台和系统间服务的完美对接。

（三）深化推进不动产登记的试点工作

《不动产登记暂行条例》已经开始实行，为加快不动产统一登记的进程，有必要实施不动产登记试点并逐步加大试点的范围。一是选取不同地区进行分类试点工作。由于各地区存在经济、制度和具体情况的差异，可通过在不同地区设立不动产登记的试点，找出各类地区推进不动产登记工作缓慢的原因，逐步探索不动产登记工作的具体开展办法，最后总结经验并形成较为完善的不动产登记办法和制度。二是适时逐步扩大启动试点范围。试点工作取得一定经验后，可适时启动新的试点，通过诸多的不动产登记试点，总结问题发现经验从而全国推广，早日加快不动产登记制度的全面实施。三是加强对不动产登记试点的指导监督。对不动产登记试点进行比较研究，既鼓励各试点地区互相学习借鉴先进科学的登记模式或好的工作办法，也要因地制宜地对不同试点地区监督指导，早日摸索出适合自己或者可以普遍推广的登记模式。

（四）推进不动产相关立法研究工作

推进与不动产相关的立法工作是建立健全不动产法律体系的保障，其中包括不动产登记法和房地产税的立法等。具体的，根据什么样的登记原则、采用什么样的登记制度和模式、对登记机关的职责要求等，都是推动研究不动产登记立法的重要依据。作为财税体制改革的一个重要方面，房地产税的立法也是推动税制改革的主要任务。加快研究征收什么税、对哪些人征税、在哪个环节征税，对构建现代税制、缩小收入差距、维持社会公平均具有重大的现实意义。同时，对不动产相关立法的研究对稳定政府税源、完善公民纳税的参与机制、促进房地产市场健康发展都有积极的作用。

（五）加强不动产登记机构和人才队伍建设

从目前不动产登记工作的进展看，与其相关同时起关键性辅助作用的工作还有待加强，这就包括对不动产统一登记机构和人才队伍的配套建设。不动产登记机构包括国土部等多个部门，这些相关部门需要密切配合，应完善机构内的各种体制机制。不动产登记涉及专业化知识和操作，而不动产登记从之前的多部门分头登记到国土部门统一登记，这一转变既需要相关的登记专业人员，也需要综合型的管理人员，才能保证不动产统一登记工作的实施进度和登记质量，因此，要加强人才队伍建设。同时，随着统一信息管理平台的加快建设，对登记和管理人员的要求也在提高。既需要登记管理人员了解相应的不动产知识，还需要掌握一定的信息技术，因此，登记机构更要加强对这类人才的培训工作。

参考文献

姜雅：《日本不动产登记管理制度特征》，《中国国土资源报》2014年2月17日。

陈静、刘丽：《国际上不动产登记制度对我国的启示》，《国土资源情报》2014年第3期。

范志勇：《中国房地产政策回顾与探析》，《学术交流》2008年第8期。

《国家新型城镇化规划（2014～2020年）》，人民出版社，2014。

B.21
经济新常态下房地产市场发展展望

韩国栋*

摘　要： 在经济运行进入新常态的背景下，中国房地产市场也在向新常态发展。本文总结了中国房地产市场新常态发展的六个主要特征，从市场主体角度探讨如何适应房地产市场新常态，并且提出通过改革和创新来引领房地产市场发展新常态，激发市场微观活力支撑宏观稳定，创新产品供给刺激需求扩大，调整市场结构优化总量均衡，推动房地产市场稳健发展。

关键词： 经济新常态　房地产市场

2014 年 5 月，习近平总书记在河南考察工作时首次提及新常态："我国发展仍处于重要战略机遇期，我们要增强信心，从当前经济发展的阶段性特征出发，适应新常态，保持战略上的平常心态。"同年 12 月 9～11 日，中央经济工作会议首次系统表述"经济发展新常态"的九大趋势性变化，提出"认识新常态，适应新常态，引领新常态，是当前和今后一个时期我国经济发展的大逻辑"。这九大趋势性变化说明，中国经济正在向形态更高级、分工更复杂、结构更合理的阶段演化，经济发展正从高速增长转向中高速增长，经济发展方式正从规模速度型粗放增长转向质量效率型集约增长，经济结构正从增量扩能为主转向调整存量、做优增量并存的深度调整，经济发展动力正从传统增长点转向新的增长点。与此同时，中国房地产市场也进入一个新常态发展的过程中。

* 韩国栋，经济学博士，上海金融学院国际金融学院教师，中国社会科学院城市发展与环境研究所博士后，研究方向为区域发展与城市运营、房地产经济与金融、住宅政策。

如何认识、适应和引领中国房地产市场发展的新常态，自然成为当前社会各界关注的话题。

一 正确认识房地产市场新常态发展特征

与过去常态比较，中国房地产市场新常态发展表现为市场需求由非理性逐渐回归理性、市场投资由高增长逐渐趋于平稳、市场价格由整体涨逐渐分化波动、市场均衡由重总量逐渐转向重结构、市场调控由政策市逐渐归还市场和市场模式由偏开发逐渐走向多元等六个主要特征。

（一）房地产市场需求由非理性逐渐回归理性

当前中国房地产市场的模仿型排浪式消费阶段基本结束，尊重个性、注重体验的消费将逐渐成为主流，住宅市场也将不例外。住宅兼具消费品和投资品双重属性，加上中国个人投资渠道非常狭窄，在根深蒂固的置业观念下，城镇居民对住宅消费的非理性需求迅速增长，成为过去中国房价快速上涨的一个重要原因。在经济新常态发展背景下，近年来住宅售价涨幅回落和房地产税制改革不断完善，与此同时，政府加大住房保障投入和对棚户区的改造等措施，从抑制投资、投机需求和增加供给等两面发力，房地产市场预期随之发生了一定变化，促使居民对住宅需求逐渐回归理性，加大对住宅质量和持有成本的关注。

（二）房地产市场投资由高增长逐渐趋于平稳

在经济新常态发展背景下，中国宏观经济增速由过去的两位数增长下降至个位增长，并且不再苛求保8%，这将对房地产市场发展产生重大影响，房地产投资增速开始调整，由高速增长逐渐趋于平稳。2014年，全国房地产开发投资95036亿元，同比增长10.5%，但与之前2000～2013年年均增速24.4%比较，已经大幅回落。其中，同期住宅投资64352亿元，同比增长9.2%，但与之前2000～2013年年均增速25.0%比较，同样大幅回落（见图1）。

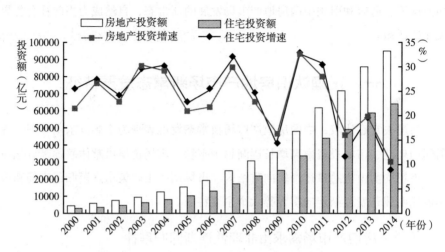

图 1　2000～2014 年全国房地产投资和住宅投资规模及增速情况

资料来源：国家统计局。

（三）房地产市场价格由整体涨逐渐分化波动

自 1998 年中国住宅制度改革以来，中国商品房成交价总体呈现单边上涨局面，但近年来成交价增速逐渐回落。2014 年，全国商品房成交价为 6324 元/平方米，同比增长 1.4%，与之前 2000～2013 年年均增速 8.5% 比较则下降幅度明显。同期商品住宅成交价为 5932 元/平方米，办公楼成交价为 11787 元/平方米，商业营业用房成交价为 9814 元/平方米，同比增长分别为 1.4%、-9.3% 和 0.4%，与之前 2000～2013 年各自的年均增速 8.8%、6.7% 和 8.3% 比较，同样下降幅度明显（见图 2）。因此，在经济新常态发展环境下，房地产市场进入调整期，商品房整体和各不同类型商品房的成交价将从过去单边上涨态势逐步演变为双向波动，有涨有跌。

与此同时，不同城市的商品房成交价呈现不同的区域分化特征。以新建商品住宅售价为例，《2014 年国民经济和社会发展统计公报》数据显示，70 个大中城市新建商品住宅销售价格月同比变化出现阶段性分化特点，2014 年上半年上涨城市个数各月均为 69 个，但是到下半年上涨城市个数逐月减少，到 12 月份仅有 2 个，月同比价格下降城市个数增加至 68 个。

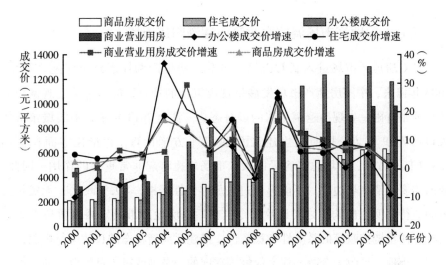

图2 2000~2014年全国商品房成交价及增速情况

资料来源：国家统计局。

（四）房地产市场均衡由重总量逐渐转向重结构

1998~2013年期间，中国住宅投资保持快速增长，住宅供应规模不断扩大。根据2010年第六次人口普查数据和相关数据推算，预计到2015年末，我国家庭户均拥有住宅套数可能会达到1.08套①。参照国际相关经验，当户均约1.1套住宅时，住宅市场供给将达到最高水平，预示市场总量均衡。在经济新常态发展背景下，中国住宅市场总量目前基本实现供需均衡，住宅普遍短缺的时代已经过去，但是仍然存在结构失衡困境。

以北上广深为代表的一线城市住宅市场短期内价格依然坚挺，需求仍然旺盛。与此同时，二、三、四线城市分化已十分明显，2014年在"两限放松"背景下，有些城市成交略有回升，但难以重现过去火爆行情；有些城市住宅市场仍然库存高企，明显供大于求，城市房价甚至出现了负增长。因此，房地产市场均衡的关注点已从原来关注总量转移到重视结构，预计市场分化格局未来将会持续。

---

① 《中国住宅市场总量告别短缺时代》，人民网，http://qcyn.sina.com.cn/news/shxw/2013/0412/140200128525.html。

（五）房地产市场调控由政策市逐渐归还市场

针对房地产市场进入新常态这一变化，房地产调控思路也应随之而变。2003 年以来，中国房地产市场发展呈现政策市的特点，但是过去宏观调控的效果非常有限，表现出越调越涨的运行态势。截至 2014 年末，中国城镇常住人口约 7.49 亿人，按照人均建筑面积 30 平方米计算，存量住宅面积达到 224.7 亿平方米，市场总体容量巨大，市场规律将起非常重要的作用。因此，政府需要厘清市场边界，不能再像过去那样任性调控，"去行政化"无疑是大方向。待类似"限购"之类行政命令退出后，房地产市场发展需要科学界定目标，注重调控政策的系统性和稳定性，搭建适应新常态的长效运行机制，优化包括土地、税收、金融、住宅保障等在内的一系列政策工具组合，通过市场机制让市场力量发挥主导作用。

（六）房地产市场模式由偏开发逐渐走向多元

借鉴国际经验，房地产商业模式与收益率和该地区的城市（镇）化水平有一定的相关性（见图 3）。2014 年末，中国城镇化率达到 54.8%。根据 2014

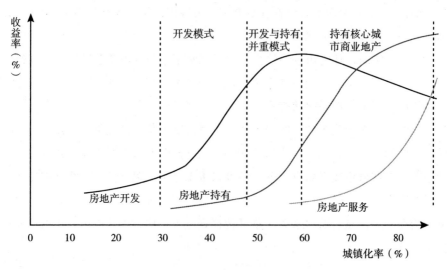

图 3　房地产商业模式与收益率示意

资料来源：贾祖国《房地产商业模式的总结与展望》，《招商证券》2009 年 9 月 16 日，第 9 页。

年 3 月国务院公布的《国家新型城镇化规划》，2020 年中国要实现常住人口城镇化率达到 60% 左右，这预示我国目前仍处于城镇化快速推进阶段，城镇化将给房地产市场发展带来新的机遇。在此阶段，中国房地产市场将由过去单纯的以投资开发、销售为主，逐渐向开发和持有并重过渡，最终提高房地产服务业比重。以前的房地产经营管理、居住公共配套、物业管理和房地产经纪等服务水平较低，但是在未来将得到重视和长足发展。同时，随着中国经济水平和居民收入不断提高及其消费升级，房地产市场投资对象将由单一的住宅投资转向多元化，包括产业园区、休闲旅游地产、养生养老地产、文化体育地产等多种形式，发展模式也由注重短期效益转向长期效益。

二 主动适应房地产市场新常态发展变化

中国房地产市场新常态发展对各个参与主体既是机遇，也是挑战。当市场形势发生转变后，政府、房地产企业、居民家庭和相关金融机构既要清楚地认识这种新常态，又要能善于调整自己来积极适应这种新常态，共同促进房地产市场可持续健康发展。

（一）政府减少行政干预和建立长效机制

政府不能像过去那样简单地把房地产当做提款机，而应营造良好的市场环境来推动房地产业良性发展，使其成为国民经济发展和产业转型升级的稳定器。在房地产市场新常态下，土地财政已经不能像以前那样顺风顺水。政府对于房地产市场发展的态度，一方面要理性地认识房地产业对地方经济的驱动作用，高度重视高房价对当地实体经济发展的制约与影响，另一方面也不能忽视房地产业仍是中国当前支柱产业的现实，房地产产业链条依然很长，有必要确保房地产市场稳健发展。因此，政府需要摆正好自身位置和做好分内工作。

房地产市场属于地域性、差异性很强的市场。政府制定政策需要因地制宜、分类调控和明确底线，根据各地实际进行自我调节，减少行政干预，建立长效机制，同时更加关注民生保障。按照十八届三中全会确定的改革计划和时间节点，切实推进改革与房地产有关的土地、财税、金融等制度，不断完善房

地产法律制度体系，结合不动产登记、居民住宅信息联网，着力创造公平竞争的市场环境，正确引导企业和个人的投资、购房等行为。

（二）房地产企业调整发展策略和创新产品供给

在新常态下，中国城市大规模扩张、房地产市场快速增长和房地产开发企业利润巨大的时期已经过去。虽然房地产业发展的"黄金时代"已经过去，但房地产市场仍有较大的发展空间。房地产企业需要调整心态，冷静面对"白银时代"。

房地产企业需根据市场变化开创新的商业模式。过去房地产市场发展重点是开发环节，房地产企业间竞争重点是比谁成本低、规模大和速度快，通过快速开发实现赢利。针对新常态的特征，房地产企业现在需要以提质增效为核心，重点比拼创新和服务，通过完善"开发—经营—服务"的产业链条来提高企业赢利水平。

另外，面对由市场调整带来的增长瓶颈，房地产企业不宜将自己局限于商品住宅开发的单一业务，而应及时进行战略调整转型，既可以在商业、工业、养生养老、医疗体育、文化教育等不同类型的产业地产中寻找细分产品的市场机会，也可以拓宽视野布局国际化战略、开拓海外市场，还可以运用大数据及互联网技术对传统产业内容进行改造和升级，创造新的市场发展空间。

（三）个人理性梯度消费和合理安排投资

个人应该理性看待住房市场。个人或家庭对住宅需求分为三类：自住性需求、改善性需求和投资投机性需求。在房地产市场新常态下，社会将非常关注保障住宅与商品住宅的衔接。对于低收入人群的自住性需求，由政府主导的保障住宅来解决；对于中低收入及以上人群的自住性需求，则由个人通过市场化的方式获得共有产权住宅或商品住宅来解决；对于中高收入及以上人群的改善性需求，则主要由个人通过购买商品住宅来实现。

住宅兼具投资属性。在中国住宅市场起步和快速发展阶段，总量缺少导致市场供不应求，住宅价格持续上涨，容易造成房价只涨不跌的市场预期。但是目前已经进入供需均衡的市场成熟阶段，住宅价格双向、分化波动成为常态，同时伴随着房地产相关税收制度逐步完善，房地产快速增值时代终将过去。因此，个人或家庭对房地产投资应回归理性，多学一些房地产和理财知识，根据自己的经济实力、家庭需求来合理安排国内外住宅投资和消费，这样可避免资源浪费，减少社会收入分配差距，有助于构建和谐社会。

（四）金融机构灵活参与市场和注重风险管理

基于房地产的特殊经济属性，金融业和房地产业两者紧密联系，互相支持。在中国过去房地产快速发展的阶段，金融机构全面参与了房地产开发与运营的各个环节，发挥了重要的支撑作用。根据国外发展经验，在房地产市场总量缺少、价格上涨的快速发展阶段，房地产金融风险属于隐性、总体可控的，但是随着房地产市场实现均衡、价格滞涨的成熟发展阶段的到来，房地产市场以高杠杆和泡沫化为主要特征的各类风险将逐渐暴露。

在房地产市场新常态的环境下，金融机构需要调整房地产金融政策，应该从过去盲目或过于乐观支持转变为有选择性、灵活参与房地产，以"防风险"为出发点理性支持房地产业发展和进行房地产金融产品创新，并全面检查与重新评估金融与房地产的互动关系。这种互动关系的调整，有助于金融机构有效管理房地产金融风险，有利于实现房地产金融资产质量的平稳运行与有效提升。

三　创新引领房地产市场新常态发展路径

中国房地产市场进入新常态发展阶段，并不意味着房地产市场已经走入穷途末路。支撑中国房地产市场发展的宏观经济基本面没有发生根本性转变，城镇化进程还在加快，房地产市场需求不缺刚性，中国房地产市场发展仍然具有巨大韧性、潜力和回旋余地。因此，应通过改革和创新来引领房地产市场发展新常态，激发市场微观活力支撑宏观稳定，创新产品供给刺激需求扩大，调整市场结构优化总量均衡，推动房地产市场稳健发展。

（一）深挖价值内涵，转变赢利模式，推动房地产市场转型升级

房地产业本质是服务业，房地产价值贯穿于土地利用、项目开发、后期运营、物业服务等全寿命周期。长期以来，中国房地产市场发展是以"卖房赚钱"为核心和重点，仅仅挖掘了房地产部分功能与价值，但当住宅市场供需

实现总量基本平衡后，非住宅地产发展则不能简单地再套用传统住宅地产的商业模式。

从根本上讲，房地产是各行各业发展的物理载体空间，房地产市场的最终需求和实际价值体现出各个行业发展的实际需要。这些功能和价值，正是房地产业推动社会经济发展最为重要的功能，也是房地产市场最具可持续发展的价值。传统房地产开发的拿地、规划、开发、销售和物管已经成为过去的关注重点，而如今房地产企业需要运用互联网思维，实现扁平化组织管理，挖掘客户需求，创新服务方式，维护好、利用好客户资源，并与客户共同成长与发展，实现共赢。因此，为适应房地产市场新常态发展需要，房地产市场发展应该颠覆传统观念，转变赢利模式，将短期靠直接卖房赚钱转变为长期靠经营管理赚钱，推动房地产业从类制造业向现代服务业转型。

（二）完善住房保障，优化市场供给，促进房地产市场分类调控

"中国梦"的实现离不开13亿人口的"住房梦"。中国目前正在积极有力地推进新型城镇化，重要任务是将1亿农业人口转变为城市人口，对1亿人口进行棚户区改造，对中西部地区1亿农业人口就地实现城镇化，这将极大地释放房地产业的刚性需求。对于住宅供给，需要处理好保障住房和商品住房之间的衔接关系，完善"双轨制"的住房供应机制。《2015年中央政府工作报告》提出："2015年将加大城镇棚户区和城乡危房改造力度，保障性安居工程新安排740万套，其中棚户区改造580万套，增加110万套，把城市危房改造纳入棚改政策范围；住宅保障逐步实行实物保障与货币补贴并举，把一些存量房转为公租房和安置房；对居住特别困难的低保家庭，给予住宅救助。"政府做好住房保障托底和界定市场边界之后，住宅市场将重点关注由收入分配差异带来的客群个性化、差异化住宅消费形式，支持居民自住和改善性住宅需求。

非住宅地产，例如近年来蓬勃发展的养生养老地产、休闲旅游地产、产业园区、文化体育地产等多种形式，是房地产业与现代服务业相互融合、相互促进的结果，既能培育新的经济增长点，扩大有效消费，又能服务于新型城镇化，促进区域产业转型升级。但同时需要落实地方政府主体责任，坚持分类指导，因地施策，规避某类主题地产总量过大、结构不合理等问题出现，促进房地产市场分类调控。

（三）加强金融支持，盘活存量资产，提升房地产市场经济价值

房地产市场的发展离不开金融业的大力支持，反过来，房地产业的发展又为金融业创造了重要的市场机会与发展空间，两者之间是一个互相支持、互相促进的关系。金融业抵押品是非常重要的，房地产不可移动，而且可保值，和金融业天生就是密切伙伴。例如，在不考虑新建住宅情况下，2014年末中国城镇存量住宅面积达到224.7亿平方米，按照同期商品住宅成交均价5932元/平方米计，存量住宅市场价值高达133.3万亿元。因此，在房地产市场新常态运行环境下，可借鉴国外发展经验，考虑运用金融手段进行资产管理创新。

资产证券化（Asset Securitization），一般指将缺乏流动性但能够产生未来现金流的资产，通过结构性重组，转变为可以在金融市场上销售和流通的证券，并据以融资的过程。中国资产证券化在2005年以《信贷资产证券化试点管理办法》等一系列资产证券化配套制度和法规的出台正式起航，中途停滞4年之后，从2012年央行、银监会、财政部发布《关于进一步扩大信贷资产证券化试点有关事项的通知》又再次起航。目前已经形成三种发展模式，即银监会和央行主导以信托计划作为SPV的信贷资产证券化，银行间协会推进的表内资产支持票据（ABN），证监会核准的以专项资产管理计划作为SPV的企业资产证券化。在具体操作中，途径一可以扩大信贷资产证券化规模，并以此为基础完善住房金融二级市场；途径二可以针对保障住房、主题地产项目采取ABS模式，进行债券品种创新。

房地产投资信托基金（Real Estate Investment Trusts）是通过公开发行收益凭证募集资金，由专业机构经营管理，投资于房地产业获取收益并分配给投资者，具有永续分红、流动性强、收益稳定等优点。自2008年底国务院首提"开展REITs试点，拓宽直接融资渠道"，2009年全国掀起试点讨论热潮，京、津、沪曾被列为试点城市并提出了一些试点方案，后来这些方案因诸多原因都没有实施，但从2014年起REITs试点开始破冰。2014年5月，中信证券"中信启航专项资产管理计划"在深交所综合协议交易平台挂牌转让，成为国内首个交易所场内REITs。2015年2月，苏宁联合中信金石创设的苏宁云创私募REITs正式挂牌上市，成为首只交易所场内交易的商贸物业私募REITs。可以预计，在中国房地产市场转型时刻，经营性不动产将在REITs的帮助下获得资本市场有力支持，进而实现良性发展。

B.22

互联网＋房地产：从拥抱到颠覆

袁一正 曹宇*

摘 要： 在过去的几年中，国内其他行业掀起了与互联网结合的热潮，然而涉及"住"的房地产行业，一直进展较慢。过去的2014年，开发商开始加快步伐，主动拥抱互联网，在营销和物业服务等领域取得了不错成绩。未来，随着互联网技术的发展和互联网思维的深入人心，房地产开发行业将接受互联网更加彻底的升级改造，商业模式也将被彻底颠覆。

关键词： 互联网 房地产 升级 商业模式 颠覆

在第十二届全国人民代表大会第三次会议上，李克强总理在《政府工作报告》的"新兴产业和新兴业态是竞争高地"的部分提到："制定'互联网＋'行动计划，推动移动互联网、云计算、大数据、物联网等与现代制造业结合，促进电子商务、工业互联网和互联网金融健康发展，引导互联网企业拓展国际市场。国家已设立400亿元新兴产业创业投资引导基金，要整合筹措更多资金，为产业创新加油助力。""互联网＋"受到舆论的热捧，互联网行业欢欣鼓舞，传统行业开始认真思考如何顺势而为。

其实，过去的几年时间里，国内一直持续掀起互联网改造传统行业的热潮，在"衣、食、住、行"四大人类"绝对刚需"的传统行业中，已经诞生了众多移动互联的企业，如家喻户晓的淘宝、京东、大众点评、美团、滴

---

* 袁一正，中国社会科学院研究生院毕业，先后供职于首创置业、世茂房地产等国内大型房企，从事战略规划、投资管理工作；曹宇，LSE（伦敦政治经济学院）研究生毕业，历任易观国际咨询公司总监、爱帮网运营总监等职务。

滴打车等等。然而，涉及"住"的房地产行业，直到 2014 年，才开始进入高潮。

一 互联网＋房地产的现状：开发商拥抱互联网

相对于已被互联网颠覆得一塌糊涂的中介行业，房地产开发领域显得较为平静。房地产开发最大的特点是所建造的房子是不动产，依附在土地之上。同时，房地产开发需要资金量巨大，开发、设计、运营、营销等环节专业化能力要求高，目前的互联网企业还不具备直接进入行业进行颠覆的能力。所以对于开发商来说，互联网世界大体是友好的，是暂无威胁的朋友，是可以主动拥抱并为我所用的工具。

在整体房地产市场降温、客户对产品和服务要求越来越高的背景下，少数大开发商开始主动拥抱互联网，试图增加销售渠道和客户黏性。过去的 2014 年，在营销和物业管理这两个领域，取得了不错的成绩。

（一）营销领域

2014 年，开发商们开始纷纷尝试新的互联网营销模式，取得了不错的市场反响。8 月，万科宣布淘宝用户可以买万科房，并且可以用过往淘宝花费来冲抵房款。到了 11 月，各开发商的互联网营销活动掀起高潮：万科与淘宝推出了通过余额宝参与的指定特价房秒杀与余额宝高倍返利活动；保利以全系项目 6% 专属优惠等推出了"双 11 购房月"；富力则是"双 11 微信购房节"，18 城的 30 个盘同时上线；方兴更是宣称以 3.3 亿元的总优惠金额启动"双 11 光盘节"；雅居乐也不甘落后，推出了双 11 至双 12 的"终极置业节"；远洋地产联手京东推出"11 元筹 1.1 折房"活动。

这些噱头十足的互联网营销活动大部分都取得了不错的效果，方兴的"双 11 光盘节"活动在当天便取得了 42 亿元的销售额。远洋的"京东众筹"买房，在 24 小时内，筹资额达到了 1220 万元，刷新了中国实物众筹纪录。

"80 后"、"90 后"纷纷加入置业大军，并逐渐成为市场的主力客群。为了迎合这些客户的口味，开发商也纷纷转向了互联网营销。通过互联网，开发商展开营销活动的选择更多，效果也更好。对于开发商来说，互联网不仅提供

了营销渠道，同时提供了技术支撑体系和崭新的营销理念。通过采用众筹、抢购等模式，开发商现阶段的互联网营销更加强调用户的参与感、对用户反馈的快速响应，以及更加精准的营销对象。

（二）物业和社区服务领域

在物业管理和社区服务领域，花样年控股集团旗下的彩生活通过互联网、智能化、自动化、改造升级，对传统物业管理内容进行改革，所有的业务都实现了E化，E缴费、E投诉、E评价，这些都已经通过互联网来实现。并由一个具体服务的提供者转变成一个产品和服务的平台，为业主的居家生活服务，把所有的这些服务都标准化，变成平台上的服务，转交给其他供应商来提供，彩生活则只做平台。彩生活围绕家庭这个场景来提供服务，在线下把原来的管理处变成彩生活体验空间。同时，彩生活的赢利点不再局限于传统的物业收费，而是使传统的物业公司通过互联网基因重组，把实体社区变成基于大数据的互联网平台，即打造成社区电商平台，平台内集成业主日常所需的虚拟服务，如机票、火车票、酒店、彩票、手机充值、电影票，以及商品服务等。彩生活于2014年6月分拆独立上市，迅速受到资本市场的热捧，到7月，其市值已达55亿港币，甚至超过了花样年控股。

万科物业也推出了一款针对万科业主的应用程序——"住这儿"。这款APP不仅可以满足万科业主申请报修、曝光、投诉、表扬等需求，还专门开辟了一个叫"良商乐"的板块，将万科小区内的所有商家拉上线。业主们如果对商家提供的商品和服务感到满意，可以在APP上为商家"补血"或"送花"，反之则可以"砍一刀"表示不满。业主对商家的评价会直接影响到商家未来的客流量。

开发商们积极推动互联网改善物业服务、推进社区商业O2O，一方面可增加客户体验，培养与客户的黏性；另一方面，社区平台作为未来电商的一个重要入口，目前还处在蓝海阶段，潜力巨大，及早布局将在未来的竞争中占据主动。

互联网对于营销的帮助和物业社区服务的优化，已经获得开发商的认可。然而，绝大部分开发商仍仅停留在利用互联网拓展客户，开发维护企业微博、微信公众号来增加企业知名度的初级阶段。总体来说，开发商尚未形成有效的对互联网的基本认知，更不要谈基于互联网之下对房地产行业的升级改造。在未来几年内，随着互联网技术的发展和互联网思维成为最根本的商业思维的深入人心，房地产开发行业将接受互联网更加彻底的升级改造甚至颠覆。

二　互联网＋房地产的趋势：升级、改造、颠覆

所谓互联网思维对传统行业的升级改造，一般要经过三个阶段。第一阶段，互联网成为营销推广传播的手段，也就是利用互联网推广卖货；第二阶段，互联网渗透到传统行业的主要业务模式，核心是产品及供应链的重构；第三阶段，互联网思维改造企业的战略选择，重构企业经营的价值链。

未来几年内，房地产开发行业将迎来互联网改造的第二、第三阶段。

（一）产品的精细化改造：满足客户的深度需求

互联网思维中最根本的价值是"用户思维"，强调关注人的看得见的需求和看不见的人性。粗放同质的产品和模式必将被淘汰，而只有不断满足客户深层次需求，解决客户痛点，增强客户体验，才能在未来的竞争中占据一席之地。近年来出现的 You＋公寓和 WeWork 联合办公产品，得到客户的高度认可，成为各自细分领域的佼佼者。

You＋公寓

You＋公寓是一个面向青年白领的新品牌公寓。其商业模式是租下整栋楼，重新改造之后向青年人出租，主要针对初上班的年轻人。针对这部分人群的个性和特点，来进行房间的功能布置和装修，充分满足他们的个性需求和喜好。同时，精心布置一楼大厅和周围的公共空间，安排了健身房、台球室、吧台、书架、游戏机供住户娱乐，组织各种活动和沙龙进行交流。

WeWork

2014 年 12 月，位于美国、主打办公场地租赁服务的 WeWork 宣布完成一笔 3.55 亿美元的融资，公司由此估值高达 50 亿美元，这足以显示资本对该商业模式的看好。WeWork 的商业模式是将办公场所化整为零，提供给创业者，让不同创业团队共享注册、财税、法务、人力资源等功能和便利，同时提供投融资对接、项目资源、产品销售、创投圈活动等增值服务。WeWork 把办公室租

赁变成一种社交，并形成独特的社区共享创业氛围，颠覆了传统的办公室租赁。

不管是 You＋公寓，还是 WeWork，其获得市场认可的关键在于产品满足了目标客户深层次的需求，随着互联网的发展，客户的生活、工作和社交方式已经发生了翻天覆地的变化。对公共空间的重视，对共享经济的推崇和对自我需求的表达，无一不是互联网发展对用户行为甚至价值观层面的改进。如何从深层次的价值观层面，通过自身产品和服务去满足客户需求，是未来开发商需要考虑的一个重点。

然而，在房地产开发的各个细分领域：即将迎来老龄化社会而备受关注的"养老地产"、面向年轻人出售的青年公寓、不同家庭生命周期内所需"全龄化复合社区""亲子教育"主题社区、满足现代化企业办公需求的智慧园区等，都亟待产品创新升级。大量之前我们忽视的深层需求一直存在，并且在不断发展变化中。开发商们不应再工业化式的复制库存的同质产品，设计方面只关注面积大小、房间多少，而是应该注重客户生活方式的需求、社交互动的需求、生命质感的需求、自我价值的需求。不断挖掘各个细分领域客户的深度需求，提供让客户尖叫、市场认可的产品。

（二）业务流程的全面互联网改造

在企业内部，互联网已经渗透到企业运营的整个链条中，从基础应用（如发电子邮件、用微信发通知、在百度查信息）到商务应用（如在线协调办公、在线客服），乃至企业经营的整个价值链条。互联网就像水、电、道路一样，正在成为现代社会真正的基础设施之一。同样，房地产开发企业也将逐渐在各个业务条线、环节中，运用最新的互联网技术和方式，来提高效率，增加效益。

在设计环节，领先的开发商已开始运用3D虚拟搭建，3D虚拟模块在搭建上更细化，可细致到道路景观、平面布局，甚至户型。类似檐口构造、门窗体系、墙体颜色等这些"零部件"，也都被固定下来形成可复制的标准，对应着不同的建筑形态。

在运营和信息系统环节，2014年，世茂集团与SAP公司合作，开发了中国地产行业首个一体化信息平台，这一"横向集成、纵向贯通"的信息化平台，实现了业务财务一体化以及覆盖项目开发全生命周期的协同管理，并打造了全面的战略经营管控模式。地产行业是典型的资源密集型产业，在严峻的市场竞争下，亟须跨界思维和资源整合，塑造创新的商业模式。因此，开发企业需要打破传统信息系统搭建的割裂性，着眼全价值链进行系统开发，将招投标、设计、施工、营销、交付等业务流程整合为全周期项目管理。如此，将使企业的运营效率显著提高，各业务环节耗时缩短，并与财务数据无缝集成，实现数据及信息实时共享和动态管理、资源整合，经营集约、资源优化配置。

未来，房地产企业业务流程各个环节的互联网改造将会持续并加速，大数据、3D打印等新技术将成为各大房企的标准配置，房地产开发行业的生产效率和技术水平也将随着提高。

（三）商业模式的互联网颠覆

在过去的十多年里，我国房地产行业高速发展，长期供不应求，处于卖方市场。开发商们追求以"土地资源"为中心的价值最大化，开启了房地产市场的黄金时代。然而，随着房地产市场趋于供求平衡甚至过剩，黄金时代逐渐褪色，房地产行业将从卖方市场转向买方市场，如果仍以土地为中心进行房地产开发，追求开发速度和规模，将陷入同质化竞争的红海，面临极大的市场风险。利润的摊薄和风险的急剧加大，使开发商显现出集体焦虑，未来中国的房地产只能衰退成一个传统的产业吗？房地产行业可以像"衣、食、行"那样在互联网的颠覆下与时俱进地进化出全新的商业模式吗？以下两种商业模式或许将成为未来发展方向。

1. 以客户为中心的开发模式

把主动权交给客户：一切围绕客户的需求，重塑地产开发的流程，并搭建线上、线下的专业系统，帮助客户通过互联网实现地产定制化设计和订单化生产。

以线上平台为依托，让客户提前参与目标产品的设计互动和选择，达成一定的数量，进行群体性的订单化生产。在目标地块和目标产品相对明确的情况下，可以充分实现细分人群的聚集，完成更加多样、更加社群化的群体定制产品。对于用户来说，可以更好地实现好的产品、合理的价格以及社群化居住的可能性。为了帮用户达成所需，可提供包括基于大数据系统的线上互动定制平台、整合的线下开发服务系统资源、丰富的项目土地资源以及开放性的用户所需生活配套供应链资源。

在这种模式下，客户才是整个开发流程的中心，资金、土地、运营开发、

销售等资源和流程都由客户通过线上平台和众筹等方式来进行整合控制，而传统开发商则可能仅作为这些资源和链条中的一环，发挥专业技能的优势，角色由资源整合者转变为专业服务提供商。

2. 住宅＋智能家居＋社区商业，住宅产业链生态系统

乐视电视打造"平台＋内容＋终端＋应用"模式，硬件不赚钱，甚至亏钱，通过高质量的视频资源向客户收费，辅以广告收入，补贴硬件生产，取得了很大的成功。房地产开发企业可以借鉴这种商业模式，单纯的住宅开发业务利润逐渐摊薄，但下游产业链如智能家居和社区商业潜力无限，特别是智能家居，很可能将发展成为继手机、电视等之后又一个重要的互联网入口，这些安装在住宅中的平台在广告、大数据、O2O中的价值将充分发挥。

今后房地产行业的商业模式很可能是，住宅以成本价提供，但要预装开发商平台上的智能家居，绑定社区商业服务。开发商的利润来源从一次性的住宅销售回款，变成了智能家居和社区商业平台的服务收入、广告收入等，打造一条全新的、完整的住宅产业链生态系统。采用住宅生态链系统，抢占智能家居的入口则是重中之重。通过与智能硬件厂商进行跨界合作，抢先形成智能家居与楼宇相结合的系统，最终通过基于该系统的服务和系统生成的数据来帮助开发商持续获取竞争优势。

从最基本的网络营销开始，未来的房地产互联网之路，应该尝试在建立互联网入口级服务、房地产自身产品精细化、业务模式和商业模式的全面升级改造等领域进行改造和创新，一切以改变人类生活方式为目标。互联网的发展，诞生和死亡了众多模式，当下房地产的互联网模式尚未成型，试错在所难免，我们不应被固有的模式所影响，无边界的互联网提供了更大的舞台，相关企业应直面潮流，积极自我颠覆，不断满足人们的家园梦想、改善客户居住体验和生活方式。

参考文献

赵大伟：《互联网思维——独孤九剑》，机械工业出版社，2014。

彼得·蒂尔：《从0到1》，高玉芳译，中信出版社，2015。

Abstract

Annual Report on the Development of China's Real Estate No. 12 (2015) carries on the objective, fair, scientific and neutral purposes and principles, traces the latest information of China's real estate market and analyzes deeply its hot issues, actively makes countermeasures and strategies and forecasts the developing trends in 2015. There are 8 parts in this book, which are the general report, reports on land, reports on finance and business, reports on market, reports on management, reports on the regional markets, reports on the international markets and reports on hot issues. The general report analyzes overall the developing trend of the real estate industry and the real estate market, while the rest reports respectively make deep analysis of the secondary real estate markets, regional markets and hot issues.

In 2014, there was a substantial falling down in China's real estate market and the housing prices in many large and medium-sized cities shown an apparent decrease trend compared with 2013. However, form the perspective of the price trend of the national real estate, the annual real estate transaction price in 2014 was 6323 Yuan, still 1.4% higher than that in 2013. Sales area of the real estate was 1206.49 million square meters, 7.6% lower over the previous year with an obvious cold sale. The real estate sale area in 2014 was 621.69 million square meters, an increase of 128.74 million square meters compared with the end of 2013, but it remained high inventories. The housing rental market continued become colder, the annual rent index dropped 2.2% with a nearly 50% decline. The real estate investment growth rate decreased significantly, and the national real estate development investment was 9.5036 trillion Yuan, increasing 10.5% over the previous year in the name but with growth rate 9.3% lower than that in 2013. The real estate enterprises face great difficulties in funding, and the available funds in 2014 were 12.1991 trillion Yuan, 0.1% lower than that in the previous year. The real estate enterprises obviously are not confident, and the new housing construction area in 2014 was 1795.92 million square meters, 10.7% lower over the previous year. Enterprises declined their land

purchasing enthusiasm, and the land acquisition area in 2014 was 333.83 million square meters, 14.0% lower over the previous year. However, the land transaction price of the national real estate enterprises in 2014 was 3002 Yuan per square meter, 446 Yuan per square meter higher compared with that in 2013. In the major monitoring cities, prices of comprehensive use land, business and services use land, housing use land and industrial use land increased relatively over the previous year, showing a moderate upward trend. In 2014, land prices in most cities fluctuated in a steady state, and the number of cities with higher land price reduced compared with the previous year. The total amount of construction land supply tightened substantially, and the commercial, residential and industrial supply area of each use land has been reduced. The national macro-control policies like the "one size fits all" type has gradually fade out, regulation measures tended to be more market-oriented, and the central government's control policies focused more on long-term and stability.

Looking to 2015, the Chinese economy is in a stage with growth rate shifting, structural adjustment and previous policies digestion overlaid. The economy is shifting from high speed to a medium-to-high speed growth, with an estimated annual growth rate at 7%, and it will face a long process of transition and adjustment. Faced with the new normal of macroeconomic development, a prudent monetary policy will continue to be implemented to optimize the liquidity orientation and structure, and it will implement the "targeted RRR cuts" and its related measures. The money supply will continue the relatively loose trend of the end of 2014. As the real estate market differentiates significantly, the central government will continue to take the principles that different policies in different regions or cities, part of the regulation power will be decentralized to the local governments. Under the framework of the national policies, the local governments will make more refined and flexible policies in favor of the real estate market development without violating any principle. Policies on fiscal, financial, tax and others will also increase supporting efforts to the real estate market. Specifically, the real estate investment in 2015 will continue to differentiate, most of which will be invested in the first-tier cities and part of the second-tier cities; according to the new construction area and the inventory area in recent 3 years, it is sure that the supply is adequate in 2015 in the real estate market; support policies of the central and local governments on the real estate market as well as the corresponding fiscal and monetary policies will further promote the improvement-type of housing consumption, and the housing demand in 2015 will grow significantly. From a comprehensive perspective, it is very probable that the housing price in 2015 will maintain grow at a low rate, but the regional differentiation will be very obvious. The housing price in the first-tier cities with high population aggregation capacity and some of the second-tier cities will go upward, while the housing prices in the rest second-tier cities with low population aggregation capacity and the third-tier, forth-tier cities will continue the falling down trend.

Contents

B I   General Report

B II   Reports about Land

Abstract: In 2014, the growth rate of land price in major cities experienced a slight slowdown, while the commercial and the residential land price growth rate dropped significantly to 3.90% and 4.85%, respectively. On the contrary, the industrial land price increased more rapidly reaching 6.03%. At the mention of the three major economic zones, it shows that the rates of all-kind-use land price in Pearl River Delta situated at the top. The industrial land price in Bohai Sea Rim Region displayed a lower growth rate than that in Yangtze River Delta, while the performance was inverted for the rest uses. Amid a period of economic slowing growth and weakening property market in 2014, land supply was tightened and the purchase of land reduced greatly in the main monitoring cities. Under the combined influence of new industrial land policy, remodeling of "three olds" —old town, old factory, old village—and industrial upgrading policy, the growth rate of industrial land price in eastern part grew significantly.

In 2015, china's economy in the "new normal" will hunk for a balance between steady growth and structure adjusting, meanwhile, the downward pressure on China's economy still exists. The real estate market will continue to adjust, and the monetary policy is considered to be more flexible. As is affected by comprehensive function of above-mentioned factors, the land market will remain stable and the price would be heading toward a series of small fluctuations. However, because of the differences of macroeconomic policy and regional distinct supply-demand relationship, the differentiation between city land markets would be more obvious.

Keywords: Urban Land Price; Dynamic Monitoring; The Main Monitoring Cities; The Land Market

B. 3 Beijing's Land Market: Analysis in 2014 & Forecast in 2015

Liu Hongwei, Lu Shixiong / 069

Abstract: Beijing's land market in 2014 was getting cold from hot at first, and appeared to be hot again at the end of the year. The turnover fell sharply, while the transaction price and the transaction amount had hit record high. Main driving forces of the land market in 2014 were the long-term short supply of the Beijing's land market, the development enterprises return to First-tier cities, and the impact of rising land values and land policies. Beijing's land market in 2015 is expected stable and on the rise under the background of the policy environment gradually easing.

Keywords: Beijing's Land Market; Forces; Stable and Rise

B Ⅲ　Finance and Enterprises

B. 4　Analysis of the Situation of Real Estate Investment and Finance in 2014 and the Trend of 2015

Ding Xingqiao, Xu Rui / 082

Abstract: On the basis of the related data, this article analyses the status of the real estate investment and financing from different aspects in 2014, makes a judgment about the trend of the real estate investment and financing in 2015, and gives some suggestions. Real estate investment growth has declined rapidly, the financing channels have been expanded in 2014. The trend will continue in 2015.

Keywords: Real Estate; Investment and Finance

B. 5　Analysis on Housing Credit in 2014 and Prospect for 2015

Lin Dong / 097

Abstract: The People's Bank of China adjusted the housing credit policies in 2014, especially relaxed the policy for the demand of buying homes as their second one. Although, the real estate market volume declined significantly, the mortgage loan achieved a steady growth. Besides, the interest rate showed a trend from rise to down, and the asset quality declined slightly. Looking forward to 2015, the government may continue to relax the housing credit policies, and the incremental of mortgage loan will rise, with the interest rates continue to decline.

Keywords: Housing Credit; Real Estate; Demand of Buying Homes as Their Second One

B. 6　Research of Real Estate Enterprises of 2014 & Trend For 2015

Lu Shixiong, Zheng Yunfeng / 105

Abstract: In the face of downward situation from commercial housing market in 2014, development problems of real estate enterprise are as follows: sales performance of most enterprises is lower than expected; growth of Real estate development investment to complete has fallen down; scale of land access of Real estate developers has fallen down; financing cost of Real estate enterprises increases significantly; operating pressure of the small scale has increased, part of the enterprise has been adjacent to the edge of collapse. In the expect of 2015, trend of investment of enterprises may will fall and channels of financing may appear differentiation; enterprises seek technological diversification change, and industry resources integration trend is obvious; Insurance companies cooperate with the enterprise in many ways; enterprises will focus on first and second class city in the next stage; enterprises with strong brand will try to invest the non-real estate business.

Keywords: Real Estate Enterprise; Sales Performance; Operating Pressure

B IV   Reports about Market

B. 7   Housing Market in 2014 and its Forecast in 2015

Liu Lin, Ren Rongrong / 116

Abstract: The housing market in 2014 demonstrated a comprehensive adjustment. The growth rate of housing under-construction was lower than that of last year, and the amount of housing started decreased. The growth rate of residential investment fell to a record low since 1998. The floor space of housing sold was lower than that of last year. Housing price had fallen for eight months, while the price felling was stepper than those during the market adjustments in 2008 and 2011. However, the land price still rose quarter on quarter, and the growth rate was larger in the fourth quarter. We estimate that the amount of housing sold in 2015 would continue to decease, the growth rate of residential investment would be lower than that of last year, and the housing price would be stable with a slight decline.

Keywords: Housing Market; Housing

房地产蓝皮书

B. 8   Characteristics in 2014 and Development Trend in 2015

of Commercial Real Estate in China

Li Hongyu , Zuo Juanjuan / 128

Abstract: Relative to a warming trend of the development of commercial real estate in 2013 in china, the commercial real estate market has experienced a remarkable speed reduction in 2014, It mainly displays in the Total Investment growth, the Floor Space of Buildings Started growth and the relative Average Selling Price, the structural differences the office buildings market and the houses for business use market has been more significant, and the regional development is also unbalanced and high-concentration. In 2015 and the future, China's commercial real estate market would present a new trend.

Keywords: Commercial Real Estate; Multi Form Operation

B. 9   Analysis of the Situation of aged Real Estate in 2014 and

the Trend of 2015

Guo Rong , Zheng Duo , Ding Xingqiao and Fei Yunwei / 145

Abstract: The aged real estate entered the operational phase in 2014, the project from the development stage into the stage of practical operation. Aged real estate develop projects not only pursue the expansion of the scale, but also pay more attention to the operation of the project from government to the enterprises. The aged real estate is still in the initial development stage, and the pension ideas of Chinese people are particular. In additionally, the profit model of projects is not clear. Various issues seriously restricting the development of the aged real estate, such as inaccurate pre-positioning, large investment, difficult financing, long recovery period, lack of talent and so on. In the past year, the development of the aged real estate slowed down. It reminds the enterprises have entered and ready to enter the aged real estate, make decision more rational. Because the residential real estate is in a series of policies to suppress, the domestic real estate market appears weak. Many domestic developers are eager to find new interests, in order to achieve the transformation and upgrading of enterprises. Because of the real estate environment, the aging market background and the policy environment, aged real estate becomes the most popular areas in the market.

Keywords: Aged Real Estate; Aging; Transformation and Upgrading

B. 10   2014 −2015 Beijing Property Market Analysis   *Jin Ruixin /* 160

Abstract: In 2014, the real estate industry was experiencing a revolution, various macroeconomic indexes highs fallback, developers financing costs rise while the economic downturn, new home transactions remain in the doldrums. Second-hand housing market in the restrictions and credit tightening impact, turnover declined significantly in 2014, fell to its lowest level for nearly six years, just above 2008 economic crisis. Real estate is still as a pillar industry of China's economy, affected by the macro-economic downward continuous pressure, started four bailout in 2014, policies to prop up the real estate market in the fourth quarter, getting better and better development. August 2014, most of the city began to relax its restrictions, policy direction began to turn, which opened the first round of bailout. The second round of bailout began from the "930" New Deal, the real estate stimulus the market, Second-hand housing used net signed usher small peak. The October 9th, National Fund and local policy easing stimulus policies began the third round of policy fine-tuning. After the October market turnover shot up, dropped slightly in November, prices climb steadily. At the end of year, heavy rate cuts policy is the fourth round of bailout policies, the market is expected to pick up again. In the fourth quarter, under the positive influence of "930" New Deal and rate cuts, price stability, creating a small peak at the end of the year. Due to falling sales market, the rental market has lost momentum continued to rise. Rental housing continued to increase, leasing demand remained stable, in 2014 rent increase in nearly five-year low.

Keywords: Four Bailout Policies; Turnover Declined Significantly; Price Change for Amount; Record Peak in Late Trading; Low Rent Increase

B. 11 Status, Problems and Countermeasure of Residential
Rental Market in Beijing

Hu Jinghui, Song Jinze, Song Hui and Kong Dan / 172

Abstract: It has shown two features-volume increased and prices being stable-in the Residential Rental market of Beijing during the year of 2014. In the meantime, issues such as the soaring prices, the imbalance of supply and demand, and the lack of standardized regulation, remain. In order to better tackle these issues, REITs-liked model (based on and extended from Real Estate Investment Trusts) is raised up and discussed in this article, which could possibly be an effective solution.

Keywords: Residential Rental Market; REITs; REITs-like Model; Large-scale Operation

Ⅰ V Management

B. 12 The Retrospect of China's Property Management in 2014
and Forecast in 2015 *Ye Tianquan, Ye Ning* / 182

Abstract: The state of China's property management in 2014 was mixed. The gratifying part is: the new rules of individual housing loans of People's Bank of China brought hope to the flagging property market and property management; China's Property Management Institution proposed the routine and schedule of transformation and upgrading of property management; Colorful life services group co. , LTD listed in Hong Kong, which marked China's property management companies began to gain access to the capital markets. The worrying part is: gas accidents, water logging disasters and square dancing issues often happened, which had already became focuses and should to be regularized by laws.

Keywords: Property Management; Transformation and Upgrading Regulary by Laws

Abstract: In our country, the industry of real estate intermediary is mainly refers to the real estate appraisal and agency. In 2014, the industry of real estate appraisal was steady development. The group and operation of real estate appraisal were still sustained and rapidly growing. The government released the policy of charging appraisal fee. The role of market regulation had been strengthened as well. The industry of real estate agency was capricious, such as cooperating between online enterprise and offline, merger and acquisition during traditional enterprises, appearing a number of new patterns, inter-industry fusion was strengthened by corporations. All of these promoted the industry upgrading and transformation. We reviewed some important events on the development of the industry of real estate appraisal and agency in 2014, and base on the actual situation of the industry of real estate appraisal and agency, briefly analyzed the trend of these two industries in 2015.

Keywords: Real Estate Appraisal; Real Estate Agency

B VI Regions

Abstract: The property market in Guangzhou is rather smoother in 2014, comparing with that in 2013. High inventories were the common features shared by the markets of housing, commercial and office buildings. High inventory of housing is due to the low transaction volume, while high inventories of commercial and office buildings were contributed by the continuously developments. After the adjustment in 2014, the structure of the economy will be changed gradually, and the property market will face to more opportunities together with more challenges. The property

market in Guangzhou will also do farewell to high speed developing.

Keywords: Guangzhou; Property Market; High Inventory

B. 15   Commentary on Shenzhen's Real Estate Market in 2014 and Forecasts of 2015

Song Botong, *Huang Zisong*, *Wu Shiyou*, *Li Yaning*,

Wang Yong, *Xu Chao*, *Zhang Danhui and Zhang Hui* / 229

Abstract: Shenzhen's real estate market began to thrive both the price and volume after a period of downturn in 2014 and had a boom at the end of the year. Real estate development and investment have climbed to a new height. As to the residential market, the price raised steadily while the volume decreased from a high point. The volume increased sharply with partly real estate policy deregulation in the fourth quarter. As to office building, the vacancy rate increased markedly, and the average price fluctuated within a narrow range, while the rent shocked significantly. As to commercial building, the vacancy rate was still in the same level as before. The average price declined obviously, the rent fell slightly. The overall annual land supply rebound phenomenon occurs again, only one case of residential land, while the supply and demand of commercial land has a sharp growth, and land price of different types differed from each other.

Looking ahead to 2015, Shenzhen's economic growth is slowing down, but prospects will still bright, real estate support will play a vital role in economic growth. Under the new phenomenon, the effects of the different kind of real estate police will overlay, the housing market rebound phenomenon will be further revealed. Construction of the subway and peripheral channels can effectively promote regional economic development in the suburban, Similarly, the former sea Shekou FTA and North Station CBD become the focus of Shenzhen. Rural collective land will be allowed to be used by private market, and the market will be widened to the field of housing and pension.

Keywords: Shenzhen; Real Estate Market; Real Estate Policy; FTZ

Abstract: The thesis mainly reviewed the situation of Chongqing real estate market in 2014, and analyzed the main factors affecting the Chongqing real estate market in 2014. Besides, the thesis forecasted the trends of the Chongqing real estate market in 2015 according to the macro and micro environmental conditions.

Keywords: Chongqing; The Real Estate Market

Abstract: Driven by economy growth and city development, the real estate market of Zhengzhou city ran steadily in 2014. The real estate investment growth rate remained stable, the product structure was more coordinated, the market prices rose within a small scale, the second-hand housing transaction was active. In the year of 2015, the real estate market of Zhengzhou city is expected to continue its trend in 2014.

Keywords: Zhengzhou City; The Real Estate; Rise Within a Small Scale

ℬ Ⅶ   International Experiences

Abstract: The subprime mortgage lending crisis started in the United States in 2006, spiraling out of control in 2007, leading to a financial breakdown of banks and financial systems worldwide by 2008. This global event is often referred to as the

房地产蓝皮书

"Housing Bubble" that burst (see, Greenspan. In the past seven years, there has been some noticeable improvement in the financial situation and it remains to be seen if any of the measures taken to plug the financial drain will have longer term, and more problematic implications. However, at the moment, we are seeing a reasonable recovery in the financial sector. This paper attempts to explore the measures that appear to have had a positive role in the economic recovery of the real estate market and related institutions in the United States and worldwide. More importantly, we attempt to identify what such measures would imply for the Real Estate market in China. In the context of the global economy, China is heavily impacted by economic and financial decision-making of the United States due to the ownership of a large pool of dollars and other short-term as well as long-term investments by global entities in the manufacturing and commercial aspects of the Chinese economy.

Keywords: Subprime Mortgage; Subprime Mortgage; Crisis; US Federal Reserve; Board Recovery

B. 19 The Enlightenment of South Korean Real Estate Market on the Policy of China   *Sun Zaiying, Li Qiling and Li Jingguo* / 296

Abstract: In the process of urbanization, economic growth and real estate development, the South Korean government faces several challenges, such as the laws and regulations restricted agricultural land usage conversion, the reasonable division of the main responsibility of real estate development, the coordination of the subject relationship, the distribution of exploiting dividend and so on. To solve the problems generated in urbanization and real estate development, the South Korean government gradually released population limitation and persuasion policy in mega cities, "development restricted district" policy aim to control the land supply of mega cities, land and housing policies tend to mass construction of apartment buildings, "Land district consolidation" policy, housing price limitation and public operated land development policy, real estate tax and so on, maybe there is inspiration to China.

Keywords: South Korean; Real Estate Market

ℬ Ⅷ   Hot Topics

B. 20   Impacts of Real Estate Registration to the Real Estate Market

Zhang Xiling / 308

Abstract: The long-waited Provisional Regulations on Real Estate Registrationimplemented formally on March 1st, 2015. A unified system of registration agency, registration book, registration evidence and information platform will undoubtedly have profound impacts on the national real estate market. Under this background, discussion about the impacts of real estate registration on the real estate market spread all over China. The evolution history of the real estate registration system is first reviewed in this paper, and then it introduces the main modes of the real estate registration system used in foreign countries. Next, it analyzes the potential impacts of the unified real estate registration on the real estate market in 2015, and finally put forward several countermeasures to actively guide the real estate market developing healthily.

Keywords: Real Estate Registration; Real Estate Market

B. 21   Prospect of the real estate market development

under the economic new normal   *Han Guodong* / 322

Abstract: Under the Chinese economy new normal, china's real estate market has entered a state of new normal. This paper summarizes the six main characteristics of the new normal development of the real estate market, discuss how to adapt to real estate market new normal from the market point of view, and put through reform and innovation to lead the new normal of the real estate market development. It aim to support macroeconomic stability by micro dynamic, expand demand by supply innovation, achieve optimization of aggregate equilibrium by structure adjustment, and promote the stable and healthy development of the real estate market.

Keywords: The Economic New Normal; The Real Estate Market

B. 22 The Internet + Real Estate: from the Hug to Subversion

Yuan Yizheng , Cao Yu / 332

Abstract: A lot of domestic industries have been internetized in China in the past few years, except for the real estate industry which had been in relatively slow progress. In the year of 2014, the developers speeded up the pace of internetization, and have made remarkable progress in the fields such as marketing and property management service. We expect that in the future, the real estate developing industry will be totally upgraded and business model completely transformed by the Internet, along with the advancement of Internet technology and widely spreading of Internet Ideology.

Keywords: Internet; Real estate; Upgrade; Business Model; Transform

❖ 皮书起源 ❖

"皮书"起源于十七、十八世纪的英国，主要指官方或社会组织正式发表的重要文件或报告，多以"白皮书"命名。在中国，"皮书"这一概念被社会广泛接受，并被成功运作、发展成为一种全新的出版型态，则源于中国社会科学院社会科学文献出版社。

❖ 皮书定义 ❖

皮书是对中国与世界发展状况和热点问题进行年度监测，以专业的角度、专家的视野和实证研究方法，针对某一领域或区域现状与发展态势展开分析和预测，具备权威性、前沿性、原创性、实证性、时效性等特点的连续性公开出版物，由一系列权威研究报告组成。皮书系列是社会科学文献出版社编辑出版的蓝皮书、绿皮书、黄皮书等的统称。

❖ 皮书作者 ❖

皮书系列的作者以中国社会科学院、著名高校、地方社会科学院的研究人员为主，多为国内一流研究机构的权威专家学者，他们的看法和观点代表了学界对中国与世界的现实和未来最高水平的解读与分析。

❖ 皮书荣誉 ❖

皮书系列已成为社会科学文献出版社的著名图书品牌和中国社会科学院的知名学术品牌。2011 年，皮书系列正式列入"十二五"国家重点图书出版规划项目；2012~2014 年，重点皮书列入中国社会科学院承担的国家哲学社会科学创新工程项目；2015 年，41 种院外皮书使用"中国社会科学院创新工程学术出版项目"标识。

法律声明

权威报告·热点资讯·特色资源

皮书数据库
ANNUAL REPORT(YEARBOOK)
DATABASE

当代中国与世界发展高端智库平台

S 子库介绍
ub-Database Introduction

中国经济发展数据库

涵盖宏观经济、农业经济、工业经济、产业经济、财政金融、交通旅游、商业贸易、劳动经济、企业经济、房地产经济、城市经济、区域经济等领域，为用户实时了解经济运行态势、把握经济发展规律、洞察经济形势、做出经济决策提供参考和依据。

中国社会发展数据库

全面整合国内外有关中国社会发展的统计数据、深度分析报告、专家解读和热点资讯构建而成的专业学术数据库。涉及宗教、社会、人口、政治、外交、法律、文化、教育、体育、文学艺术、医药卫生、资源环境等多个领域。

中国行业发展数据库

以中国国民经济行业分类为依据，跟踪分析国民经济各行业市场运行状况和政策导向，提供行业发展最前沿的资讯，为用户投资、从业及各种经济决策提供理论基础和实践指导。内容涵盖农业，能源与矿产业，交通运输业，制造业，金融业，房地产业，租赁和商务服务业，科学研究，环境和公共设施管理，居民服务业，教育，卫生和社会保障，文化、体育和娱乐业等 100 余个行业。

中国区域发展数据库

以特定区域内的经济、社会、文化、法治、资源环境等领域的现状与发展情况进行分析和预测。涵盖中部、西部、东北、西北等地区，长三角、珠三角、黄三角、京津冀、环渤海、合肥经济圈、长株潭城市群、关中—天水经济区、海峡经济区等区域经济体和城市圈，北京、上海、浙江、河南、陕西等 34 个省份及中国台湾地区。

中国文化传媒数据库

包括文化事业、文化产业、宗教、群众文化、图书馆事业、博物馆事业、档案事业、语言文字、文学、历史地理、新闻传播、广播电视、出版事业、艺术、电影、娱乐等多个子库。

世界经济与国际政治数据库

以皮书系列中涉及世界经济与国际政治的研究成果为基础，全面整合国内外有关世界经济与国际政治的统计数据、深度分析报告、专家解读和热点资讯构建而成的专业学术数据库。包括世界经济、世界政治、世界文化、国际社会、国际关系、国际组织、区域发展、国别发展等多个子库。